EL BUHO DE MINERVA

© Rafael Echeverría

Inscripción N° 68.940 © by Ediciones Granica S.A.

Edita y distribuye
Comunicaciones Noreste Ltda.

Ediciones Granica SA
Lavalle 1634 3°, C1048AAN,
Buenos Aires, Argentina
Tel.: +5411-4374-1456 / 4373-0582
Fax: +5411-4373-0669
www.granicaeditor.com

Derechos exclusivos reservados para todos los países

Esta edición de 1.000 ejemplares se terminó de imprimir
en febrero de 2016 en Color Efe,
Paso 192 - Avellaneda

Dirección: Juan Carlos Sáez C.
Portada: Liliana Zabaleta
Composición y diagramación: José Manuel Ferrer

I.S.B.N. 978-950-641-879-3

Impreso en Argentina / Printed in Argentina

Hecho el depósito que marca la ley 11.723

Reservados todos los derechos, incluso el de reproducción
en todo o en parte, en cualquier forma

Echeverría, Rafael
  El búho de Minerva : introducción a la filosofía moderna / Rafael Echeverría. - 1a ed . - Ciudad Autónoma de Buenos Aires : Granica, 2016.
  315 p. ; 22 x 15 cm

  ISBN 978-950-641-879-3

  1. Ensayo Filosófico. I. Título.
  trad. II. Título.
    CDD 190

Rafael Echeverría

El Búho de Minerva

J·C·SÁEZ
editor

GRANICA

A Tomás, mi hijo

INDICE

PROLOGO A LA SEGUNDA EDICION 11

INTRODUCCION:
El concepto de «paradigma de base» 17

CAPITULO I:
La cosmovisión medieval 29

CAPITULO II:
Principios constitutivos de la modernidad 37

CAPITULO III:
La emergencia del conocimiento científico 47
Nicolás Copérnico 47
Johann Kepler 50
Galileo Galilei 51

CAPITULO IV:
El nacimiento de la filosofía moderna 53
Francis Bacon 54
René Descartes 56

CAPITULO V:
El universo mecánico de la física y el empirismo ... 67
Isaac Newton 67
David Hume 71

CAPITULO VI:
La síntesis Kantiana 79

CAPITULO VII:
El sustrato de la lógica tradicional 91

CAPITULO VIII:
La dialéctica idealista de Hegel 99

CAPITULO IX:
El empirismo positivista primitivo 115
Ludwig Feuerbach 115
Auguste Comte 121

CAPITULO X:
La dialéctica materialista de Marx 127

CAPITULO XI:
La lógica moderna 147
Desarrollos en las matemáticas 147
Gottlob Frege 154

CAPITULO XII:
La filosofía analítica 167
Bertrand Russell 167
La primera filosofía de Wittgenstein 177

CAPITULO XIII:
Nuevos desarrollos en la ciencia y la filosofía 185
Albert Einstein 185
El positivismo lógico del Círculo de Viena 187
Kurt Gödel 192

CAPITULO XIV:
Karl Popper 195

CAPITULO XV:
La fenomenología de la conciencia de Husserl 207

CAPITULO XVI:
La hermenéutica 217
F.E.D. Schleiermacher 219
Wilhelm Dilthey 224

CAPITULO XVII:
La revolución ontológica de Heidegger 233
Martín Heidegger 233
Hans-Georg Gadamer 244

CAPITULO XVIII:
La Filosofía del Lenguaje 249
La segunda filosofía de Wittgenstein 252
J.L. Austin 260
John R. Searle 266

CAPITULO XIX:
La teoría de sistemas 271
Ludwig Von Bertalanffy 274
Norbert Wiener 277
Humberto Maturana 284

CAPITULO XX:
Los puntos de ruptura del pensamiento moderno 297

BIBLIOGRAFIA 311

PROLOGO
A LA SEGUNDA EDICION

Este libro es una edición revisada de aquel que, con el mismo título, publicara en 1988, agotado rápidamente, a pesar de su muy mala distribución, y difícil de conseguir.

Sin embargo, el hecho de que un libro se venda no es siempre razón suficiente para reeditarlo. Lo que más pesó en mi decisión fue comprobar que este libro no sólo se vendía, sino que también se leía. Constaté, además, que respondía a las inquietudes del lector que deseaba tener un acceso expedito y directo para comprender no sólo el desarrollo de la filosofía moderna, sino para poder interpretar, además, el carácter de la coyuntura filosófica en la actualidad.

La primera edición del libro se distribuyó exclusivamente en Chile, sin embargo, muchas veces tuve la oportunidad de encontrar a alguien en Argentina, México, u otro lugar, que se me acercaba con una copia roída del *Búho* para hacerme comentarios sobre su lectura. Para mí fue siempre un misterio saber cómo aquel *Búho* había volado a lugares tan distantes. Esta segunda edición procura también alcanzar aquellos lugares donde mi trabajo es conocido, pero, sobre todo, donde el *Búho* todavía no se ha asomado.

El objetivo central que tuve en mente, al escribir este libro, fue introducir al lector corriente, no especializado en materias filosóficas, en las líneas gruesas de la evolución del pensamiento filosófico desde Descartes hasta nuestros días. El mundo occidental, en mi convicción, ha entrado en una profunda crisis que compromete los presupuestos básicos desde los cuales hemos observado y actuado y a partir de los cuales hemos hecho sentir quiénes somos.

Esta crisis afecta de múltiples maneras la vida de todos y remite a presupuestos que se reconocen en su forma más clara en el desarrollo del pensamiento filosófico. Gran parte de la influencia de la filosofía en el hombre y la mujer occidentales ha sido, sin embargo, subterránea. Estos no reconocen en su hablar las voces de los filósofos que hablan a través de ellos. Sin embargo, el núcleo central de los supuestos desde los cuales operan remiten frecuentemente a las posiciones adoptadas por aquéllos.

Toda gran crisis cultural obliga a un reencuentro entre filosofía y sentido común, entre filosofía y vida. La vida pareciera exigirle cuentas a la filosofía y ésta se ve compelida a sumergirse en la vida concreta del hombre y la mujer comunes para revitalizarse. La resolución de una crisis de este tipo obliga a una suerte de liberación de las cadenas de un pasado filosófico e invita a un volver a partir. La experiencia de Descartes nos ilustra, en su tiempo, sobre este fenómeno. Pero cada nuevo punto de partida deviene en su momento un punto de saturación y se crean condiciones para trascender sus presupuestos. Ello está aconteciendo hoy en día.

El hablar del desarrollo de la filosofía moderna dentro de los límites que me fijé al iniciar el proyecto de escribir el *Búho*, obligaba a efectuar determinadas opciones y sacrificar forzosamente la mención de varios filósofos de importancia, así como también la forma de abordar a los seleccionados. Toda opción tiene costos y estoy consciente de los míos. Cuando se escribe un texto como éste, no hay forma de eludirlos, sólo es posible minimizarlos.

Este libro ofrece la posibilidad, en cambio, de seguir a través de un hilo conductor la evolución **conjunta** del pensamiento filosófico moderno y comprender su dinámica interna, lo que permite al lector, merced a lecturas y análisis personales, incorporar a los autores aquí omitidos. Ninguna filosofía se desarrolla en el vacío. Cada filósofo piensa y escribe bajo condiciones históricas concretas y en interlocución con la tradición filosófica de su época. Poder identificar los principales interlocutores que sirven de contexto para entender la obra de Descartes, Hume, Kant, Hegel, por ejemplo, ha sido el criterio central de la selección de autores efectuada.

¿Podemos acaso decir que el *Búho* aborda, en nuestro parecer, las filosofías más importantes que han tenido lugar durante los últimos tres siglos y medio? Por desgracia no podemos contestar afirmativamente. Independiente del imperativo que nos obligó a realizar la selección, y en razón del mismo criterio de interlocución recientemente mencionado, tuvimos que dejar de lado una de las contribuciones más sobresalientes de estos últimos 350 años: Nos referimos a la filosofía de Friedrich Nietzsche, a quien el *Búho* sólo menciona de pasada. La razón de su omisión es simple. Desde nuestra perspectiva, Nietzsche representa un fenómeno aislado que trasciende los marcos del pensamiento filosófico moderno. No es, en rigor, un filósofo moderno; es el gran precursor de una nueva era. Aunque su pensamiento reconoce la influencia de algunos filósofos modernos, particularmente de Schopenhauer, se nutre de manera todavía más importante en su interlocución con la filosofía griega. Nos ha parecido importante aprovechar este prólogo para reconocer este hecho y asumir nuestra deuda con su filosofía. Esperamos poder saldarla pronto a través de un texto dedicado exclusivamente a este filósofo.

Más allá de significativas correcciones en el lenguaje, esta segunda edición se mantiene, en lo fundamental, fiel al contenido de la primera. El cambio más importante de esta edición, en lo que a estructura y contenido se refiere, es la supresión de un apéndice que fuera incluido en la primera. Este cambio merece una nota aclaratoria. En la primera edición del *Búho*, el texto concluía con un apéndice titulado «El rediseño ontológico de Flores». Desde entonces, me ha tocado vivir un proceso que ha llevado a mirar esa sección de manera crítica. Hay varias razones para ello.

Desde que terminara el texto de la primera edición, tuve la oportunidad de trabajar directamente con Fernando Flores y, por lo tanto, de conocer más profundamente sus planteamientos. Esta experiencia resultó ser, por motivos diferentes, decisiva en lo que hago actualmente. Mirado el antiguo apéndice desde la perspectiva en la que me hallo hoy, tengo el juicio de que éste es un texto engañoso. Buena parte de lo planteado allí me parece errado o tratado de manera insuficiente. En algunos aspectos no le hace adecuada justicia a Flores, en otros, le hace demasiadas concesiones y no toma adecuada distancia respecto de algunas de sus posiciones.

Es mi propósito desarrollar aquello que estimo ser el núcleo básico de tal apéndice en un libro dedicado a lo que hoy llamo «la ontología del lenguaje». Este es el tema al que me he dedicado durante estos últimos años y en el que he centrado la mayor parte de mis esfuerzos investigativos. Este libro debería aparecer en un futuro muy próximo.

De igual forma, en su primera edición, se incluía una sección de agradecimientos que siendo válida para aquella, ha dejado de tener la misma vigencia hoy en día. Sin embargo, no quiero dejar de mencionar a quienes contribuyeron en forma directa a que este libro haya sido escrito.

Desde esa perspectiva, me parece importante agradecer al grupo de trabajo que constituyera junto con Pilar Vergara, Cristián Cox, Gabriel Rodríguez y Renato Orellana. Varios de los temas abordados en este libro fueron incursionados originalmente con ellos.

Debo agradecer también al Programa Interdisciplinario de Investigaciones en Educación (PIIE) por inventar aquel curso sobre epistemología, que me permitiría desarrollar los materiales que más tarde se transformarían en este libro. El PIIE contribuyó, además, a la publicación del primer *Búho* y por ello le estoy agradecido.

Agradezco a mis alumnos tanto de ese curso de epistemología, como de otros ofrecidos a veces en otras instituciones, quienes me alentaron con sus preguntas, dudas y comentarios. Entre ellos, quiero destacar a Gloria Inostroza, hoy Decano de la Facultad de Educación de la Universidad Católica de Temuco, quien me instó a convertir mis notas de clase en lo que hoy es el *Búho*.

Por último, no puedo dejar de reiterar la influencia de mi padre, José Echeverría, quien, como decía entonces, me introdujo desde muy temprano en la filosofía y me enseñó a no separarla de los problemas de la vida. Cuando joven, la reflexión filosófica fue plato habitual en nuestra mesa y mi padre nos hablaba de ella en un lenguaje siempre accesible. Esta es una enseñanza que he procurado volcar en el *Búho*.

San Francisco, octubre de 1993

INTRODUCCION

EL CONCEPTO DE «PARADIGMA DE BASE»

El presente libro recoge parte de las notas y apuntes destinados a la preparación de mis clases, en un curso de introducción a la epistemología moderna.

Es necesario advertir que la epistemología, como área general del pensamiento, no ha sido un campo al que me haya dedicado de manera sistemática. Por diversos motivos, he debido realizar algunas incursiones en el terreno epistemológico, definiendo en él determinadas posiciones en relación con temas específicos, pero ello no me convierte en un especialista que pueda desplazarse con igual autoridad por todos los temas comprometidos. Ello se manifestará obligadamente en el tratamiento de las distintas corrientes y tradiciones.

Mi formación básica no es la filosofía, sino las ciencias sociales. A pesar de las evidentes desventajas derivadas de ello, creo, sin embargo, que me ha proporcionado algunos beneficios. Destacaría, sobre todo, el hecho de que mis indagaciones en el campo filosófico se han realizado siempre a partir de determinadas preguntas constituidas desde fuera de la reflexión filosófica y con el permanente propósito de que la filosofía pueda aclarar cuestiones y problemas que se hallan fuera del dominio de su disciplina.

Nuestra actitud central frente al debate filosófico ha consistido en entender que éste no es exclusivo de los filósofos, sino que nos compromete a todos. Es nuestra impresión que, debido al interés que el filósofo establece con su disciplina, como dominio de trabajo, esta relación esencial entre la reflexión filosófica y las condiciones generales de la existencia humana no siempre se asegura. Por el contrario, ella requiere ser develada poniendo en tela de juicio muchas veces lo que podríamos llamar la administración de la filosofía por los filósofos.

Como resultado de esta manera de concebir la filosofía, se nos induce a creer que ella no nos incumbe, que representa el terreno de competencia casi exclusiva de especialistas y sobre el cual poco o nada podríamos realmente aprender o comprender. Nuestra orientación objeta muy profundamente esta posición; la discusión filosófica nos incumbe y compromete; se trata de una discusión sobre todos nosotros y no sólo estamos capacitados para entenderla sino también para participar e incidir en ella. Ello implica un esfuerzo por recuperar nuestra capacidad de control sobre la discusión filosófica. La filosofía nos pertenece y atañe de la misma forma que, en su dominio específico, nos concierne la salud, la educación, el deporte, el arte o la política. Ello no implica negar la existencia de especialistas o profesionales en estas áreas, pero que ellos existan no nos impide sentir que tales áreas nos pertenecen y forman parte de nuestra propia existencia.

Nuestra afirmación es particularmente importante por cuanto consideramos que nuestra cultura ha entrado, desde hace algunos años, en una profunda crisis de sentido que compromete muy radicalmente nuestros presupuestos filosóficos esenciales. Cuando ello sucede, los hombres vuelven inevitablemente la mirada hacia la filosofía.

La filosofía, que por décadas o siglos se desenvolvía de manera autónoma, fuera del alcance de las preocupaciones cotidianas de los hombres y hablaba lenguajes muchas veces indescifrables, comienza progresivamente a ganar la atención de un público previamente despreocupado por los problemas filosóficos. Es más, en muchos casos comprobamos la emergencia de interesantes propuestas filosóficas realizadas desde fuera del ámbito formado por los profesionales de la filosofía.

Cuando en la habitual seguridad de las disciplinas particulares comienza a dirigirse la mirada hacia la filosofía, cuando los grandes temas filosóficos comienzan a ser habitualmente abordados por los diarios, cuando se hacen afanosamente preguntas que no obtienen respuestas satisfactorias, podemos sospechar que estamos en un momento histórico de profunda crisis cultural o, lo que es lo mismo, en la antesala de un gran giro sobre la comprensión de nuestra existencia.

Estamos en un punto en el que se comprometerán grandes resoluciones en el campo de la cultura. Lo que allí suceda modificará inevitablemente las condiciones de nuestra existencia, por no hablar del conjunto de las disciplinas a través de las cuales orientamos nuestras distintas actividades.

Para una mejor comprensión de lo que afirmamos, es necesario acuñar un concepto, efectuar una distinción, sin la cual no dispondremos de la categoría adecuada para dar cuenta del fenómeno aludido. Durante el desarrollo histórico podemos reconocer largos períodos que, más allá de las importantes transformaciones que ellos puedan registrar, se realizan sobre la base de una misma y fundamental matriz de sentido. A esta matriz fundamental de sentido la llamaremos «paradigma de base», apoyándonos en el término propuesto por Thomas S. Kuhn, pero efectuando con él una extrapolación explícita.

Cuando Kuhn habla de paradigma, apunta a un núcleo central de definiciones y reglas al interior de una disciplina, a través del cual se configuran no sólo el objeto de análisis, sino también las preguntas pertinentes y las formas aceptadas de responder a ellas. Lo que es válido al interior de una disciplina, como lo afirma Kuhn, remite, a su vez, a un núcleo todavía más fundamental del que la propia disciplina es tributaria. Se trata, para cada cultura, de aquella matriz de distinciones primarias a través de las cuales se define lo que es real, la capacidad de conocimiento de los hombres, el sentido de la existencia y las posibilidades de la acción humana, los criterios de validez argumental, la estructura de nuestra sensibilidad.

Se trata de dominios diferentes pero fuertemente articulados y comprometidos en sus respectivas opciones. En este sentido, se trata de un núcleo muy anterior al de los paradigmas disciplinarios de que nos habla Kuhn para las ciencias y donde se define, por ejemplo, la propia posibilidad y carácter del quehacer científico. A ello apuntamos con el término de «paradigma de base».

Si entendemos el concepto, es indispensable comprender que apunta a una dimensión de capacidad operativa efectiva, que compromete y determina el conjunto de la existencia y acción humanas. Representa aquello que nos parece incuestionable, el núcleo de nuestra obviedad y la estructura primaria de nuestra mirada o disposición hacia las cosas. La filosofía muchas veces se dirige hacia el esfuerzo de sistematizar sus opciones, pero muy pocas veces examina tales opciones en forma crítica, reconociéndolas como opciones posibles y, por lo tanto, aceptando la posibilidad de que puedan ser diferentes.

Es también importante reconocer que en el transcurso de la historia, en el transcurrir de los grandes tiempos, este núcleo de distinciones primarias ha sufrido importantes transformaciones. Los «paradigmas de base» no han sido siempre los mismos e, incluso, suelen ser distintos en un mismo momento para sociedades diversas, según sea la radicalidad de las diferencias culturales. La distinción entre la cultura occidental y la oriental, por ejemplo, apunta directamente a diferencias presentes en este campo. Pero incluso dentro del desarrollo histórico de la cultura occidental, podemos distinguir con mucha claridad la existencia de «paradigmas de base» diferentes asociados, por ejemplo, a la antigüedad clásica, a la Edad Media y a lo que actualmente llamamos la Modernidad.

Una de las afirmaciones centrales que hacemos a partir de nuestra interpretación del desarrollo de la filosofía moderna, es que se ha alcanzado un importante punto de quiebre en sus presupuestos primarios, en el «paradigma de base» de la Modernidad, y que nos encontramos ante signos inequívocos que apuntan hacia la emergencia de un «paradigma de base» radicalmente diferente.

En muchos círculos ya se acepta la referencia a una nueva fase que se caracteriza como «posmoderna». Ello es sin duda acertado. Tal forma de referirse al problema, sin embargo, evidencia la dificultad por distinguir con la claridad suficiente los principios constitutivos de una nueva fase histórica, o les confiere un carácter marcadamente negativo poniendo en evidencia un apego todavía vigente a los principios modernos, ya puestos en tela de juicio.

Para lograr una adecuada comprensión de lo que resulta específico al «paradigma de base» de la Modernidad, se ha considerado necesario examinar su desarrollo habiendo hecho una referencia general al «paradigma de base» anterior, contenido en la cosmovisión medieval. Ello sólo tiene el propósito de fijar un trasfondo, de establecer un contraste que nos permite interpretar la especificidad de lo moderno y abrirnos a la idea de poder aceptar que lo que hoy definimos como incuestionable, fue muy diferente en el pasado. Hacerse cargo de la determinación histórica de nuestras concepciones representa, por sí mismo, un instrumento epistemológico de gran potencia. Nos proporciona un primer fundamento para sospechar de nuestras certezas.

La afirmación de que hemos alcanzado un punto de quiebre en el «paradigma de base» de la Modernidad, se fundamenta en el transcurso de nuestra exposición. Es importante advertir, sin embargo, que este quiebre no tiene una localización única y exclusiva. Distintos momentos contribuyen, a partir de transformaciones registradas en dominios diferentes, a crear las condiciones que permitirán vislumbrar una mutación fundamental de los parámetros esenciales de nuestra cultura.

Pero no se trata sólo de una multiplicidad de realizaciones parciales. La capacidad de anticipar la emergencia de principios constitutivos, la aparición de nuevas distinciones primarias, es también el resultado de nuestra capacidad de reconocer cómo, cambios aparentemente muy diferentes, en dominios muy distintos, comienzan a encontrar posibilidades de convergencia y articulación al interior de una matriz unitaria que todavía se debate en su esfuerzo por configurarse y abrirse paso.

Volvamos a nuestro concepto de «paradigma de base». Hemos afirmado que él apunta a una matriz de distinciones primarias desde la cual muchas otras distinciones (derivativas) emergen. Es importante, sin embargo, poder avanzar hacia cierta forma de localización de dicho «paradigma» al interior de la cultura.

Señalábamos que, a cierto nivel, este núcleo de distinciones primarias encuentra una primera forma de localización en el dominio propiamente filosófico. Sin duda, dentro de todos los dominios culturales sujetos a sistematización, la filosofía aparece como la mejor expresión de un campo que es portador de estas distinciones. Más allá del nivel de criticidad con que ellas sean asumidas, en la filosofía estas distinciones están sometidas a un esfuerzo de sistematización y, quien se interese por ellas, las encuentra en las concepciones filosóficas.

De allí precisamente que en períodos, como el actual, de crisis de sentido, de crisis cultural, se vuelva, como se señaló, la mirada hacia la filosofía. Por eso, a este nivel, el «paradigma de base» aparece directamente comprometido en la metafísica (definición de lo real), la epistemología (definición del conocimiento), la lógica (definición de los procedimientos válidos de argumentación), la ética (definiciones fundamentales sobre la existencia y el comportamiento humano) y la estética (definición sobre lo bello y lo imaginario).

Pero esta matriz de distinciones primarias no se localiza sólo, ni incluso de manera fundamental, en la filosofía. Esta siempre está sujeta al riesgo de alcanzar mayores grados de autonomía, de separarse de las condiciones de vida concreta de los hombres. En un nivel todavía mucho más importante esta matriz de distinciones primarias remite a la estructura del sentido común, de la que todos los hombres son portadores. Este es el lugar decisivo de su localización cultural. La filosofía no hace sino sistematizar lo que, de una u otra forma, se encuentra en la estructura del sentido común y que pertenece a todos y cada uno de los hombres. Esta es, a la vez, la razón fundamental por la que la filosofía les incumbe a todos, les habla a todos, los compromete a todos. La filosofía es derivativa, el sentido común es primario.

Desde el punto de vista histórico es interesante examinar el tipo de relación que establecen entre sí la filosofía con el sentido común. En períodos de consolidación cultural, ambos dominios pueden desarrollarse en forma relativamente autónoma. Esta autonomía, sin embargo, es sólo la expresión del alto grado de afinidad y compenetración que ambos manifiestan. Las diferencias entre el pensamiento filosófico y el sentido común, aparentemente muy grandes, revelan la participación común en los mismos principios fundamentales. La autonomía, por lo tanto, es expresiva de la fuerte correspondencia entre ambos niveles.

Lo afirmado puede, sin duda, provocar el rechazo de muchos, para quienes la filosofía representa la antítesis del sentido común y que tenderían a definirla, precisamente, como un esfuerzo sistemático de socavamiento de las creencias comunes. Es ésta una visión preponderante, por ejemplo, entre quienes hacen profesión de la filosofía. A un cierto nivel, tienen razón. El sentido común no es coherente ni sistemático, mientras que la filosofía pretende serlo. Al tender a ello, la filosofía se ve necesariamente obligada a construir determinadas relaciones y trayectos que, al establecerse, pueden desafiar al sentido común. Pero este mismo desafío se encuentra acotado por el propio sentido común; se trata siempre de una licencia de la filosofía frente al sentido común, que ésta se ve necesariamente obligada a reparar al final del recorrido.

La filosofía se halla obligada a hacer sentido y ello implica su final sometimiento a los dictámenes del sentido común. No se trata, sin embargo, de un sometimiento pasivo. El recorrido filosófico es, también, un esfuerzo de seducción hacia el sentido común, de invitarlo a desplazarse, a transformarse. Sin duda, la filosofía es capaz de modificar nuestro sentido común. La historia de la filosofía, sin embargo, nos demuestra que la relación inversa es la más importante. La filosofía se desarrolla porque las condiciones de existencia de los hombres presionan sobre ella y exigen su transformación. Es ésta una relación que, normalmente, los grandes filósofos no han desconocido. A ello, por ejemplo, apunta Hegel (el filósofo moderno que con mayor radicalidad cuestiona nuestro sentido común) cuando afirma que:

«Cuando la filosofía pinta el claroscuro, ya un aspecto de la vida ha envejecido y en la penumbra no se le puede rejuvenecer, sino sólo reconocer: el búho de Minerva inicia su vuelo al caer el crepúsculo»[1].

Sin embargo, en períodos de crisis de sentido, la filosofía vuelve al sentido común, busca en él las condiciones de estabilidad, las garantías de validez, que, por sí misma, ella no puede proveer o tiene dificultades en hacerlo. Es interesante, por ejemplo, examinar el tránsito del pensamiento escolástico a la filosofía moderna. Esta última se desentiende de lo que define como razón extraviada y de lo que califica como incomprensible jerga metafísica, para proceder a invocar una comprensión directa, asociada al sentido común. No en vano la inclinación cartesiana por la razón asume la forma de una invocación por el «buen sentido», por aquello que «es la cosa mejor repartida en el mundo». Lo mismo sucede con los primeros exponentes del empirismo moderno.

Este mismo fenómeno se observará asociado a los más importantes desarrollos filosóficos contemporáneos. Nuevamente filosofía y sentido común parecen nutrirse mutuamente.

---

[1] G.W.F.Hegel, *Filosofía del derecho*, Editorial Claridad, Buenos Aires, 1955, pág.36.

Baste pensar, por ejemplo, en Heidegger, en la segunda filosofía de Wittgenstein, en Austin, etcétera, en las cuales aparecen comprometidas tradiciones filosóficas diferentes.

Por lo señalado, afirmamos que estamos en un período en el que se está preparando un gran giro filosófico, la modificación del «paradigma de base» de la Modernidad, y al mismo tiempo declaramos que nos encontramos en la antesala de una profunda transformación de nuestro sentido común y, consiguientemente, del sentido que le asignamos a nuestra existencia y a nuestra acción.

Para apreciar la profundidad de esta gran transformación y las implicancias de que ella es portadora, resulta particularmente importante dirigir nuestra atención hacia la filosofía. En ella encontramos la sistematización de nuestras distinciones primarias y el registro de las concepciones a través de las cuales tal sistematización fue realizándose. A la vez, la filosofía nos proporciona una opción interesante para medir la radicalidad de las transformaciones comprometidas.

Es importante advertir que los cambios anunciados no sólo involucran a la filosofía y a la estructura de nuestro sentido común. Ambos niveles expresan las formas más nítidas de localización de este núcleo de distinciones primarias que recogemos con el término de «paradigma de base». Pero en la medida en que se modifique el núcleo de distinciones primarias, no puede sino esperarse una no menos profunda transformación en gran parte de los dominios de la actividad humana.

La comprensión de la encrucijada filosófica no sólo nos permitirá medir las transformaciones comprometidas, sino, por sobre todo, participar desde muy temprano en el «rediseño» de cada uno de los dominios particulares a través de los cuales los seres humanos actuamos.

Entendemos a la filosofía como un dominio particular de conversaciones sobre problemas y temas recurrentes. Para entender las distintas concepciones filosóficas es indispensable, desde nuestra perspectiva, situarse en las conversaciones pertinentes. Ello implica la necesidad de identificar el trasfondo de la conversación en curso, especificar cuál es el problema que determina el arranque de una concepción particular, cómo se justifica o fundamenta dicho problema, cómo se resuelve. Es necesario identificar los interlocutores principales que constituyen la estructura conversacional relevante para la comprensión de una determinada concepción.

Toda nueva propuesta filosófica encierra una determinada reacción frente a las posiciones previamente asumidas y se realiza por razones normalmente explicitadas. Comprender dicha propuesta, por lo tanto, implica situarla en el contexto de la conversación que la genera. Desde esta perspectiva, todo el desarrollo de la filosofía se sitúa en el desarrollo de una interacción comunicativa desde la cual revela su sentido. El descubrimiento de esta situación representa una de las principales contribuciones de Hegel. En este sentido, no tenemos problemas en afirmar que suscribimos una concepción que invoca una determinada comprensión de la dialéctica en relación con el desarrollo de las ideas. Hoy diríamos dialógica, dialogante o conversacional.

Afirmamos, por lo tanto, que no es posible entender cabalmente la filosofía cartesiana si no se la coloca en el trasfondo del pensamiento escolástico. No se entiende a Hume, si no se ha comprendido a Descartes; no se entiende a Kant, si se elude la referencia a Hume; o a Hegel, sin la referencia a Kant, y así sucesivamente. Ello no implica tener que hacer referencia a todos y cada uno de los filósofos, sino a aquellos que resultan pertinentes para la comprensión de los desarrollos posteriores. No hay reglas fijas al respecto. Todo está determinado por un esfuerzo interpretativo orientado a generar una comprensión adecuada.

Lo afirmado no implica sostener que el desarrollo del pensamiento filosófico reconozca un particular sentido o una dirección necesaria, donde las posiciones individuales de los filósofos resulten portadoras. No se está afirmando que el desarrollo global se oriente por una necesidad esencial, profunda o exterior. Tampoco que el desarrollo deba, por necesidad, culminar en un determinado punto Omega ya alcanzado o por alcanzarse.

Nada permite afirmar que de Hume se deba transitar hacia Kant y de éste hacia Hegel. El desarrollo bien pudo haber sido distinto. Que fuera como fue, dependió de Hume, de Kant, de Hegel y de lo que ellos, en las conversaciones en las que les correspondió participar, fueron capaces de discurrir, de las distinciones que fueron capaces de inventar. De allí que la única forma de comprender el desarrollo de la filosofía sea transitando por ella. Es en este transitar que invitamos a que se nos acompañe. Sólo esperamos que ello resulte tan estimulante como lo ha sido para nosotros.

CAPITULO I

LA COSMOVISION MEDIEVAL

Una adecuada comprensión del desarrollo del conocimiento moderno requiere hacer algunos alcances sobre el universo cultural que prevalecía durante la Edad Media y con el cual el pensamiento moderno entra en tensión. Importante también es situar la evolución del tipo de conocimiento que se inaugura con los Tiempos Modernos al interior de los rasgos fundamentales de este período histórico, en la medida en que el propio conocimiento es sólo una de las dimensiones en la cual se expresará esta particular forma histórica de ser, que es la Modernidad.

Más allá de los rasgos distintivos que la Modernidad imprime al desarrollo del conocimiento, ella representa también el predominio de determinados valores, una determinada visión sobre el hombre y la naturaleza, el mundo y la historia, la emergencia de nuevos estilos de vida y la aparición de nuevas prácticas sociales.

Es importante advertir que la tarea que nos proponemos acometer en este capítulo tiene una importante dosis de arbitrariedad, propiedad consustancial a la propia empresa que nos planteamos y que, por lo tanto, difícilmente podríamos eludir. Es conveniente, sin embargo, estar advertidos sobre el carácter de nuestro análisis. Los diferentes períodos de la historia no se separan, unos de otros, en forma nítida y tajante. Aunque muchas veces podamos convenir en referirnos a un determinado evento histórico como aquel que hace la separación entre dos períodos distintos, este pertenecerá necesariamente a un determinado dominio de la actividad histórica, sea esta económica, política o cultural, y difícilmente comprometerá el acontecer de manera muy significativa en los demás dominios.

Por otro lado, al confrontar dos períodos diferentes se efectuarán obligadamente determinadas caracterizaciones y se establecerán condiciones que permitirán hacer operativa la distinción entre ellos. Ello se traduce en que no siempre se logra destacar con la suficiente claridad el hecho de que muchas condiciones que se le atribuyen a un período anterior son las que permiten la gestación de aquellos rasgos que se señalan como característicos del período posterior y que el análisis, al no hacer la relación, coloca en oposición.

Cabe, por último, hacer mención al hecho de que estamos confrontando dos períodos históricos, aunque estamos situados al interior de uno de ellos. Por más que existan tendencias que sostienen la superación o disolución de la Modernidad, en términos globales resulta difícil sostener que hayamos salido completamente de ella. Es importante reconocer que el presente suele ser bastante ciego respecto del carácter de sus propias condiciones históricas. Es muy difícil concebir al presente como historia, la historia es el nombre que le asignamos al pasado. Y ello, por lo demás, no puede ser de otra forma en la medida en que la historia no es sino una determinada lectura, dentro de muchas lecturas posibles, del pasado a partir del presente.

La historia nos permite reconocernos, crearnos una identidad, a partir de una determinada interpretación de lo que entendemos que fuimos, pero que a la vez afirmamos que no somos. Es en este mismo sentido que consideramos importante referirnos al universo cultural que predominara en el medioevo, del cual obligadamente nacerá el pensamiento moderno, pero con el cual procurará distinguirse y entrará en oposición.

La cosmovisión medieval se caracteriza por su carácter teocéntrico, por hacer de la afirmación de la fe en Dios el elemento central en el ordenamiento del mundo. Las cosas ocupan el lugar que su relación y referencia con Dios les confiere y, de esta forma, adquieren sentido y valor.

El mundo medieval no es sólo un mundo profundamente jerarquizado, es también un mundo que se define a partir de una profunda escisión. El mundo terrenal, humano, concreto, adquiere su real significación fuera de sí, en el plano trascendental constituido por la fe. De esa misma manera, la capacidad de hacer inteligible este mundo concreto descansa en la afirmación de la fe. Sin aceptar desde el inicio la existencia de Dios, no sólo se considera que no es posible afirmar la existencia de ninguna otra entidad, sino que nada tiene sentido y, por consiguiente, todo intento de conocimiento es vano.

Estamos lejos ya de aquellas posiciones que sostenían que la Edad Media había sido un período de oscuridad y estancamiento cultural. Enumerar las grandes obras culturales que se realizaron durante ese período sería largo. Pero desde el punto de vista del desarrollo del conocimiento no puede dejar de mencionarse la importante síntesis cultural que se produce al fusionarse el pensamiento cristiano, heredero de las tradiciones judaicas, con el pensamiento clásico y, muy particularmente, con la filosofía griega.

Ya en la temprana Edad Media, Agustín (354-430) había acometido la gran tarea de vincular el cristianismo con la tradición filosófica platónica. Situándose desde la figura griega de la polis, desarrolla el ideal trascendente del cristianismo a través de una nueva figura: la ciudad de Dios. Más adelante, Tomás de Aquino (1225-1274) integra en la escolástica, el pensamiento cristiano con la tradición filosófica aristotélica. Tampoco puede desconocerse que el medioevo y, muy directamente la acción cultural de la Iglesia, será también la cuna del pensamiento científico moderno, el que difícilmente puede concebirse al margen de las contribuciones de pensadores como Roger Bacon (1214-1294) o Guillermo de Occam (1298-1349).

Es importante examinar algunas implicancias que resultan del hecho de hacer de la fe en Dios el fundamento y condición del conocimiento. En la medida en que se concibe que Dios es la totalidad, lo infinito, la unidad de lo real y el ser verdadero, es evidente que el papel que pueda asignársele a la razón, como a cualquier otra modalidad de conocimiento, se halla necesariamente subordinada al acto originario de la fe y, por consiguiente, a una verdad revelada. De igual manera es en la referencia a Dios que los problemas de la totalidad, de lo infinito, de la unidad, de la verdad, etcétera, son resueltos.

A través de la fe se alcanza un estado de fundamental sabiduría sobre todo lo existente, cuyas implicancias el pensamiento teológico deduce. En la medida en que por cualquier modalidad de conocimiento se llegue a conclusiones que contradicen las verdades teológicas, son éstas últimas, por cuanto son expresiones del acto originario de la fe, las que tienen primacía.

En estrecha relación con la teología, la Edad Media desarrolla una perspectiva ontológica y, por lo tanto, un pensamiento metafísico, orientado a la elaboración racional de una doctrina del ser. Si bien la razón no puede contradecir la verdad revelada, nada impide que ella no pueda aportar, por ejemplo, fundamentos propiamente racionales que confirmen la existencia de Dios, que a través de sus medios demuestre lo que la fe ya ha establecido.

El pensamiento medieval está lejos de desconfiar de la razón. Muy por el contrario, recurre permanentemente a ella en la seguridad de que la fe, lejos de verse amenazada, saldrá siempre robustecida. Son célebres, en este sentido, las cinco demostraciones racionales de la existencia de Dios, propuestas por Tomás de Aquino.

Sin embargo, es quizás el famoso argumento ontológico elaborado por Anselmo (1035-1109) el que puede permitirnos darnos cuenta del tipo de razonamiento que prevalece en la Edad Media. Ha sido habitual considerar que el argumento de Anselmo representa un intento de probar racionalmente la existencia de Dios. Como apreciaremos, se trata casi de lo contrario. Al examinarlo se comprueban las dificultades, que desde una perspectiva medieval, se levantan al procurarse negar la existencia de Dios. El argumento representa la respuesta elaborada por Anselmo frente a la afirmación que pueda hacer un insensato de que Dios no existe. Si alguien cometiera la insensatez de afirmar tal cosa, lo que el argumento de Anselmo procura demostrar es precisamiento lo absurdo de tal afirmación.

El argumento, en pocas palabras, se reduce a lo siguiente. Si aceptamos que Dios es aquello de lo cual nada mayor puede ser pensado (**quo maius cogitari nequit**), lo que según Anselmo difícilmente alguien podría discutir, no es posible pensar en Dios y negar su existencia. Pues bien, eso es precisamente lo que el insensato está haciendo al sostener que Dios no existe. Y al afirmarlo, no puede sino contradecirse. Pues, si Dios no existe más que en nuestra mente y no en la realidad, ello equivale a afirmar que Dios no es lo mayor que puede concebirse, dado que existir en la realidad es algo mayor que existir sólo en la mente. La existencia en la realidad sería un atributo del cual tal concepto de Dios carecería y, por lo tanto, sería pensable un concepto de Dios mayor que el invocado, un concepto que además de los atributos del concepto anterior tuviese el de existencia real. Por consiguiente, el concepto de Dios que invoca el insensato para negar su existencia no corresponde con aquello que, según Anselmo, estamos de acuerdo que Dios representa: aquello de lo cual nada mayor puede ser pensado.

Con Tomás de Aquino y la escolástica se consume la síntesis entre la noción cristiana de Dios y la filosofía aristotélica. A partir de ella, la teología cristiana asume las categorías aristotélicas como su matriz explicativa fundamental. Preeminencia alcanzan, por ejemplo, los conceptos de naturaleza, la distinción entre potencia y acto, la concepción aristotélica del ser, la intencionalidad como rasgo de todo movimiento, de todo proceso, etcétera. Para Tomás de Aquino, el movimiento representará la reducción de algo de la potencialidad a la actualidad, en un sentido que, consiguientemente, requiere estar presente en la naturaleza de aquello que se mueve. Pero, es más, todos los movimientos del universo representan las formas como las cosas se orientan hacia Dios a través de la realización de su naturaleza. La concepción del movimiento de Aristóteles es situada dentro de una perspectiva coherente con los ideales cristianos de la Edad Media.

De la misma manera se procede con la asimilación de la lógica aristotélica. Al hacer del silogismo la operación lógica por excelencia, que supone la deducción de conclusiones de principios fundamentales (premisas mayores), ello permitía una adecuada apropiación para un tipo de pensamiento que le confería a la razón un papel subordinado a la verdad revelada y a los dogmas teológicos. Para el pensamiento medieval la verdad se sitúa, por sobre todo, antes que se inicie la acción de la razón. Esta última sólo puede extenderla a dominios en los que ella no se manifiesta directamente.

El papel de la fe y del pensamiento teológico al interior del conocimiento no es asegurado espontáneamente. Se requiere, por el contrario, someterse a la vigilancia y autoridad de la Iglesia, la que debe velar por la concordancia entre el conocimiento y el dogma. El pensamiento se desarrolla cautelado no sólo por su concordancia con la autoridad intelectual de las Escrituras y de determinados textos consagrados, sino, muy directamente, por la autoridad institucional de la Iglesia, quedando sujeto a sus sanciones.

Al respecto, es importante considerar que más allá de los límites que la fe y los dogmas le fijan al conocimiento se encuentran tanto la ignorancia, como la herejía y el mal. Transgredir los límites autorizados por la Iglesia, traspasar el ámbito permitido por la fe y su interpretación teológica eclesial implica, además de caer en el error, caer en el pecado. Para el pensamiento medieval lo verdadero y lo bueno, el conocimiento y la ética, representan una unidad: «**ens bonum verum enum converturur**».

Todo lo anterior permite reconocer al pensamiento medieval no sólo cautelado por diversos tipos de autoridades, sino fuertemente referido al pasado, a tradiciones de pensamiento y estructuras conceptuales consolidadas previamente, anteriores a la propia actividad de conocimiento. Desde esta perspectiva, el interés por la naturaleza, por ejemplo, es fundamentalmente contemplativo, motivado en lo esencial por descubrir en ella la presencia de Dios. Lo natural implica reconocer en las cosas su referencia con el Creador.

El universo medieval es un universo de absolutos, constituido por un eje fundamental entre Dios, el Creador, y el hombre, su principal creatura. De allí que se sustente en una imagen cerrada del universo físico que, dado el lugar privilegiado que se le asigna al hombre, define a la Tierra como su centro. La sociedad medieval es esencialmente estamentaria, de muy escasa movilidad social. Los lugares que los hombres ocupan en la estructura están definidos desde antes de su nacimiento y en concordancia con el orden natural de las cosas. De allí que se trate de una sociedad marcadamente estática, recelosa del cambio y en la que, nuevamente, los intentos de subvertir el orden establecido conllevan una poderosa condena ética. El principal sentido de esta vida, se halla fuera de ella, en un más allá, en procurar la salvación en la otra vida, luego de la muerte. La figura del monje, las vocaciones contemplativas, la oración, dan cuenta de los más elevados ideales de la cultura medieval.

Lo anterior no implica necesariamente negar o desconocer el desarrollo histórico. Por el contrario. La Edad Media reconoce la presencia de dos tipos de concepciones sobre la historia, muchas veces articuladas entre sí. Por un lado, un tipo de visión cíclica desde la que se afirma que las sociedades pasan sucesivamente por períodos de auge y de decadencia y, por otro lado, una visión que concibe la historia como un proceso de creciente perfeccionamiento impulsado por la Divina Providencia. Ello supone que, en último término, no son los hombres quienes promueven la superación histórica, sino sólo como manifestación de la Divina Providencia.

Esto no significa negar o desconocer el carácter ejemplar e históricamente gravitante de determinados hombres. Pero es sólo en razón y gracias a la Divina Providencia que las acciones ejemplares de algunos logran incidir en la historia y contrarrestar las acciones no menos numerosas a través de las cuales el Mal se encarna en la Tierra.

CAPITULO II

PRINCIPIOS CONSTITUTIVOS
DE LA MODERNIDAD

El universo cultural que predominara en la Edad Media será progresivamente sustituido por otro completamente diferente: la Modernidad. Con este concepto se describe una determinada concepción del hombre y del mundo en la que participan principios culturales muchas veces muy distintos. Pero desde el punto de vista histórico ellos confluyen en la constitución de una forma particular de existencia designada globalmente a través del concepto de lo moderno. Si bien ella tiene su origen en la Europa de los siglos XV y XVI, recoge algunos importantes desarrollos anteriores y se nutrirá del conjunto de las transformaciones políticas, tecnológicas, sociales y culturales que se irán produciendo en los siglos posteriores.

A la vez, la Modernidad se irá extendiendo progresivamente, llegará a otros continentes y será asimilada por culturas muy diferentes de aquellas en las que se gestó. Aunque no podría sostener que todos los países del orbe participan del universo cultural de la Modernidad —y, en rigor, son muchos los que no participan de ella—, por su extensión, hoy ella representa un fenómeno universal.

El punto de quiebre que permite el paso del universo cultural medieval a la Modernidad es la gran crisis de autoridad que sufre la Iglesia, tanto en el orden intelectual como en el político. Obviamente hay diversos factores que conducen o contribuyen a ello, muchos de los cuales se desarrollan al interior de la misma Iglesia o son consecuencia de procesos que ella misma impulsa. Basta con pensar, por ejemplo, en los efectos que tiene la Reforma o en determinados aportes al conocimiento de connotados hombres de Iglesia. En la medida en que la acción y la palabra de la Iglesia son puestos en tela de juicio, el soporte fundamental que sostenía el mundo medieval se desploma.

Tras el cuestionamiento de determinados dogmas de la Iglesia, el movimiento de la Reforma impugna el poder de Roma, desarrollando un proceso mucho más profundo a través del cual se lleva a cabo la disolución de la unidad entre verdad revelada y conocimiento, tal como la proclamaba el pensamiento medieval.

El pensamiento moderno desarrolla una concepción sobre el conocimiento radicalmente diferente. Este deja de ser un proceso que se desarrolla a partir de principios fundamentales aceptados como verdaderos, sino que debe ser capaz de fundar por sí mismo la validez de lo que afirma. Ya no se acepta el carácter verdadero de una premisa mayor fundante del conocimiento y anterior al mismo. Tampoco se reconoce autoridad alguna fuera del ámbito específico del conocer. Ni determinadas tradiciones culturales, ni instituciones sociales determinadas pueden invocar autoridad alguna para establecer la verdad. Cualquier intervención en el proceso de conocimiento que, fuera de él, invoque la verdad no es sino un prejuicio que no puede sino distorsionar el objetivo de conocer. Para el pensamiento moderno el conocimiento no reconoce mayores apoyos externos a él mismo.

Lo anterior genera evidentemente un conjunto de problemas y plantea numerosos desafíos. En la medida en que no se dispone de aquellos principios fundamentales que, haciendo de premisas mayores, aseguraban al pensamiento medieval la posibilidad de alcanzar la verdad, uno de los problemas con los que permanentemente se enfrentará el pensamiento moderno será aquel de encontrar un adecuado *punto de partida* desde el cual iniciar el conocimiento.

Consciente de que la elección de un determinado punto de partida condiciona el tipo de conclusiones a las que se pueda arribar, el pensamiento moderno invertirá un esfuerzo importante en el debate sobre el punto de partida, aspecto que se convertirá en el verdadero «talón de Aquiles» de muchas concepciones. Por otra parte, en la medida en que no hay un punto de partida obligado, cualquiera que demuestre servir al objetivo de conocimiento es posible de ser utilizado en la medida que no implique la introducción de prejuicios.

Al prescindir de la fe y de cualquier apoyo externo, el pensamiento moderno hará de la *duda* su propio fundamento. La Modernidad conocerá a través de la duda, poniendo en tela de juicio sus propias certezas o lo dado por cierto por cualquier concepción. La sabiduría de la fe, que predominara en la Edad Media, dará lugar a una sabiduría de la incertidumbre, en el decir de Milan Kundera. Se trata, como puede apreciarse, de una radical inversión en la comprensión del carácter de la tarea de conocimiento.

Así, mientras el pensamiento medieval era esencialmente dogmático, el pensamiento moderno será fundamentalmente escéptico. El escepticismo será un rasgo inherente a esta nueva y radicalmente distinta concepción sobre el conocer. Al hacer de la duda su principal herramienta y fundamento, el pensamiento moderno será, a la vez, esencialmente *crítico*. No sólo se estimulará la actividad crítica frente a todo lo que se sostenga, sino que resulta difícil encontrar proposiciones de concepciones modernas sobre algún aspecto que no estén asentadas, directa o indirectamente, en la crítica de alguna otra concepción.

A partir de lo señalado es fácil constatar que la Modernidad se diferencia del universo cultural de la Edad Media por el carácter *secular* de sus principios de legitimidad. Tanto en el terreno del conocimiento, como en el de la ética o de la política; tiende a prescindirse de la referencia a un mundo trascendente para, desde allí, justificar acción o resultado alguno. Cada dominio de la actividad humana comienza a generar sus propios principios de legitimidad y, al no haber un referente común, no es posible afirmar, sin más, por ejemplo, la unidad entre lo verdadero y lo bueno, tal como lo sostenía la cosmovisión medieval.

Por su parte, la separación del conocimiento, la ética y la política desarrollan la tolerancia y el pluralismo como principios de convivencia social. Ello dará lugar al desarrollo de una ética moderna y a la emergencia de relaciones políticas radicalmente diferentes de las que prevalecían en el medioevo. En el campo del conocimiento, el papel preponderante que la teología tenía en la Edad Media, será sustituido por el predominio de la influencia de la ciencia. Ya se ha señalado que en la filosofía, disciplina que reduce su importancia, se produce un cambio de influencia de la metafísica a la epistomología, de la preocupación por los problemas del ser a un interés creciente por los problemas del conocimiento.

Sin embargo, es importante reconocer que no sólo el pluralismo y la tolerancia prevalecen en el plano de la ética y de la política. La autonomía de ambas esferas, que se expresa ya en el pensamiento de Maquiavelo, permite simultáneamente el desarrollo de una concepción de la política centrada fundamentalmente en los objetivos de asegurar la conquista y la mantención del poder, concepto de poder progresivamente desprovisto del sentido moral inherente a la concepción que tenía la Edad Media sobre la autoridad. La Modernidad, por lo tanto, se caracteriza también por promover en el plano de la política una lucha permanente por la conquista del poder, fin que llega, incluso, a legitimar el uso que del propio poder se hace.

El carácter secular de la Modernidad conduce a privilegiar la relación de los hombres con la naturaleza, la capacidad de control que sobre ésta se alcance y las transformaciones que sobre ella puedan realizarse. Adquiere, por consiguiente, una máxima importancia las transformaciones y realizaciones que se emprendan en esta vida. Es en este campo donde se llega incluso a secularizar el ideal transcendente medieval al sustituirse la fe en Dios por la fe en el *progreso de la Humanidad*. Afirmando sus propias capacidades se consolida la creencia, tan inverificable como la creencia de la existencia de Dios, de que «la civilización se ha movido, se mueve y se seguirá moviendo en la dirección deseable» incrementando el bienestar de los hombres.

La diferencia con las visiones progresistas del medioevo reside tanto en la extensión de esta nueva fe, como en el supuesto de que la principal balanza del progreso es el hombre. La idea de progreso que desarrolla la Modernidad hace que la historia adquiera una especial importancia y hace del tiempo su condición esencial de posibilidad.

Pues bien, uno de los cambios más notables que caracterizan el paso a la modernización es una radical transformación en el concepto del tiempo. Ello se producirá en distintos momentos y en planos diferentes. Una primera dimensión se refiere al tiempo histórico. A diferencia de la Edad Media que vivía fuertemente dependiente de las tradiciones y del pasado, la Modernidad hace del presente, por sobre todo, la antesala del futuro.

Los hombres viven proyectados hacia el mañana; los pueblos subordinan sus preocupaciones por sus orígenes y buscan proyectarse hacia un destino. Todo ello se traduce en una alta valoración y aceleración del cambio social. La fe en el progreso permite confiar en que el futuro será no sólo diferente, sino mejor, y que es tarea de los hombres llevar a cabo la transformación de las condiciones presentes.

Es quizás en el tiempo cotidiano donde se producen las primeras y más profundas transformaciones. A ello contribuye muy decisivamente el invento del reloj mecánico que en el siglo XIV se realiza en Europa. Tomemos en cuenta, tal como nos señala Mumford, que «el reloj no es sólo un medio para llevar la cuenta de las horas, sino también un medio de sincronizar las acciones de los hombres». Con el invento y perfeccionamiento del reloj mecánico, se crean nuevas condiciones para elevar el desempeño humano e incrementar notablemente la productividad. Se hace posible, a la vez, que los hombres trasladen a su bolsillo el control sobre el tiempo, puedan desplazarse con él y no requieran depender de fuentes naturales de energía, como acontecía previamente.

Una economía agraria, como la medieval, dependía de un tiempo medido por los eventos naturales. El desarrollo de una economía industrial y de la vida urbana, características de la vida moderna, son impensables, al menos tal como estamos acostumbrados a ellas, sin la capacidad de control sobre el tiempo que proporciona el reloj mecánico.

Es, por último, importante recordar la gran transformación que la Modernidad, ya desarrollada, va a llevar a cabo sobre el concepto del tiempo en la física, a partir de la teoría de la relatividad. Con dicha transformación el hombre modificará nuevamente sus horizontes y le será posible emprender la conquista del espacio.

Pero mucho antes de llegar a ese momento, el concepto mismo de espacio tuvo que ser también fuertemente modificado. Durante la Edad Media las relaciones espaciales se organizaban como símbolos y expresiones de valores. Lo alto se consideraba que estaba más cerca de Dios; lo bajo, más lejos. Arriba se situaba el bien, abajo el mal. En toda distribución del espacio se buscaba la presencia de Dios y la correspondencia con las enseñanzas de la Iglesia. Por su parte, el tamaño es considerado indicador de importancia. De allí que al pintar a los hombres, el artista medieval los represente, no de acuerdo a sus tamaños reales, sino según su importancia. Dentro de esta perspectiva, la religión es la que confiere la unidad y determina la distribución espacial de las cosas.

A partir del siglo XIV esta situación se altera, iniciándose el tránsito de una concepción del espacio como jerarquía de valores a otra que lo considera como sistema de magnitudes. Dentro de este contexto, se produce, por ejemplo, el descubrimiento de las leyes de la perspectiva que transforma la relación simbólica entre los objetos en una relación visual, concebida cuantitativa- mente. Ahora el tamaño ya no indicará importancia, sino distancia. Con la representación a escala de los objetos, se establece una relación de correspondencia entre la representación pictórica y la imagen del objeto.

Esta transformación que aparenta escasas consecuencias prácticas, permitirá, sin embargo, avances notables en la cartografía y todo lo relacionado con la elaboración de los mapas. Estos, que los hombres pueden portar en sus bolsillos, significan un control sobre los espacios reales en los que los hombres viven, sin precedentes en la historia. Junto con el desarrollo de los demás instrumentos de navegación, desde ahora será posible alejarse de las costas y volver al punto de origen sin perderse. Pero sobre todo se abren nuevas posibilidades a la exploración que conducirá a los grandes descubrimientos geográficos de los siglos XV y XVI. Con ellos, los hombres ensanchan inmensamente sus horizontes y las condiciones de desplazamiento en la Tierra. Pronto se inaugurarán y perfeccionarán importantes vías de comunicación permitiendo ganar control sobre las distancias.

En un período relativamente corto el mundo se expande y las distancias se reducen. La visión que el hombre tiene sobre la Tierra ha pasado a ser completamente diferente. Mientras se modificaban las ideas que los hombres poseían sobre la faz de la Tierra, otros desarrollos, asociados también a este concepto del espacio como sistema de magnitudes, transformarán las concepciones medievales relativas al espacio celestial.

De nuevo, en un período muy corto de tiempo, se deberá abandonar la idea de que la Tierra es el centro del universo y que el cielo es un espacio cerrado que limita con la morada de Dios, para descubrir, como nos lo demuestra Koyré, que se habita un universo infinito dentro del cual la Tierra es un muy pequeño lugar, en un pequeño sistema planetario, dentro de los infinitos lugares e innumerables sistemas planetarios que este universo es capaz de contener. Más adelante, siguiendo estas primeras brechas desde las cuales la edad moderna reformula su concepto de espacio, se descubrirán otros espacios, además del euclidiano, que es el que sustenta todas estas importantes transformaciones.

Junto con lo anterior, se registran importantes cambios en la estructura social. El mercado pasa progresivamente a ser la instancia en la cual se realiza la regulación económica y el dinero el medio generalizado del intercambio mercantil. Las antiguas economías feudales ceden su lugar al desarrollo del capitalismo y, con él, al establecimiento de nuevas relaciones económicas. Ya nadie debe ceder, como norma general, algo que le pertenezca porque exista una autoridad que así lo obligue.

Las relaciones mercantiles descansan en la libertad de quienes participan en ellas de vender o comprar. En el mercado, los individuos son considerados formalmente como iguales, sin que interesen sus orígenes, sus antecedentes sociales u otros pergaminos. Se trata de relaciones determinadas exclusivamente por la magnitud de la propiedad con las que se accede a ellas, magnitud que se mide en dinero. El poder económico es, en último término, dinero y el dinero es la expresión del valor de las cosas. El poder social se lleva también en el bolsillo, como lo reconociera Marx.

Sobre estos principios de regulación económica (libertad, igualdad, propiedad, etcétera) se buscará también organizar política y socialmente a las diferentes sociedades. Nuevos intereses separarán a los individuos y, a partir de ellos, se constituirán diferentes clases sociales. A pesar de las barreras que existirán entre ellas, la edad moderna generará perspectivas de movilidad social y, por consiguiente, de desplazamiento de una clase a otra, que tampoco tiene precedentes en la historia.

La Modernidad se ve acompañada por un notable dinamismo social al que contribuye un destacado proceso de aceleración en el campo de las innovaciones tecnológicas. Algunas de ellas han sido mencionadas con referencia a los problemas de tiempo y espacio. Sin embargo, no podría dejar de señalarse el profundo impacto de la imprenta que representa la primera gran alteración en el campo de la información, campo en el que se seguirán produciendo importantes innovaciones, todas las cuales contribuirán a crear condiciones para una difusión cada vez más amplia de la cultura hasta llegar a una situación tal de homogeneización cultural que se reconoce con el término de sociedad de masas.

En un plano diferente, es importante mencionar el invento de la máquina a vapor, que marca el primer gran salto que se produce en la edad moderna y que antecederá otras importantes innovaciones, todas las cuales permitirán el uso intensivo de fuentes naturales de energía en la producción. Es quizás en el terreno de las innovaciones tecnológicas donde la edad moderna exhibe con mayor fuerza su dinamismo y su capacidad de perfeccionamiento. Sólo el terreno del desarrollo científico, por lo demás estrechamente relacionado con el tecnológico, se visualiza con claridad un avance equivalente. Han sido ellos, por lo demás, los que han servido de principal soporte a la fe del progreso de la Modernidad. En ambos planos, la referencia a dimensiones trascendentes de la existencia humana y el concurso de la religión, resultaban aparentemente irrelevantes.

Es conveniente, por último, hacer referencia al hecho de que la Modernidad se manifiesta también, y muy profundamente, en importantes cambios en las sensibilidades estéticas. Octavio Paz y Milan Kundera nos ofrecen al respecto algunos análisis que resultan particularmente interesantes. Situándose tan solo en el campo literario (podría pensarse también en la música o la plástica) cabe reconocer la transformación ocurrida con el paso del género de la gesta épica o del relato de las vidas ejemplares al nacimiento de la novela, considerada ésta el género literario por excelencia de la Modernidad. En ella podemos no sólo reconocer una distancia escéptica entre el autor y sus personajes, como acontece en Cervantes o Flaubert, sino ver cómo se constituye a partir del hombre común y sus problemas. El héroe o el santo han dejado de ser los personajes centrales y predilectos en la sensibilidad estética moderna.

CAPITULO III

LA EMERGENCIA DEL CONOCIMIENTO CIENTIFICO

Uno de los rasgos característicos de la Modernidad es el desarrollo del pensamiento científico. Este se exhibe, desde muy temprano, como modelo de toda forma de conocimiento verdadero, de allí que los avances que se produzcan en el campo de las ciencias tendrán importantes repercusiones en el dominio de la filosofía. Tal como se ha afirmado previamente, importante resulta recordar que la filosofía moderna hará del problema del conocimiento y, por consiguiente de la epistemología, su área de preocupación predominante.

La Edad Moderna se verá comprometida prematuramente en importantes avances científicos, los que se producen en diversas ramas del saber, como lo son las matemáticas, la biología y la química. Sin embargo, en ninguna de ellas los desarrollos serán tan notables y tan profundamente transformadores de las concepciones anteriores como en el campo de la astronomía y de la física. De allí que sea necesario hacer un breve alcance sobre ellos.

NICOLAS COPERNICO

Aunque en la antigüedad hubo quienes, como los pitagóricos y Aristarco de Samos, nacido en el año 310 a.C., sostuvieron que la Tierra no era el centro del universo, pronto se impuso el predominio de la concepción geocéntrica. Ello, por de pronto, se consolida a partir de los trabajos de Ptolomeo, en el siglo II de nuestra era. Por consiguiente, toda la Edad Media se desarrolla bajo el supuesto de que el centro del universo era la Tierra y que el Sol y planetas giran alrededor en órbitas circulares y con movimiento uniforme. En la afirmación de esta creencia confluyen varios factores.

En primer lugar, las apariencias que les señalan a los hombres, al mirar hacia el cielo, que efectivamente el Sol y los planetas parecieran desplazarse alrededor de la Tierra. Pareciera, en efecto, algo obvio e incuestionable. En segundo lugar, la creencia de que el hombre es la creatura predilecta de Dios el que, en su bondad, no podía sino haberla colocado en el centro mismo del universo. La idea de que el Sol y los planetas giraban alrededor de la Tierra en órbitas circulares era el resultado de la creencia, apoyada en Platón, de que el círculo es la figura más perfecta y, por lo tanto, más afín con la perfección del Creador. Cada punto del círculo es simultáneamente principio y fin y su distancia con el centro es siempre la misma.

Sin embargo, la concepción geocéntrica va a presentar algunos problemas. Al efectuarse atentas observaciones se va a descubrir que ciertos planetas parecieran, en ciertos momentos, detener sus trayectorias e incluso retroceder parte del camino recorrido. La situación que se configura es interesante pues nos muestra una de las formas características de cómo los hombres tienden a resolver los problemas que se les presentan sin todavía decidirse a hacer abandono de sus marcos interpretativos tradicionales.

La solución planteada fue la de los epiciclos. Ella tenía la virtud de lograr dar cuenta de estas nuevas observaciones, que aparentemente contradecían las premisas de la interpretación predominante, eludiendo precisamente tales contradicciones. Literalmente se salvaban las apariencias. La idea del epiciclo consistía en señalar que, siendo la Tierra el centro del universo y girando los planetas alrededor de ella en órbitas circulares, éstos realizaban, en sus órbitas, unos segundos desplazamientos mucho más pequeños pero igualmente circulares. Tales órbitas menores dentro de las órbitas mayores son los epiciclos.

Con esta solución se daba cuenta de aquellas escasas situaciones que parecían contradecir la interpretación general. Pero en la medida que pasaba el tiempo estas situaciones excepcionales se fueron multiplicando hasta que se llegó a un momento que para que la interpretación geocéntrica fuera consistente con las observaciones registradas se necesitaba postular la existencia de 79 epiciclos.

Lo anterior tuvo como consecuencia que la interpretación geocéntrica, que originalmente era muy simple y armónica, que apelaba a los ideales de perfección, se fue haciendo progresivamente más complicada y engorrosa. En un contexto que, además, recibía nuevas influencias del espíritu matemático de la antigüedad y de la simplicidad de sus formas estéticas, emerge la propuesta de Nicolás Copérnico (1473-1543). Luego de realizar estudios sobre los griegos en Italia, este monje inicia la búsqueda de una explicación más sencilla, más simple, más de acuerdo con la naturaleza del Creador.

En lo fundamental, el planteamiento de Copérnico es el siguiente: No todos los cuerpos celestes giran alrededor de un mismo centro; la Tierra sólo es el centro de la órbita de la Luna; el Sol sólo es el centro del sistema planetario; la Tierra gira sobre su propio eje: el movimiento aparente del Sol alrededor de la Tierra se debe a los movimientos de ésta y no del Sol; ello explica las aparentes detenciones y retrocesos del resto de los planetas, sin necesidad de tener que recurrir a explicaciones adicionales.

Copérnico no afirma que la realidad se comporta de acuerdo a su planteamiento. Sólo se limita a proponerlo como una alternativa de interpretación que posee el mérito de su mayor simplicidad. Lo más interesante del planteamiento copernicano resulta del hecho de demostrar que las apariencias supuestamente más sólidas en favor de la interpretación geocéntrica, quedan igualmente explicadas a partir de una perspectiva diametralmente opuesta. Es lo que se ha llamado el célebre giro copernicano. El hecho que, desde la Tierra veamos el desplazamiento del Sol, se puede explicar no sólo por un supuesto movimiento del Sol, sino también por los movimientos de la Tierra, lo que no impide aceptar que sea el Sol el centro del sistema solar y que la Tierra gire a su alrededor.

Copérnico manifiesta temor de que su hipótesis pueda disgustar a la autoridad de la Iglesia y atrasa la publicación de su obra durante 30 años, coincidiendo el año de su publicación con el de su muerte. Sin embargo, ésta no tiene un impacto muy grande. Es importante reconocer que a pesar de sus ventajas, tal como la presentara el propio Copérnico, su interpretación presenta también múltiples problemas y, por lo tanto, dista mucho de estar en condiciones de poner seriamente en cuestión la interpretación geocéntrica.

Algunos estudiosos, sin embargo, se sentirán inclinados a adoptarla y a orientar sus investigaciones de acuerdo a ella. Será sólo a partir de los desarrollos científicos realizados por Kepler y Galileo que la concepción copernicana, con algunas modificaciones, será plenamente aceptada.

JOHANN KEPLER

Uno de los errores de la propuesta copernicana fue haber señalado que las órbitas que los planetas describen alrededor del Sol eran circulares. Corresponderá a Johann Kepler (1571-1630) demostrar no sólo que se trata de órbitas elípticas en las que el Sol es uno de sus focos, sino el haber descubierto la relación que guardan las velocidades de los planetas en relación a su distancia con respecto al Sol. Estos descubrimientos se contienen en las famosas 3 leyes de Kepler, las que se sustentan en los datos que durante largos años recogiera su maestro Tico Brahe (1546-1601).

Uno de los aspectos más notables de los descubrimientos de Kepler se refiere a la influencia que ejerce en su pensamiento la idea de que las armonías matemáticas que regulan el universo. Al respecto, es importante considerar que gran parte del trabajo desarrollado por Kepler se orientó a seguir una intuición, por lo demás errada, sobre la relación que según su parecer debía mantener la creación de Dios, el universo, con las matemáticas. En efecto, el 9 de julio de 1595 (el joven Kepler tenía sólo 24 años), impartiendo una clase y dibujando una figura en el pizarrón, Kepler fue impactado por la idea de que el universo está constituido a partir de figuras simétricas, de acuerdo con el principio de los números perfectos.

Desde entonces Kepler quedó convencido de que Dios creó el mundo asegurando una plena armonía matemática, la que puede ser descubierta. Las figuras simétricas que, en un plano, son el triángulo, el cuadrado. el pentágono, etcétera, en el espacio están constituidas por los cinco sólidos perfectos: el tetraedro, el cubo, el octaedro, el dodecaedro y el icosaedro. Kepler supuso que los intervalos que los planetas mantenían entre sí, intervalos que entonces eran cinco, estaban de alguna forma determinados por relaciones entre estos sólidos perfectos.

Tras el objetivo de alcanzar esta demostración que siempre le fue esquiva, Kepler descubrió sus tres leyes. Murió, sin embargo, en la decepción de no haber logrado su propósito, lo que incluso lo condujo a desvalorizar la importancia de sus descubrimientos. Extraños pueden ser los caminos que conducen a importantes descubrimientos científicos.

GALILEO GALILEI

La figura científica más notable de esta temprana época moderna fue Galileo Galilei (1564-1642), al punto de ser considerado el fundador de la ciencia moderna. Sus contribuciones fueron múltiples y en áreas muy diversas. Entre ellas destacan sus estudios sobre el péndulo, en el campo de la óptica, el descubrimiento de los satélites de Júpiter (que junto con el resto de sus observaciones astronómicas se aceptan como demostración de la validez de la concepción copernicana) y sus análisis del movimiento de los cuerpos.

Galileo es recordado también por su choque con la Iglesia Católica y su consiguiente enfrentamiento con la Inquisición. Sin embargo, lo que por sobre todo contribuye a engrandecer su figura fue el hecho de haberle entregado a la ciencia el método experimental. A partir de Galileo, la ciencia no sólo se apoyará en la observación directa, sino en una observación enmarcada bajo condiciones que contribuyen muy decisivamente a la validez y al rigor de sus conclusiones. El método experimental lleva a cabo la observación luego que se ha construido una situación con una hipótesis en mente.

El mismo Galileo será escéptico con respecto a sus experimentos y sostendrá que los realizaba con el propósito, no de convencerse a sí mismo, sino de convencer a los demás. Ejemplo interesante de que el uso de los desarrollos científicos corresponde a la comunidad científica que se apropia de ellos y frente a los cuales la opinión de quien los genera no siempre es determinante.

Con Galileo se consuma un giro definitivo con respecto al carácter del quehacer científico. Los elementos más místicos y religiosos pasan a un segundo plano. Lo que interesa ahora ya no es el porqué, el origen, destino y finalidad última de las cosas y su movimiento, lo que preocupa al científico es el cómo. Se inaugura, por lo tanto, una concepción mecánica del universo que alcanzará su mayor expresión con Newton. Dentro de esta pregunta central por explicar el cómo del movimiento, las matemáticas representan la clave que permitirá descifrar los misterios del universo. El libro del universo, nos dirá Galileo, está escrito en lenguaje matemático.

CAPITULO IV

EL NACIMIENTO DE LA FILOSOFIA MODERNA

La filosofía moderna nace en la primera mitad del siglo XVII y desde sus inicios se muestra escindida en dos corrientes fundamentales: el empirismo y el racionalismo. Esta separación se mantiene infranqueable, al menos hasta la segunda mitad del siglo XVIII, período en el que Kant emprende un notable esfuerzo de conciliación. Desde entonces y a pesar de múltiples otros intentos por eludir esta dicotomía, ella se seguirá manifestando al interior del espectro de las distintas posturas epistemológicas pudiendo normalmente identificarse raíces más empiristas o racionalistas, cuando no se trata de una opción manifiestamente asumida.

El problema que separa ambas corrientes se refiere al fundamento del conocimiento. Para los empiristas todo conocimiento se sustenta en la experiencia; para los racionalistas, en la capacidad racional de los hombres.

Tanto el empirismo como el racionalismo producirán filósofos notables. Todos ellos no podrán ser estudiados. Se analizará aquella figura filosófica que se estima más sobresaliente e influyente dentro de cada corriente. En el caso del racionalismo esta figura es, sin dudas, Descartes, fundador del racionalismo moderno a comienzos del siglo XVII.

Aunque en el caso del empirismo se hará referencia a Francis Bacon, contemporáneo de Descartes y considerado su fundador, ello se efectuará atendiendo al hecho de que permite una mejor comprensión de cómo, desde posiciones empiristas, se produce un quiebre con el pensamiento medieval. Pero será a través del análisis de Hume, filósofo de mediados del siglo

XVIII, que se accederá a una visión más adecuada sobre los fundamentos del empirismo.

FRANCIS BACON

Francis Bacon (1561-1626) es contemporáneo de Galileo y será fuertemente impactado por el desarrollo científico de su época. Comprenderá que éste es capaz de provocar una gran repercusión social y que las sociedades que lo asimilen y promuevan podrán desarrollarse mejor que las demás. Una de sus preocupaciones centrales, por lo tanto, consistirá en examinar la relación entre ciencia y sociedad y en difundir lo más ampliamente las ventajas que acompañan al desarrollo científico.

Bacon descubrirá que la ciencia es un poder social. Reconocerá también que las posibilidades de avance científico se ven condicionadas por el tipo de lenguaje que predomina en la sociedad al punto de transformarse en un activo y exitoso propulsor de cambios importantes en el inglés de su época para disponer de un lenguaje acorde con las exigencias del desarrollo de la ciencia. Pero, así como el lenguaje debe adecuarse a las posibilidades de avance científico, también los hombres deben modificar su mentalidad a fin de impedir en ella el predominio de los prejuicios. Estos son los mayores impedimentos para generar una efectiva actitud científica y los hombres que asoman en esta nueva era de Modernidad están acechados por distintos tipos de prejuicios. En su principal obra, el *Novum Organum* (1620), Bacon identifica cuatro tipos de prejuicios o formas de idolatría, que llama **idola**.

Los **idola** de la tribu que provienen de la naturaleza humana y en ellos se expresan las limitaciones de la raza humana; los **idola** de la cueva que se sustentan en la individualidad en la que todo hombre vive; los **idola** del mercado, que nacen del intercambio, del comercio, de la comunicación y del lenguaje; y, por último, los **idola** del teatro que provienen de los dogmas filosóficos, de los sistemas conceptuales.

Bacon nos advierte con respecto a cada una de estas fuentes de error y hace un llamado a desprenderse de estos diferentes prejuicios. Sostiene, a la vez, que el conocimiento verdadero, tal como lo demuestran las ciencias, proviene de la experiencia, de la inducción que realizan los sentidos de todo aquello que nos rodea. El hombre, según Bacon, conoce de la observación y la capacidad de un conocimiento verdadero está determinada por un adecuado proceso inductivo.

Desde esta perspectiva, Bacon dirige una dura crítica al silogismo, pilar fundamental de la lógica aristotélica, por considerarlo inútil para la invención científica. Según su opinión, el silogismo sirve más para fijar y consolidar errores, fundados en nociones vulgares, que para inquirir la verdad. Tal como fuera señalado previamente, el silogismo representa un razonamiento deductivo que se inicia a partir de una verdad general (la premisa mayor), para descender desde ella a través de una premisa menor a una situación particular. Tal es el caso, por ejemplo, en el silogismo siguiente: Todos los hombres son mortales; Sócrates es hombre; por lo tanto, Sócrates es mortal. El fundamento del silogismo es la existencia de verdades generales.

Pero, se pregunta Bacon, ¿cómo sabemos que la premisa mayor es verdadera? Sólo porque lo hemos observado de manera reiterada y, por lo tanto, porque así lo indica la experiencia. Sabemos que todos los hombres son mortales porque Juan es mortal, Pedro es mortal, ... porque Sócrates es mortal. El razonamiento efectivo ha sido, según Bacon, exactamente el inverso del que sugiere el silogismo: no hay verdades generales que no se sustenten en los correspondientes casos particulares. Este proceso que va de lo particular a lo general es lo característico de la inducción.

Como forma de caracterizar el proceso inductivo, Bacon hace una proposición de cuatro tablas o criterios que deben seguirse de manera sucesiva para asegurar un conocimiento válido. La primera de estas tablas es la de la esencia y presencia.

Esta consiste en registrar aquellos casos que manifiestan la presencia de un atributo determinado sobre el cual se orienta el objetivo de conocimiento. La segunda es la tabla de desviación o de ausencia en proximidad, que implica el registro de aquellos casos que sin tener el atributo definido originalmente, le son parecidos. La tercera es la tabla de grados o comparación que registra aquellos casos en los que el atributo o fenómeno estudiado se presenta en grados diferentes. Por último, se alcanza la fase del proceso de exclusión que se caracteriza por ser aquella en la que se realiza la inducción propiamente tal, logrando discernir el factor y la naturaleza efectiva de aquello que se observa.

El procedimiento propuesto por Bacon es, sin duda, muy rudimentario, y no logra dar cuenta de manera efectiva del proceso inductivo mismo. El resultado científico es presentado como un salto que se produce más allá de los criterios propuestos. Más importante es su contribución negativa, su advertencia con respecto a los diferentes tipos de prejuicios que amenazan el desarrollo de la ciencia y que requieren ser advertidos. A través de su concepción se desarrolla su principal aporte: la idea de que el fundamento de todo conocimiento es la experiencia y que el proceso que lo genera es la inducción que sobre ella son capaces de realizar los hombres. Estas serán las premisas en las que se apoyará todo el empirismo moderno posterior.

RENE DESCARTES

Habiéndose formado en una de las más prestigiosas escuelas de su época, el colegio de La Flèche, dirigido por los jesuitas, Descartes (1596-1650) egresa con la sensación de gran confusión y perplejidad al tener que reconocer que, apoyado en las enseñanzas que recibiera, está lleno de dudas y errores, lo que hace que le resulte muy difícil discernir lo verdadero de lo falso.

Ello conduce a Descartes, desde muy temprano, a distanciarse del pensamiento escolástico. Igual actitud mantiene respecto a la lógica aristotélica y sus silogismos que, según nos señala, más sirven para explicar las cosas ya sabidas que para investigar la verdad. Dada la dependencia del silogismo de una verdad general, en la medida en que se cuestionen tales verdades generales, no hay como hacer uso del silogismo. Ello convence a Descartes de la necesidad de encontrar un método de indagación de la verdad muy diferente al tradicional.

Al parecer, el primer atisbo de un método diferente lo tiene Descartes a partir de una experiencia de características algo místicas. Habiéndose alistado en el ejército de Maximiliano de Baviera, que entonces luchaba contra el rey de Bohemia, el invierno sorprende a Descartes en la aldea de Neuburg, cercana a Ulm, donde se vería obligado a pasar todo el día, frente a una estufa, tiempo que dedicaba a diversas meditaciones. Estando en esas condiciones, escribe en uno de sus manuscritos, que «el 10 de noviembre de 1619 descubrí los fundamentos de una ciencia admirable».

En efecto, al plantearse algunos problemas de geometría captó que ésta seguía un mismo tipo de razonamiento, el que era independiente del tipo de problemas de que se tratara. Eso lo hizo pensar en la posibilidad de desarrollar un método que, siguiendo precisamente el modelo de las matemáticas, le permitiera reconocer la verdad en cualquier área del conocimiento. Por consiguiente, las matemáticas, y muy particularmente la geometría, representarán para Descartes la base de su filosofía. Ya se ha destacado la importancia creciente que en los desarrollos científicos de su época lograban las matemáticas, dominio por lo demás en el que el propio Descartes realizara importantes contribuciones.

Según Descartes lo que caracteriza a las matemáticas es el hecho de que ellas descansan en un conjunto restringido de principios simples, claros y evidentes para cualquiera que los examine y, una vez que ellos han sido establecidos, deduce de ellos el conocimiento de relaciones particulares o más complejas. De la misma manera, la filosofía debiera ser capaz de deducir su conocimiento de principios o causas primeras, igualmente simples, igualmente incuestionables. Ello lo lleva a concebir la filosofía como el conocimiento de la verdad por medios de sus causas primeras, a través de la razón y, por consiguiente, sin el recurso de la fe. No en vano Descartes es considerado el fundador de la filosofía moderna. Pero no se trata sólo de excluir el recurso de la fe. Esta es sustituida por su opuesto, la *duda,* en el sitial del fundamento del conocimiento moderno.

El pensamiento moderno, y Descartes es el primero en postularlo, hace del no-saber el fundamento del saber. No se trata de propugnar la ignorancia, sino de dudar de todo lo que suponemos cierto ante la posibilidad de que pudiera no serlo. Ello significa fundar la empresa de conocimiento en un momento escéptico.

Descartes, sin embargo, no es un escéptico y su duda no es constitutiva de su concepción de la vida y del mundo. Se trata, como él mismo lo reitera, de una duda metódica, puesta al servicio del conocimiento y transformada en partera de la verdad. En la medida en que es necesario fundar sin apoyos previos en los principios o causas primeras de todo conocimiento, todo debe ser sometido a la duda. Razones para ello no faltan. Reconocemos que los sentidos suelen engañarnos, que el mal uso de la razón nos extravía, que no somos capaces de distinguir el estado de vigilia del estado de sueño y, por último, señala Descartes, podemos colocarnos en la hipótesis de que haya un genio maligno que nos hace considerar verdadero lo que en realidad es falso. La radicalidad de la duda impone, en consecuencia, un momento escéptico incuestionable.

El mismo Descartes lo reconoce así al afirmar que esta radicalidad de la duda es tal que se tiene la sensación de haber caído en aguas profundísimas, en las que no es posible tocar con los pies el fondo ni nadar para mantenerse sobre ella. Es el abismo de la incertidumbre.

La duda debe llevarnos, sin embargo, a la verdad. Como tal, se sitúa en la antesala del conocimiento y la sabiduría. Luego de la duda, el conocimiento sigue un camino que reconoce, según Descartes, dos fases diferentes. La primera es la intuición, a través de la cual se accede, precisamente, a aquellas naturalezas simples y principios primeros que le conferirán a todo conocimiento posterior sólidos cimientos. Habiendo dudado inicialmente de todo, estos principios primeros sólo pueden ser alcanzados como producto de la intuición.

Pero la intuición es un recurso muy diferente del de la fe. Ella se encuentra sometida a la regla general que Descartes establece para la indagación de la verdad. Tal regla afirma que las cosas que concebimos muy clara y distintamente son verdaderas. El criterio de verdad se compone de dos elementos: la claridad y la distinción.

Para Descartes, lo claro es aquello presente y manifiesto a un espíritu atento, y lo distinto es aquello que es tan preciso y tan diferente de todo lo demás que sólo comprende lo que manifiestamente aparece, al ser considerado como es debido. El criterio de verdad de la filosofía cartesiana, por lo tanto, es plenamente concordante con los principios de identidad y de contradicción planteados por la lógica aristotélica.

De la intuición y aplicando el criterio de verdad al que ella misma se somete, se procede a una segunda fase en el camino del conocimiento. Se trata de la deducción que consiste en extraer verdades particulares de aquellos principios primeros previamente alcanzados a través del uso de la razón. Es fácil apreciar que la opción de conocimiento propuesta por Descartes corresponde a la forma como procede la geometría. El conocimiento se concibe fundado por completo en la razón, siendo ésta la suprema autoridad para determinar la verdad.

El método cartesiano se articula en cuatro pasos. El primero, consiste en «no admitir jamás como verdadera cosa alguna sin conocer con evidencia que lo era». El segundo, «en dividir cada una de las dificultades... en tantas partes como fuese posible y en cuantas requiriese su mejor solución». El tercero, «en conducir ordenadamente mis pensamientos, comenzando por los objetos más simples y más fáciles de conocer, para ir ascendiendo poco a poco ... hasta el conocimiento de los más compuestos». El cuarto y último, «en hacer de todo enumeraciones tan completas y revisiones tan generales que estuviera seguro de no omitir nada».

La propuesta de Descartes, cuya influencia en el pensamiento moderno será decisiva, privilegia el *análisis,* la desagregación del objeto de estudio en sus unidades más simples, para luego ascender de lo simple a lo complejo. Tal ascenso se realiza, en el caso de Descartes, a través de la deducción racional.

> *«Estas largas cadenas de trabadas razones muy simples y fáciles, que los geómetras acostumbraban a emplear para llegar a sus más difíciles demostraciones, me habían dado ocasión para imaginar que todas las cosas que entran en la esfera del conocimiento humano se encadenan de la misma manera»*[2].

La opción cartesiana impone algunas consecuencias de importancia en relación con los criterios de autoridad sustentados por el pensamiento medieval. Si la razón es la autoridad suprema toda otra instancia de autoridad queda necesariamente sometida a ella, a menos que se sostenga que existen accesos privilegiados a la razón que justifiquen una autoridad especial de determinados individuos o instituciones sobre el resto.

Descartes se preocupa de no dejar dudas sobre su rechazo a tal posición. De allí que la frase de apertura de su *Discurso del Método* (1637) sea que «el buen sentido es la cosa que mejor repartida está en el mundo», para en seguida reiterar «que la facultad de juzgar bien y de distinguir lo verdadero de lo falso, que es propiamente lo que llamamos buen sentido o razón, es por naturaleza igual en todos los hombres». Con ello se pone completamente en tela de juicio el principio de autoridad medieval, elevándose a un primer plano el discernimiento de marcada inspiración democrática.

¿Cómo procede Descartes para pasar de la duda radical a la afirmación de algún principio primero? La respuesta está ence-

---

[2] René Descartes, *El discurso del método,* Ediciones de la Universidad de Puerto Rico, Madrid, 1954, pág.39.

rrada en el célebre *cogito* cartesiano y se halla contenida en la proposición *cogito, ergo sum:* si dudo, pienso; y si pienso, no puedo desconocer que, como sujeto pensante, existo. Argumenta Descartes:

> *«advertí en seguida que aun queriendo pensar de este modo que todo es falso, era necesario que yo, que lo pensaba, fuese alguna cosa. Y al advertir que esta verdad —pienso, luego soy— era tan firme y segura que las suposiciones más extravagantes de los escépticos no eran capaces de conmoverla, juzgué que podía aceptarla sin escrúpulo como el primer principio de la filosofía que buscaba»* [3].

Es importante, sin embargo, reconocer que ese yo cuya verdad y existencia se afirma, aquel yo contenido en este primer principio, es un yo cuyo único atributo es ser un yo que piensa, sin que pueda atribuirsele cuerpo o materialidad alguna. El propio Descartes se encarga de que este punto quede absolutamente claro al sostener que

> *«al examinar después atentamente lo que yo era y ver que no podía fingir que no tenía cuerpo alguno y que no había mundo ni lugar alguno en el que yo me encontrase, pero que no podía fingir por ello que yo no fuese, sino al contrario, por lo mismo que pensaba en dudar de la verdad de las otras cosas se seguía muy cierta y evidentemente que yo era, mientras que, con sólo dejar de pensar, aunque todo lo demás que hubiese imaginado hubiera sido verdad, no tenía ya razón alguna para creer que yo fuese, conocí por ello que yo era una substancia cuya total esencia o naturaleza es pensar, y que no necesita, para ser, de lugar alguno ni depende de ninguna cosa material. De manera que este yo, es decir, el alma por la cual soy lo que soy, es enteramente distinta del cuerpo y hasta es más fácil de conocer que él, y aunque el cuerpo no fuese, el alma no dejaría de ser cuanto es»* [4].

---

[3] René Descartes, op.cit., pág.65.
[4] René Descartes, op.cit., págs.65-66.

En esta argumentación inicial se contiene una parte esencial del sistema cartesiano y se determinan importantes consecuencias.

Tanto al adoptar la duda como el principal recurso de método, como en la afirmación de su primer principio, la existencia de un yo pensante, Descartes está efectuando un giro filosófico fundamental que hace al hombre el centro de su filosofía. Al interior del sistema cartesiano la afirmación del hombre antecede la afirmación de Dios. Pero, a la vez, la filosofía de Descartes inaugura toda la tradición filosófica moderna de la subjetividad o filosofía centrada en el sujeto. La afirmación del yo, del sujeto pensante, se constituye en la piedra angular de la reflexión filosófica. Sin embargo, y dado como se ha constatado previamente, tal sujeto pensante no posee ninguna materialidad, es sólo alma, mente, conciencia pura y, como tal, distinto de toda corporeidad.

La concepción cartesiana, por lo tanto, escinde lo real en dos partes esencialmente diferentes: la conciencia y la materia, el alma y el cuerpo, el sujeto y el objeto. Con Descartes, por lo tanto, se constituye el dualismo filosófico que, de una u otra forma, va a representar la opción filosófica predominante durante gran parte de la época moderna.

Como se podrá apreciar más adelante, gran parte del desarrollo de la filosofía moderna va a estar determinado por la afirmación del dualismo, por el esfuerzo de dar solución a los múltiples problemas que genera o, simplemente, por intentar superarlo. La influencia al respecto del pensamiento de Descartes es decisiva.

Esta distinción entre mente y materia, y entre sujeto y objeto, no era ajena a la filosofía anterior. Muy por el contrario, ella se encuentra presente ya en el pensamiento filosófico tanto clásico como medieval, y había sido recogida por la tradición escolástica. Se trataba, en rigor, de una muy antigua distinción filosófica. Lo que resulta original en la filosofía cartesiana es la radicalidad de la escisión propuesta y las dificultades que de ella resultan para encontrar un elemento de unidad a través del cual estas dos esferas de lo real se coloquen en relación. En el caso de Tomás de Aquino, por ejemplo, la distinción se realizaba luego y a partir de haber afirmado la unidad de la persona. Una situación equivalente caracterizaba la filosofía aristotélica.

Para Descartes, en cambio, la distinción se efectúa en el momento mismo de la constitución de su primer principio filosófico, con lo cual lo real queda ontológicamente escindido desde el comienzo. En esas condiciones, las tradiciones filosóficas anteriores, en la medida en que efectuaban ellas mismas la distinción, sirven para reforzar la validez del dualismo instaurado por Descartes, a pesar de sus diferencias con éste.

A este respecto, por ejemplo, es importante destacar el efecto de mutuo refuerzo que se produce entre la filosofía cartesiana y la lógica tradicional, heredada desde Aristóteles, que hacía del análisis de la estructura predicativa de los juicios y de la relación sujeto-objeto, su perspectiva predominante de análisis.

En resumen, el dualismo ontológico inaugurado por Descartes, siendo una concepción original dentro de la filosofía, tiende a verse reforzado por las distinciones efectuadas por las propias tradiciones filosóficas con las que rompe, como asimismo con el nivel de desarrollo y las categorías predominantes de la lógica. De allí que no sea extraño que cuando, en el futuro, se procure poner en tela de juicio el dualismo filosófico, ello se vea normalmente acompañado por diferentes intentos, más o menos exitosos, de superación de la lógica tradicional.

El dualismo cartesiano redefine el espacio dentro del cual se establecerá la oposición entre el racionalismo moderno, fundado por el mismo Descartes, y el empirismo, constituido inicialmente por Bacon y desarrollado posteriormente por filósofos tan destacados como Locke y Hume. Pero no sólo redefine el espacio dentro del cual estas dos corrientes filosóficas se enfrentarán, sino que a la vez es tributario del dualismo que se manifiesta al interior del empirismo y a partir del cual éste se pronunciará sobre lo real y abordará el problema del conocimiento.

El empirismo, a pesar de sus marcadas diferencias con el racionalismo, se apoyará en las premisas que resultan del dualismo filosófico establecido por Descartes, aceptando la separación postulada por éste entre conciencia y realidad objetiva, como asimismo el replanteamiento de una matriz ontológica de análisis que gira de manera fundamental en la distinción sujeto-objeto *(matriz ontológica sujeto-objeto)*. De allí, por lo tanto, que haya que tener cuidado al examinar la relación de la filosofía cartesiana tanto con las tradiciones filosóficas anteriores, como con aquellas opciones filosóficas alternativas, como el empirismo, con las cuales se enfrenta. Hay elementos de mutua compenetración que requieren ser advertidos.

En el trayecto filosófico seguido por Descartes luego de haber afirmado la existencia del yo pensante se procede a demostrar la existencia de Dios y, desde allí, concurrir a la demostración de la existencia del mundo físico. Esas tres fases de la reflexión cartesiana corresponden a las tres sustancias fundamentales que distingue Descartes: la **res cogitans** (pensante), que corresponde al alma; la **res infinita**, a Dios; y la **res extensa**, al cuerpo y al mundo físico.

Descartes ofrece tres pruebas diferentes que, de acuerdo a su entender, demuestran racionalmente la existencia de Dios. No nos detendremos en examinarlas. Basta, sin embargo, mencionar que la tercera de ellas representa un intento de reposición del antiguo argumento ontológico de Anselmo, pero con una importante modificación. Mientras Anselmo proponía su célebre argumento desde una perspectiva negativa, procurando demostrar la necedad de pretender probar la inexistencia de Dios, Descartes se apoya en lo esencial en la misma argumentación desde una perspectiva positiva, para demostrar que Dios existe. Esta diferencia entre ambos argumentos es función del punto de partida de la reflexión para estos dos filósofos. Para Anselmo que parte de la fe, el problema es objetar la argumentación del escéptico. Para Descartes, en cambio, que parte de la duda y, por consiguiente, de la afirmación de un momento escéptico, el problema es la reposición de la afirmación de Dios, que la duda ha puesto en tela de juicio.

El argumento ontológico cartesiano tiene la siguiente estructura: Si tengo la idea de un ser sumamente perfecto, idea que corresponde con el concepto de Dios, debo reconocer que su existencia es inseparable de su esencia; si le faltara la existencia no sería perfecto. Como puede apreciarse, la prueba descansa en el supuesto de que la existencia es una perfección.

Para Descartes la demostración de la existencia del mundo físico descansa en haber demostrado previamente la existencia de Dios, demostración que descansa en la afirmación de que Dios nos ha dado la inclinación de creer en la existencia de las cosas naturales y en la aseveración complementaria de que, dada la naturaleza de Dios, no es posible que nos engañe. Uno de los elementos de mayor importancia de esta demostración es el hecho de que ella prescinde por completo de cualquier apoyo en el propio mundo físico, descansando por completo en la razón, en la deducción racional efectuada a partir de las intuiciones primeras y fundantes.

En ello se pone nuevamente de manifiesto el carácter radicalmente racionalista de la epistemología cartesiana y el rechazo de cualquier otro recurso que no sea la razón. Incluso la demostración de la existencia del mundo material prescinde de cualquier forma de conocimiento sensorial.

Esta postura conduce a Descartes al innatismo, a la afirmación de la existencia de *verdades innatas,* en la medida, precisamente, en que tales verdades, como las matemáticas, existen y que ellas prescinden por completo del conocimiento sensible. Para el cartesianismo los sentidos quedan rechazados como fuente de conocimiento. Allí reside la discrepancia fundamental de la filosofía de Descartes con el empirismo. Es importante reconocer que la afirmación de las ideas innatas representa en Descartes la conclusión extraída a partir de posiciones bastante sólidas.

Este rechazo a los sentidos como fuente de conocimiento se apoya en un importante argumento sobre su confiabilidad. En sus *Meditaciones metafísicas* (1647), Descartes argumenta, a partir de un ejemplo, que la sensación de dolor en un pie resulta de la contracción de los nervios del pie a través de los cuales éste está unido, como con cuerdas, al cerebro. Dado que estos nervios deben atravesar por buena parte del cuerpo, puede suceder que lo que sentimos como dolor en el pie esté provocado por alguna intervención en cualquier punto del trayecto, lo que para el cerebro es equivalente a la sensación de dolor en el pie. Esta misma posibilidad de interferencia se aplica, según Descartes, a cualquier forma de percepción sensorial. A lo que vemos, a lo que oímos, etcétera. Los sentidos, por lo tanto, no son capaces de asegurarnos el acceso a la verdad.

A pesar de que el fundamento biológico del argumento cartesiano revela estar equivocado a la luz del conocimiento actual sobre las transmisiones neuronales, su conclusión es válida. Desde un conocimiento biológico actualizado no es posible fundar la certeza a partir de los sentidos. Nuestra biología no puede garantizarnos contra el riesgo de confundir la ilusión con la certeza en nuestras percepciones sensoriales. Luego de más de tres siglos, este argumento ha vuelto a plantearse directamente desde la propia biología. Es importante reconocer, por lo tanto, la genial capacidad anticipatoria de Descartes.

Desde la perspectiva del pensamiento teológico, la concepción planteada por Descartes representa un giro decisivo en la medida en que significa un abandono del trascendentalismo y una clara opción a favor de lo que el pensamiento medieval define como *inmanentismo*. A pesar de que Descartes incorpora a Dios en su sistema, lo hace, tal como fuera planteado anteriormente, desde la duda y no desde la fe, desde el hombre y no desde Dios, desde un yo individual que se interroga en duda y no desde la gracia concedida por el Espíritu Santo. La polis terrenal tiene prioridad frente a la ciudad de Dios. Esta opción representará uno de los rasgos fundamentales del pensamiento moderno.

CAPITULO V

EL UNIVERSO MECANICO DE LA FISICA Y EL EMPIRISMO

ISAAC NEWTON

En 1687, Isaac Newton (1642-1727) publica sus *Principia* (Principios matemáticos de filosofía natural), obra que convulsionará el ambiente intelectual de su época y que ejercerá una poderosa influencia en el mundo de las ideas por más de dos siglos. Con Newton culmina la idea de un universo mecánico que científicos anteriores como Kepler y Galileo habían contribuido a forjar de manera bastante más restringida. A partir de Newton un vasto número de fenómenos, tanto terrestres como celestiales se someten a la explicación que ofrecen un número reducido de categorías y principios. La base de estas explicaciones reside en el análisis del movimiento y la sujeción de éste a leyes universales rígidas.

Apoyándose en los conceptos dinámicos de Galileo, Newton disuelve por completo la concepción orgánica de Aristóteles. Mediante el principio de la inercia, por ejemplo, invalida el planteamiento aristotélico de que la naturaleza del movimiento es circular y confirma a Galileo que había sostenido que el movimiento es naturalmente lineal, recto. Introduciendo los conceptos de masa y fuerza, logra demostrar las causas que subyacen la afirmación de Kepler sobre el carácter elíptico de las órbitas del planeta.

Los *Principia* están constituidos por tres libros. En el primero se establecen las leyes del movimiento y los principios generales de la mecánica. En el segundo, se inicia la explicación de los fenómenos naturales, abordando los problemas relativos al movimiento de los fluidos y a las órbitas de los planetas. En el tercero, sin duda el más espectacular, Newton procede entre otros temas, al cálculo de la masa del Sol y de los planetas, a la explicación de la forma achatada de la Tierra, a dar cuenta del fenómeno de las mareas, de las irregularidades en el movimiento de la Luna y de la inclinación del eje de la Tierra.

Todo el universo parece regirse por el mismo tipo de relaciones causales, desde los objetos pequeños que integran nuestro medio cotidiano a los planetas y astros. Se integran, en un mismo dominio explicativo, fenómenos que previamente se consideraban profundamente diferentes. La síntesis newtoniana los somete a todos ellos a las mismas leyes universales y los hace compartir un mismo concepto de tiempo y de espacio.

En el universo mecánico de Newton, los fenómenos se desarrollan al interior del tiempo y del espacio de dicho universo y, por lo tanto, ambas dimensiones que están dadas para el conjunto de los fenómenos, son absolutas. Los fenómenos se localizan dentro de ese universo de acuerdo a sus posiciones espaciales y temporales. De esta forma, es posible, por ejemplo, establecer que un fenómeno es anterior o posterior a otro, o que ambos son simultáneos. La causalidad es la relación fundamental dentro de este universo mecánico, lo que permite establecer conexiones necesarias entre una determinada condición y su resultado.

Newton proporciona una clave para descifrar lo que se consideraba que eran grandes misterios del universo. El conocimiento científico aparece siendo capaz de generar leyes sobre el comportamiento de los fenómenos naturales, a partir de conocimientos sólidos y seguros. Pero estos mismos conocimientos no sólo proporcionan explicaciones de los fenómenos, sino que abren simultáneamente múltiples posibilidades prácticas, ligadas a la acción de los hombres y fundadas en un notable incremento en el control y dominio sobre la naturaleza.

El sistema newtoniano ejercería un fuerte impacto en la filosofía, tal como con anterioridad lo ejercieran los desarrollos científicos realizados por Copérnico, Kepler y Galileo. Así sucederá también en el futuro cada vez que se registre un avance científico cualitativo. En la medida en que la filosofía moderna le confiere especial importancia al problema del conocimiento, no resulta extraño que los grandes avances en la ciencia generen importante influencia en la reflexión epistemológica. A ello contribuye también el hecho de que el progreso científico no es gradual, ni lineal, sino, por el contrario, suele llevarse a cabo a través de grandes saltos, de profundos quiebres en las concepciones científicas preestablecidas, poniendo en tela de juicio no sólo los supuestos en los que éstas descansaban, sino que también el propio carácter del proceso de conocimiento.

La ciencia al desarrollarse suele modificar su propio concepto, el carácter mismo del quehacer científico, lo que sin duda afecta a la reflexión filósofica en lo que se refiere a su preocupación sobre la naturaleza del conocimiento.

Es posible imaginar, en consecuencia, el impacto que ejercería el desarrollo de la ciencia newtoniana. Para muchos, lo realizado por Newton pareciera dar cuenta de un proceso de conocimiento de carácter, muy diferente de aquél caracterizado por la filosofía cartesiana. Newton aparece comprometido en la tarea de escrutar los fenómenos naturales, infiriendo de ellos proposiciones que son nuevamente confrontadas con los fenómenos y generando de esta manera sólidas leyes universales. Todo ello resultaba, obviamente muy distinto de lo planteado por Descartes, que descartaba la posibilidad de fundar la verdad en los sentidos, que desconfiaba del papel que pudiera caberle a la experiencia en la generación del conocimiento y que se orientaba hacia la detección de verdades innatas.

Un antecedente no menos importante, pero de orden diverso, es el hecho de que la doctrina cartesiana de las ideas innatas estaba sirviendo a los planteamientos de pensadores dogmáticos, de mentalidad escolástica. En la medida en que

Descartes afirmaba que las ideas innatas eran anteriores a la experiencia, aceptaba que ellas debían haber sido implantadas por Dios en los hombres. Apoyándose en esta afirmación, se había desarrollado la concepción de que, al ser las ideas innatas de origen divino, ellas se hallaban por sobre la crítica, con lo que se producía el efecto de detener toda indagación sobre lo que se consideraba innato.

De esta forma se llegaba a distorsionar la postura promovida por Descartes procediéndose a transformar aquellas ideas innatas en máximas generales o premisas mayores desde las cuales se elaboraban sistemas metafísicos. El contraste con el trayecto de conocimiento propuesto por Newton era sin lugar a dudas manifiesto.

Es en este contexto que debe situarse el pensamiento empirista de Locke (1632-1704) y su crítica al dogmatismo a través del cuestionamiento de la doctrina cartesiana de las ideas innatas. Situándose desde la defensa del tipo de conocimiento desarrollado por Newton, Locke sostendrá que la mente es una *tabula rasa* en la que escribe la experiencia, siendo ésta la única fuente del conocimiento verdadero.

Frente a esta postura reaccionará Leibniz (1646-1716). Este sostendrá la necesidad de distinguir el hecho de que el conocimiento se inicia desde la experiencia, concediéndole un argumento importante al empirismo, en la discusión sobre el carácter y fundamento del conocimiento. De allí la importancia que Leibniz le confiere al problema no sólo de reconocer determinadas verdades universales sino de aceptar su existencia, lo que Locke no pone en duda. La importancia de la mente, para Leibniz, reside en que lo real es racional, lo que permite aprehender conscientemente este orden universal. La afirmación de verdades universales se apoya por consiguiente en la afirmación del carácter racional de lo real. El fundamento de la verdad es racional, no empírico. Ello se manifiesta en el célebre principio de razón, postulado por Leibniz. Este afirma que una de las consecuencias que resultan del desarrollo del pensamiento científico es que pone en evidencia, no sólo el fundamento empírico asociado a las leyes científicas, como sostiene el empirismo, sino que «Todo tiene una razón» («**Omne ens habet rationem**») o, en otras palabras, que «Nada es sin razón». La afirmación de este principio es una de las contribuciones más sobresalientes de Leibniz.

DAVID HUME

El gran mérito de Hume (1711-1776) fue el haber llevado el empirismo anterior a sus conclusiones lógicas. Así como Locke había procurado demostrar el fundamento empírico de las relaciones causales y leyes universales propuestas por Newton, demostrando la imposibilidad de dar cuenta adecuadamente de ellas desde el racionalismo cartesiano, Hume sustentando como Locke una posición empirista frente al conocimiento, procurará demostrar que desde esa misma posición la invocación de relaciones causales y de afirmación de leyes universales carece de todo fundamento.

Esta doble perspectiva que, por un lado, afirma que el conocimiento no tiene otro origen y fundamento que no sea la experiencia y que, por otro lado, niega la posibilidad de sustentar en ella la existencia de relaciones causales universales, hace que la concepción desarrollada por Hume sea profundamente escéptica. El escepticismo que en Descartes representaba un primer momento necesario de su método, momento que muy rápidamente se superaba, en Hume representa y se confunde con el sentido más profundo de su filosofía.

Entre las principales obras de Hume hay que destacar el *Tratado sobre la naturaleza humana* (1739), obra escrita siendo muy joven. Más adelante ella es reelaborada para asegurar una mejor y más clara comprensión, dando lugar a la *Investigación sobre el entendimiento humano* (1748).

Tal como lo fuera para sus más destacados predecesores, el propósito que se plantea Hume es el de liberar el conocimiento de todos aquellos falsos problemas que acechan el entendimiento humano. Para tal efecto, Hume plantea la necesidad de apoyarse en el razonamiento justo y riguroso que, según sostiene, es el único remedio efectivo, adecuado para todas las personas y todas las disposiciones, y el único capaz de subvertir la filosofía ininteligible y la jerga metafísica, las que, al mezclarse con la superstición popular, llegan a ser prácticamente impenetrables a los pensadores descuidados y alcanzan un aire de ciencia y de sabiduría.

Según Hume, la mente esta constituida por percepciones y éstas se dividen en dos categorías; las impresiones que son aquellas más vivas e inmediatas y las ideas, que son más débiles y difusas y que emergen al reflexionar sobre aquello que no está presente. Desde esta perspectiva, para Hume todo el poder creativo de la mente se reduce a la facultad de componer, transponer, aumentar o disminuir los materiales proporcionados por los sentidos y la experiencia. Puede apreciarse con claridad cuán tributaria es la concepción de Hume del dualismo filosófico previamente instituido. Pero, a diferencia de lo planteado por Descartes, la mente sólo se limita a trabajar con los materiales de los sentidos y la experiencia, único fundamento del conocimiento.

La verdad, por lo tanto, remite a ellos y de manera particular a las impresiones, en la medida en que las ideas son derivaciones de éstas. De allí que Hume sostenga que cuando tengamos sospechas de que un término filosófico es empleado sin significado, aunque su uso sea frecuente, sólo necesitamos indagar, ¿sobre qué impresión se ha derivado tal idea? Si no podemos asignarla a ninguna, ello debe confirmar nuestra sospecha de que se trata de un término vacío.

Para Hume, este procedimiento permite zanjar disputas sobre la realidad y la naturaleza de las ideas. Todas las ideas simples son copias en la memoria de impresiones simples y las ideas complejas son combinaciones de otras simples. Por consiguiente un término posee un significado o sentido sólo si existe una impresión o combinación de impresiones de la cual es una copia.

Hume no pone en duda la existencia del mundo exterior. Acepta que éste existe y que los sentidos y la experiencia dan cuenta de él. Pero una cosa es dar cuenta de él y otra diferente demostrar su existencia. Según Hume, esto último es una tarea imposible. Escapa a la capacidad de conocimiento de los hombres el demostrar la existencia del mundo exterior.

Los elementos primarios del conocimiento, por lo tanto, no son objetos reales, cuya existencia es indemostrable, sino las impresiones que los hombres tienen de ellos. En este sentido es importante distinguir el concepto de experiencia del concepto de realidad objetiva. El primero siempre compromete al hombre, se trata de su experiencia en un mundo objetivo. Pero Hume sostiene que no es posible establecer relación alguna entre las impresiones, fruto de los sentidos y la experiencia, y los objetos que constituyen el mundo exterior. De allí que para Hume, sean impresiones por igual aquellas que supuestamente representan objetos físicos y los estados de ánimo, las pasiones, que la experiencia genera.

Las ideas no fluyen en la mente o en nuestras conversaciones en forma arbitraria. Ellas están sujetas a determinados principios de asociación que Hume estima importante examinar. Siguiendo el planteamiento propuesto por Locke, sostiene que habría sólo tres tipos de relación entre las ideas: 1) contigüidad, 2) semejanza, y 3) causa y efecto. Aquellas ideas de carácter abstracto o general como «justicia» por ejemplo, resultan de la aplicación del principio de semejanza. Estos conceptos generales resultan, por lo tanto, ser siempre el producto de elaboraciones a partir de casos particulares.

Adoptando esta posición, Hume rechaza la existencia de universales reales y, por lo tanto, asume una postura claramente nominalista. Los términos que aluden a ideas aparentemente universales son siempre el producto de asociaciones efectuadas desde situaciones particulares. Sólo existe la realidad del hombre, la universalidad que el hombre designa no posee realidad.

Aceptando los dos principios de asociación antes mencionados (contigüidad y semejanza), Hume se detiene a examinar el tercero, aquel, por lo demás tan fundamental para la ciencia:

la relación de causa y efecto. En esta relación nuevamente aparece comprometido el criterio de la universalidad. No se trata, como en el caso anterior de una universalidad inherente a las ideas propiamente tales, sino a un tipo de relación que podría establecerse entre ellos.

Se trata de un tipo de relación que supone que entre dos situaciones hay una «necesidad causal», una conexión necesaria de manera tal que cabe afirmar que siempre que se produzca la primera situación, (causa), cabe esperarse la segunda (efecto). Es un tipo de relación frecuentemente planteada por las ciencias físicas y, en general, por todas las ciencias empíricas. En estas relaciones lo que se compromete son cuestiones de hecho (empíricas). De ellas está plagada la concepción mecánica del universo, la ciencia de Galileo y Newton.

En cada caso que se afirma la validez universal, fundada en una necesidad causal, se ha procedido del examen de situaciones obligadamente particulares, que comprenden «algunos» casos, a la afirmación de un principio de validez universal, capaz de regir a «todos» los casos que se hayan registrado y que se registren en el futuro. Pues bien, según Hume, no hay nada que permita sustentar la idea de conexión necesaria exigida por tales medidas universales. Todos los acontecimientos se nos presentan sueltos y separados. No se presentan con conexión entre ellos. Podrán aparecer juntos, pero no aparecen conectados, no hay nada que nos permita establecer entre ellos una conexión necesaria y, por consiguiente, una relación universal.

De la misma manera, no hay nada que nos permita afirmar que aquello que hemos percibido en un determinado tipo de relación en los casos particulares que hemos observado no puedan en el futuro presentársenos a la observación en un tipo de relación contraria. La experiencia está fundada siempre en situaciones particulares, presentes o pasadas, y de tales situaciones particulares no es posible establecer leyes universales capaces de regir el futuro. Sobre el futuro no hay nada que podamos afirmar pues trasciende la experiencia.

Si aceptamos, como Hume, que la única fuente y fundamento del conocimiento es la experiencia, no hay donde sustentar la afirmación de ley universal alguna. Esto es conocido como el célebre «*problema de la inducción*» planteado por Hume. A través de él se afirma el conocimiento fundado en la experiencia, conocimiento inductivo, que es siempre un conocimiento particular y de él no puede generarse ninguna ley universal. La ciencia se apoya en generalizaciones empíricas.

¿Significa lo anterior que no es posible establecer relaciones universales entre las ideas? Efectivamente, cuando ellas comprometen cuestiones de hecho (**matters of fact**). No es el caso, sin embargo cuando se trata de relaciones puramente conceptuales, aquellas que son intuitivamente o demostrativamente ciertas. Es lo que sucede, según Hume, con la ciencia de la geometría, el álgebra y la aritmética. Pero en tales casos, la validez de las relaciones universales que afirman resultan de sus propios presupuestos conceptuales y tratándose de derivaciones legítimas, ellas no aportan conocimiento sobre lo real. Las matemáticas sólo pueden explicitar lo que está contenido en sus presupuestos. No generan más conocimiento del que ya eran portadoras desde el inicio. Por lo tanto, todo conocimiento demostrativo es sólo un conocimiento sobre las consecuencias de los nombres.

Hume estaba consciente de que a pesar de su argumento sobre la imposibilidad de generar inductivamente leyes universales, las ciencias las afirman, los hombres hacen uso de ellas, y, por lo tanto, ellas algo deben expresar. Según Hume, las relaciones de causalidad desarrolladas por la ciencia, sólo expresan una secuencia repetida de impresiones particulares, más una «expectativa» de que la secuencia se repetirá en el futuro. Estas leyes universales, en consecuencia, son el resultado de la conveniencia práctica que obtenemos del extrapolar nuestras observaciones particulares.

De esta extrapolación obtenemos una mayor eficacia en nuestro actuar, pero no el conocimiento que le atribuimos. Como puede apreciarse, Hume proporciona una explicación psicológica tras el hecho de que afirmamos la validez de leyes universales. Pero tal explicación remite a nosotros, los hombres, a nuestra manera de ser, no a los objetos que tales relaciones procuran explicar. Su fundamento yace en la imaginación humana y no en la racionalidad del universo.

La argumentación que lleva al planteamiento del «problema de la inducción» encierra una paradoja, de la que Hume estuvo consciente. Es conveniente destacar que el pensamiento de Hume se caracteriza no sólo por la simplicidad de su análisis y la profundidad de los problemas abordados, sino también por la gran honestidad con la que ellos son examinados. Pocos pensadores dejan de manera tan marcada esta impresión; pocos en el curso de su razonamiento, logran levantar frente a sus argumentos, problemas y contraargumentos, desde los cuales el razonamiento tiene que volver a desenvolverse.

De esta manera, el escepticismo humeano no sólo se dirige a las concepciones dogmáticas que procura refutar, sino que se vuelve hacia sí mismo, generando una actitud de gran rigor y modestia frente a lo que se afirma.

Volviendo al tema anunciado de la paradoja, cabe reconocer que la conclusión a la que llega Hume con respecto a la inducción apunta a que la repetición de acontecimientos particulares genera o «causa» una anticipación de lo que ocurrirá en el futuro. Tal anticipación es equivocadamente tomada como una conexión necesaria entre los acontecimientos considerados. Pues bien, aplicando el mismo argumento, es posible preguntarse si ¿existe una conexión necesaria entre la repetición de argumentos particulares y las anticipaciones o bien sólo existe a este mismo respecto una anticipación?

En consecuencia, el argumento que sostiene que no es posible justificar racionalmente la inferencia inductiva, descansa, a su vez, en inferencias inductivas con respecto a la naturaleza humana y la forma como la mente funciona. La crítica general a la ciencia no se aplica, por lo tanto, a la psicología, y Hume, sin embargo, no entrega fundamentos que permitan eximirla.

Desde las posiciones escépticas asumidas por Hume, es fácil anticipar que sólo cabe rechazar cualquier intento por demostrar la existencia de Dios. Cualquier argumento ontológico que se esgrima para proveer esta prueba es rechazado por su incapacidad de proveer aquello que se propone. Su naturaleza demostrativa sólo lo conduce a extraer las consecuencias de lo que está inicialmente supuesto. Cualquier prueba de causalidad se ve obligadamente descartada por negarse precisamente la posibilidad de relaciones causales. Hume le concede mayor atención, sin embargo, al examen del argumento que sostiene que el universo de lo existente requiere de un creador que lo haya diseñado: lo existente sería la obra de la inteligencia de un ser superior.

No es del caso examinar en detalle la crítica que desarrolla Hume frente a este argumento. Lo que interesa es destacar cómo Hume percibe en él la manifestación de un racionalismo extremo que ve necesario remitir a la capacidad de la mente la existencia de lo real. Lo existente remite a una conciencia que así lo diseñó. Para Hume este es un planteamiento que no tiene fundamento, en la medida en que la razón no puede ser afirmada como el único principio de lo existente. Hume menciona a este respecto principios tales como el instinto, la generación y la vegetación.

En síntesis, para Hume la existencia de Dios no puede ser ni racional ni empíricamente demostrada, pues lo que es puramente racional no demuestra sino lo que supone y lo empírico está obligadamente sometido a lo particular, y de lo particular no es posible inferir a Dios.

Si se ha considerado conveniente hacer algún alcance a la crítica que Hume dirige al intento de demostrar la existencia de Dios a través del argumento del diseño, es por cuanto, desde la misma posición desarrollada a la indicada crítica, Hume desarrollará su concepción sobre el comportamiento humano. En efecto, uno de los puntos centrales afirmados por Hume es aquel de restringir el papel de la razón en lo que son las cuestiones sociales o históricas.

No se trata de invocar la irracionalidad en el comportamiento humano. Por el contrario, se trata de afirmar que no todas las instituciones sociales, las costumbres, hábitos y valores, las estructuras en las que los hombres actúan son necesariamente el resultado de la conciencia o de la razón, de alguien que así las diseñó y luego las ejecutó. Muchas de ellas son sólo el resultado de tipos de comportamiento que han perdurado por cuanto han resultado ser más eficientes que otros y cuya vigencia escapa al propósito y la intención de los hombres.

Este mismo argumento, por su parte, inclina a Hume hacia la prudencia frente al propósito de los hombres de declarar obsoleto lo existente y pretender el diseño racional de nuevas instituciones y formas de comportamiento. Para Hume el papel de la razón en la historia es mucho más restringido del que suele atribuírsele. Tómese en consideración que Hume muere muy poco antes de la revolución francesa y, por consiguiente, del primer gran intento en la historia de abolir el orden social existente y de construir, bajo la inspiración de la razón, una nueva sociedad.

CAPITULO VI

LA SINTESIS KANTIANA

Las dos vertientes del pensamiento filosófico moderno, abiertas a partir del dualismo filosófico inaugurado por Descartes, habían llegado a callejones sin salida. Por un lado, el racionalismo seguía la huella del propio Descartes que, buscando desarrollar una sólida base filosófica para el desenvolvimiento de la física, había tomado como referente o ideal de conocimiento a las matemáticas. Su objetivo era la certeza que este conocimiento era capaz de proporcionar.

El conocimiento matemático fundado en relaciones mutuamente implicadas, no era capaz, por sí mismo, de contribuir al conocimiento sobre cuestiones de hecho. Este último requería abrirse al aporte de los sentidos y la experiencia, camino que los racionalistas habían clausurado. Ellos se orientaban, por el contrario, a la elaboración de sistemas especulativos que, por su naturaleza, eludían cualquier posibilidad de verificación de sus conclusiones a través de los mecanismos de confrontación experimental desarrollados por la ciencia.

Por otro lado, el empirismo había seguido el camino opuesto, generando registros de relaciones de coexistencia y sucesión entre las ideas, a la vez que demostraba ser incapaz de ofrecer fundamentos filosóficos a las leyes científicas. Mientras tanto, sin embargo, la propia ciencia eludía los más diversos obstáculos y exhibía un desarrollo sólido y sostenido. Ello creaba importantes desafíos a la reflexión filosófica.

Es en este contexto que es necesario situar el pensamiento de Immanuel Kant (1724-1804). Nacido en Königsberg, ciudad en la que vivirá durante toda su larga vida, Kant se había formado en el estudio de los clásicos, la teología, la física y la filosofía. Su principal obra, la *Crítica de la razón pura*, será publicada originalmente en 1781. En lo fundamental, esta obra puede considerarse como un intento por hacerse cargo y resolver el problema legado por Hume, a quien Kant atribuye haberle interrumpido su adormecimiento dogmático. Sin embargo, el pensamiento filosófico de Kant se plantea problemas y objetivos que fueron por completo ajenos a Hume, llevando la reflexión filosófica a dominios que anteriormente le eran desconocidos.

No se puede afirmar, por consiguiente, que la contribución filosófica de Kant se circunscriba como una respuesta a Hume. Pero ello tampoco debe impedir desconocer que el punto de arranque y fundamento de su filosofía remite a los problemas epistemológicos levantados por el empirismo humeano. Este es un punto que consideramos particularmente importante en la medida en que confirma nuestra perspectiva de análisis en el sentido de considerar la filosofía como dominio particular de interlocución entre las diferentes posiciones que en él participan. Este espacio de interlocución genera diversos tipos de relaciones, de influencia y confrontación, las que proporcionan, junto con diversas formas de condicionamiento que se sitúan fuera del dominio de la reflexión filosófica, el sentido que manifiesta el desarrollo del pensamiento filosófico.

Kant comparte con el empirismo la crítica que éste había dirigido contra el pensamiento cartesiano en el sentido de que la comprensión del real carácter del método científico obliga a reconocer la importancia de lo empírico. Es más, acepta con el empirismo que todo conocimiento nace de la experiencia. Sin embargo, Kant se opondrá a la idea de que lo empírico representa el único fundamento del conocimiento científico. Al concebirlo así se llega obligatoriamente al impasse al que el propio empirismo había conducido al pensamiento filosófico. Si se desea dar cuenta del carácter del conocimiento generado por la ciencia resulta indispensable, según Kant, reconocer que éste se sustenta tanto en un factor empírico como en un factor racional.

La ciencia, desde la perspectiva planteada por Kant, representa una actividad en la que colaboran tanto lo empírico como lo racional y donde resulta fundamental distinguir con claridad lo que corresponde a cada uno. El error del empirismo es haber equivocado también su comprensión sobre el método científico pues, al destacar el papel de la experiencia, supone que ésta va dando forma a una conciencia que registra pasivamente sus efectos. Recordemos al respecto la imagen de la *tabula rasa* proporcionada por Locke.

Kant sostiene que al examinarse el camino inaugurado por Galileo debe reconocerse que éste se caracteriza por sustentarse en un examen de la naturaleza de acuerdo a un plan racionalmente establecido o, lo que es lo mismo, de acuerdo a un método. El conocimiento científico no es el resultado de una observación accidental. Por el contrario, la observación accidental según Kant es estéril, no genera conocimiento. Lo que la ciencia pone en evidencia, por lo tanto, es el carácter activo de la conciencia. La ciencia es expresión de la acción de la conciencia.

El empirismo consideraba que nuestro conocimiento debía corresponder, adecuarse, conformarse con los objetos. Pero al suponerlo así, todo esfuerzo por fundar un conocimiento sobre tales objetos que trascienda nuestra experiencia ha terminado en el fracaso. Frente a esta disyuntiva, plantea Kant, cabe preguntarse si invirtiendo el problema —suponiendo que el conocimiento implica que son los objetos los que se conforman con la mente—, no se obtiene un mejor resultado.

Esta alternativa, insiste Kant, está más de acuerdo con aquello que la propia ciencia pretende: alcanzar un conocimiento de los objetos *a priori*, vale decir, determinando algo en relación a ellos que sea previo al que ellos sean dados y, por consiguiente, que permita trascender el carácter particular que ellos poseen como objetos estrictos de la experiencia.

Este procedimiento, esta inversión del problema, es equivalente a lo que efectuará Copérnico para explicar el movimiento de los cuerpos celestes. El giro copernicano consistía, precisamente, en invertir los supuestos de la explicación al reconocerse que en su posición originaria se generan dificultades crecientes para resolver los problemas planteados. De aceptarse la alternativa sugerida por Kant es posible resolver el problema de la inducción, con que se enfrentara Hume.

¿Qué supone el giro copernicano de Kant? Que el entendimiento posee leyes que son previas a los objetos que se le presentan, leyes, por lo tanto, que determinan su capacidad de entendimiento. Para entender lo que somos capaces de conocer es necesario, en consecuencia, determinar las precondiciones del entendimiento, previas a la experiencia.

Planteado el problema en estos términos, es pertinente preguntarse, como lo hace Kant, por los límites del entendimiento y, por consiguiente, por las fronteras del entendimiento posible. Por otro lado, Kant acepta que si la verdad es la correspondencia de la mente *con* un objeto de la experiencia, sólo podemos conocer verdades particulares y no es posible alcanzar proposiciones universales. Desde la perspectiva de su nueva hipótesis epistemológica la situación se modifica. Surge la posibilidad de un conocimiento **a priori**, que es independiente de la experiencia. Pero ello significa que el conocimiento **a priori** de las cosas se sustenta en lo que la mente coloca en ellas.

La fuerza que sobre nosotros ejerce el supuesto de que la mente debe adecuarse a los objetos reside en que nos hemos acostumbrado a una tradición de pensamiento que planteaba el problema en estos términos. Pero al examinarse el quehacer científico se revela que esta concepción convencional es inadecuada. Cuando se lleva a cabo un experimento, sostiene Kant, se hacen preguntas y sólo en la medida en que se hagan preguntas sobre la naturaleza, es posible obtener respuestas. De allí que Kant afirme que la razón sólo percibe lo que ella produce de acuerdo a su propio diseño, siéndole necesario proceder de acuerdo a leyes invariantes y exigir a la naturaleza a responder a sus preguntas.

Al reconocerse el carácter activo de la mente, se descubre la forma como la conciencia y los objetos contribuyen en la tarea del conocimiento. La conciencia contribuye con las relaciones, la experiencia con los objetos relacionados. La conciencia representa, para Kant, el foco desde el cual la experiencia se organiza, se estructura, alcanza unidad, síntesis. La conciencia ordena la experiencia.

Desde esta perspectiva cabe aceptar que aquellas conexiones necesarias que suponen las leyes naturales y que establecen relaciones universales de causalidad, no son, como lo reconocía Hume, inferencias efectuadas desde la experiencia, sino formas a través de las cuales la conciencia organiza dicha experiencia. Hume no encontraba fundamento para tales conexiones necesarias porque buscaba dicho fundamento en el lugar equivocado.

Todo el planteamiento anterior permite ser formulado en términos de un análisis de los juicios. Desde una primera perspectiva, podemos distinguir entre juicios **a posteriori**, que son aquellos fundados en la experiencia, y juicios **a priori**, que son independientes de la experiencia y su fundamento es racional. Los primeros son juicios obligadamente particulares, los segundos son universales y necesarios.

Desde el punto de vista de su contribución al conocimiento, es posible distinguir entre juicios analíticos, que son aquellos cuyo predicado está contenido en el sujeto y por lo tanto no aportan conocimiento adicional, y juicios sintéticos, que por el hecho de que el predicado no está contenido en el sujeto el predicado aporta conocimiento adicional.

Esta doble distinción replantea, desde el punto de vista de los juicios, el problema del fundamento empírico o racional de los mismos (juicios **a posteriori** y **a priori**) a la vez que plantea al problema del conocimiento adicional (juicios analíticos y sintéticos). Es interesante observar que el problema del conocimiento se formula al interior de la matriz predicativa de los juicios y, por consiguiente, en la relación que mantiene el sujeto y el predicado.

Al combinar esta doble distinción, se obtienen cuatro tipos diferentes de juicios posibles. Primero, los juicios analíticos **a posteriori** que por definición no existen por cuanto o están fundados en la experiencia (**a posteriori**) en cuyo caso aportan conocimiento adicional, o bien, el predicado está contenido en el sujeto, en cuyo caso, no están fundados en la experiencia. Se trata, por lo tanto, de una opción vacía.

Segundo, tenemos los juicios analíticos **a priori**, que son perfectamente identificables y cuya validez se rige por el principio de contradicción de la lógica. En la medida en que se trata de juicios analíticos que suponen que el predicado está contenido en el sujeto, en la medida en que las inferencias lógicas sean válidas, será válido lo que ellos afirmen. Pero tal validez no aporta más conocimiento que aquél contenido originalmente en el sujeto. Su fundamento es racional y se trata de juicios universales y necesarios.

Tercero, está la posibilidad de los juicios sintéticos **a posteriori** que, como los anteriores existen, pero a diferencia de ellos aportan conocimiento adicional, son juicios particulares y su validez está garantizada por la experiencia. Hasta este momento Kant no se ha alejado en nada de la posición de Hume. Ambos comparten las mismas posiciones.

El problema con Hume se plantea precisamente en relación a la cuarta posibilidad: los juicios sintéticos **a priori**. De acuerdo a las distinciones originales, se trata de juicios que sin estar fundados en la experiencia, aportan conocimiento adicional, estableciendo relaciones universales y necesarias. Como sabemos, Hume excluye que ello sea posible. Kant discrepa de él y acepta la existencia de tales juicios. Su fundamento es el principio organizativo de la conciencia.

		JUICIOS	
		A Posteriori (A)	A Priori (B)
j u i c i o s	Analíticos (C)	NO EXISTEN	Principio de contradicción
	Sintéticos (D)	experiencia	princ. organizativo de la conciencia

(A) Son aquellos juicios que se fundan en la experiencia. En ellos se representa el empirismo.

(B) Son juicios cuyo fundamento es independiente de la experiencia. En ellos se representa la opción racionalista. Son universales y necesarios.

(C) Son juicios en cuyo predicado está contenido el sujeto y, por lo tanto, no aportan conocimiento adicional. Son universales y necesarios.

(D) Son juicios cuyo predicado no está contenido en el sujeto y, por consiguiente, aportan conocimiento adicional.

Es conveniente hacer algunas observaciones en relación a la forma como Kant se plantea el problema. En primer lugar, cabe destacar que la pregunta por los juicios sintéticos a **priori** representa el replanteamiento del problema que había llevado a Descartes a afirmar la existencia de ideas innatas (afirmación de un conocimiento independiente de la experiencia). En segundo lugar, es importante registrar que el tratamiento que Kant hace de los juicios, independientemente de cómo los distinga, descansa en la aceptación del supuesto de la lógica tradicional de que todas las proposiciones poseen una estructura predicativa (supuesto de la universalidad de las proposiciones predicativas, que se examinará más adelante). Por último, se debe reconocer que hasta el momento de plantearse la pregunta por los juicios sintéticos **a priori**, Kant demuestra que ha suscrito lo central del planteamiento de Hume.

Para Kant, el problema general de la razón pura es precisamente la pregunta por los juicios sintéticos **a priori**. Desde su posición, la ciencia no es concebible sin ellos. Es así como para Kant las matemáticas, que para Hume representaban un conocimiento analítico, son un tipo de conocimiento sintético, a través del cual el contenido original de sus supuestos y definiciones de base es aumentado, sin apoyo en la experiencia, generando leyes universales.

En las ciencias naturales, si bien la mayoría de los juicios son **a posteriori**, se requiere de juicios sintéticos **a priori** del tipo «todo evento tiene una causa». Tal como fuera planteado previamente, su fundamento reside en la capacidad organizativa de la conciencia. Resulta necesario, por lo tanto, examinar las condiciones estructurales de la conciencia, a través de las cuales el conocimiento hace intervenir, además del factor empírico, un factor racional.

La estructura de la conciencia está constituida por dos tipos de elementos **a priori**. Primero, lo que Kant llama las formas puras de la intuición o de la sensibilidad: el tiempo y el espacio. Ambos son formas de organización de la experiencia y no atributos de los objetos de la experiencia. Al extraer el espacio del dominio de lo empírico, Kant podía afirmar que lo que los geómetras investigan no son las propiedades de los objetos exteriores, sino los modos de nuestra facultad de intuición. De esta manera, el problema del espacio se invierte en la medida en que, si los objetos no son una condición de nuestra experiencia del espacio, éste pasa a ser una condición de nuestra experiencia de los objetos.

Diferenciándose del espacio, el tiempo para Kant no es sino la forma del sentir interior, de nuestra conciencia de nosotros mismos y de nuestro propio estado interior. En segundo lugar, la estructura de la conciencia está formada por conceptos **a**

priori que representan tipos diferentes de relaciones (o juicios) a partir de los cuales damos cuenta de la experiencia. Ellos no provienen de la experiencia en la medida en que no podemos hacer este tipo de juicios a menos que sepamos el tipo de relación involucrada. Se trata por lo tanto de relaciones genéricas no particulares y, en consecuencia, de formas diferentes de organización de la experiencia.

Estos conceptos que Kant llama categorías corresponden a la clasificación general de los juicios proporcionada por la lógica aristotélica. Se trata de doce categorías agrupadas según el caso en categorías de cantidad, calidad, relación y modalidad. Dentro de las categorías de relación, por ejemplo, se incluye aquella de causalidad y dependencia. A diferencia de lo sostenido por Hume, para Kant la causalidad no debe justificar su fundamento en los objetos de la experiencia, sino que corresponde a una de las formas como la conciencia los organiza.

Desde esta perspectiva, toda experiencia humana involucra una relación entre un sujeto y un objeto de la experiencia. Pero tanto sujeto como objeto son expresión de una operación de unidad y, por consiguiente, de la síntesis de una amplia multiplicidad de diversidades. Tanto el sujeto como el objeto son constituidos en la experiencia por las categorías. De esta forma, se comprende que todo objeto es un objeto para un sujeto. Sujeto y objeto no son dos sustancias diferentes que se confrontan en una relación de mutua independencia. Se trata más bien de dos aspectos al interior de una situación compleja, de conceptos correlativos. Por un lado, la experiencia se muestra como un sujeto que conoce un mundo de objetos; por otro lado, se trata de un mundo de objetos conocidos por un sujeto. La experiencia resulta posible por esta capacidad de acometer esta unidad sintética, este orden, en el cual la relación sujeto-objeto se forma.

Es importante distinguir entre los objetos de la experiencia y las cosas tal cual ellas son, las cosas-en-sí. Al respecto, Kant establece una distinción entre lo que las cosas son al interior del contexto de la experiencia humana, los fenómenos, y las cosas-en-sí, los **noumenos**. Los primeros son los únicos que pueden ser realmente conocidos y son las cosas tal como ellas se manifiestan en la experiencia, las cosas en su apariencia para la conciencia.

La aprehensión de las cosas-en-sí escapa a las posibilidades del conocimiento humano y se encuentra, por lo tanto, fuera de los límites de la razón. Si para conocer los hombres requieren introducir orden y organización en los materiales que le proporcionan los sentidos, debemos aceptar que lo que por naturaleza queda fuera de la acción estructuradora de la conciencia no puede sino quedar fuera de los límites del conocimiento.

Así como las cosas-en-sí, los **noumenos**, quedan fuera del conocimiento posible, lo mismo sucede según Kant con la posibilidad de alcanzar un conocimiento racional de Dios, de un sujeto trascendente. Desde el punto de vista de la filosofía kantiana no existe una racionalidad teológica, la racionalidad es siempre secular. Kant se erige en un pilar importante en el sustento de las tendencias seculares que acompañan a la Modernidad. Todo intento de probar racionalmente la existencia de Dios se encuentra inevitablemente condenado al fracaso, pues se propone algo que se encuentra fuera de los límites de lo que la razón es capaz de acometer. De allí que Kant se detenga a demostrar que ninguna prueba racional de la existencia de Dios ha logrado lo que se propone.

Al respecto, es interesante examinar brevemente lo central de la crítica kantiana al argumento ontológico. Tal como fuera planteado por Descartes, el argumento afirmaba que, si aceptamos que Dios es aquello de lo cual nada más perfecto puede ser pensado, la afirmación de un ser perfecto que no existe involucra una contradicción, pues es concebible un ser todavía más perfecto que junto a las perfecciones del primero tendría otra perfección: la existencia. Tal argumento, sostiene Kant, supone la existencia como perfección y predicado: si un sujeto es perfecto, la existencia sería su predicado (es una de sus propiedades).

Pues bien, Kant afirma que la existencia no es un predicado. La existencia de un concepto se halla fuera del concepto. En la medida en que un concepto es una idea, esta no aumenta en nada nuestro conocimiento con relación a lo existente. Planteado de otra forma, las premisas del argumento ontológico establecen que somos capaces de definir la noción de ser supremo. Toda definición es analítica y, por lo tanto, su predicado no contiene más que lo que está contenido en el sujeto. Ninguna aseveración analítica puede implicar lógicamente otra sintética. Sin embargo, la conclusión del argumento es sintética.

Dios se encuentra, según Kant, fuera del dominio de lo que puede ser conocido racionalmente. ¿Implica ello acaso que hay que prescindir de la afirmación de la existencia de Dios? Kant no lo considera así. Pues si bien Dios queda fuera de los límites de la experiencia posible, desde el punto de vista del comportamiento humano, de la racionalidad de la acción de los hombres y, consecuentemente, de la razón no teórica sino práctica, Dios resulta necesario. Kant acepta, por lo tanto, que la afirmación de Dios cumple una función regulativa desde el punto de vista de acción humana.

No es nuestro propósito examinar este aspecto de la filosofía kantiana. Sin embargo, así como Kant acepta que la afirmación de la existencia de Dios pueda cumplir una función regulativa en el comportamiento humano, también acepta que el mismo concepto de Dios, como otros conceptos que al igual trascienden el dominio de la experiencia posible (al concepto general de ser, de totalidad, etcétera) puedan cumplir una función regulativa en el dominio del conocimiento, de la razón. Ideas trascendentales (que Kant distingue de trascendentes) no sólo contribuyen, sino que permiten la tarea del entendimiento y, en tal sentido, les cabe una función regulativa en la capacidad de la conciencia para organizar la experiencia. Estos conceptos trascendentales pueden hacer de referentes o de elementos límites desde fuera del dominio de la experiencia posible.

Kant se propuso efectuar en el campo de la filosofía una contribución equivalente a la realizada por Newton en la física. Su propósito fue resolver todos los problemas de la metafísica y, a la vez, establecer los límites de lo que ella es capaz de acometer. Kant pretende haber completado la investigación metafísica, así como entiende que Aristóteles completó, en su oportunidad, la lógica. A la vez, Kant pretende haber resuelto la disyuntiva entre el dogmatismo, en el que tendía a caer el racionalismo, y el escepticismo, que solía acompañar al empirismo. La metafísica caía en el dogmatismo pues se proponía tareas que excedían sus límites.

La propuesta kantiana es el racionalismo crítico, entendiendo por ello un racionalismo fundado previamente en un análisis crítico sobre los poderes y límites de la razón. En gran medida, la filosofía de Kant representa a la vez un importante esfuerzo por superar y conciliar tanto el dualismo filosófico, como las dos corrientes de pensamiento a que él daba lugar. Al hacerlo, sin embargo, transfiere al interior de su concepción los propios términos de la oposición que pretende superar.

Kant sustituye el dualismo cartesiano de la sustancia en un dualismo de tipos de experiencias: la experiencia del conocimiento, de la teoría, ligada a la razón pura, y la experiencia del comportamiento humano, de la moral y de la fe, ligada a la razón práctica. Teoría y práctica, conocimiento y acción, serán los términos de un dualismo corregido, pero aún no superado.

CAPITULO VII

EL SUSTRATO DE LA LOGICA TRADICIONAL

Desde sus inicios, la filosofía moderna se había caracterizado por la adopción de una perspectiva de análisis dual, a partir de la cual tendían a reproducirse diferentes otras distinciones duales. Ya en Descartes se establecía al interior de su sistema las distinciones fundamentales de mente y naturaleza, idea y materia, alma y cuerpo, conciencia y mundo físico, polaridades todas éstas que se inscriben y reforzaban aquella matriz de análisis tradicional que privilegiaba, a nivel ontológico, la relación sujeto-objeto, y a nivel lógico, la relación sujeto-predicado. Sobre esto último, abundaremos más adelante.

En la medida en que Descartes priorizaba el polo consciente, ideal y subjetivo del dualismo, dejaba abierta la opción para establecer la prioridad opuesta dentro de la reflexión filosófica general. De allí que el dualismo se instaurara no sólo al interior del sistema filosófico cartesiano, sino también como las dos opciones fundamentales para la filosofía en su conjunto. Tales opciones serían el racionalismo, que corresponde con la propia opción cartesiana, y el empirismo. Este último, oponiéndose a la prioridad de la razón, reivindicará el papel de los sentidos y de la experiencia como fuente y fundamento del conocimiento.

Tal como se señalara en el capítulo anterior, la filosofía kantiana representará un notable esfuerzo por conciliar al interior del debate filosófico la confrontación entre racionalistas y empiristas. En este sentido, su contribución tiende a la superación de este antagonismo entre orientaciones filosóficas opuestas y, por consiguiente, tiende a la superación del dualismo como opciones contrapuestas para la reflexión filosófica. Sin embargo, tal como fuera también sostenido, la filosofía de Kant no logra eludir el hecho de que la matriz de análisis dual siga siendo determinante al interior de su propio sistema. La filosofía kantiana no representa, por lo tanto, una superación efectiva del dualismo filosófico.

Más adelante, se examinarán dos importantes esfuerzos filosóficos de constitución de concepciones de pretensiones monistas que buscan eludir en su interior la presencia determinante de la matriz dual. Se trata de la dialéctica idealista de Hegel y de la dialéctica materialista de Marx. Sin embargo, tal como puede apreciarse con su solo enunciado, estos esfuerzos de superación del dualismo al interior de sus respectivas concepciones filosóficas, se realizan a costa de volver a reproducir el dualismo en términos de dos opciones dialécticas diferentes: la idealista y la materialista.

Existe, sin duda, una importante relación entre la reflexión ontológica, por un lado, referida al análisis del ser, a partir de la cual se establecen las determinaciones básicas sobre lo real, y la lógica, por otro lado, que define las matrices categoriales y de procedimiento que encauzan el desarrollo del pensamiento. Esta estrecha relación entre lo ontológico o metafísico y lo lógico es reconocible desde el propio Aristóteles, donde se comprueba que los principios fundamentales de la lógica están directamente vinculados a la reflexión metafísica sobre el ser.

Hegel reconocerá con claridad esta relación entre lo ontológico y lo lógico. Consciente, a su vez, de que el desarrollo del dualismo filosófico se sustentaba en los marcos categoriales de la lógica tradicional, entiende que la superación del dualismo requiere, de alguna forma, de la superación de las restricciones impuestas por la lógica. De allí que una adecuada comprensión sobre el carácter que reviste la dialéctica, en sus dos opciones, necesite ser puesta en referencia al tipo de cuestionamiento que ella dirige en contra de la lógica tradicional. De esta forma, por lo demás, logran aclararse las potencialidades y restricciones que, desde muy temprano, aparecen comprometidas con la dialéctica en cuanto alternativa filosófica.

Tal como fuera planteado por Kant, desde que Aristóteles fundara la lógica, ésta no había tenido desarrollos ulteriores de importancia. De allí que se considerara que junto con su nacimiento había alcanzado su completamiento, lo que se traducía en que no se esperaba que ella registrara innovaciones significativas. Se partía de la base, por lo tanto, de que la lógica estaba completa.

El desarrollo filosófico ulterior, sin embargo, demostrará que ello estaba lejos de ser efectivo. De hecho, habrán dos importantes esfuerzos de cuestionamiento de la lógica tradicional. Primero, aquel efectuado por la dialéctica e inspirado en el objetivo de comprensión del desarrollo histórico y, luego, aquel asociado con la obra de Frege y realizado a partir de desarrollos registrados en las matemáticas.

Con el propósito de dar cuenta de ambos intentos de subversión de la lógica tradicional estimamos conveniente recoger algunos de sus rasgos. Estos, establecidos con la intención de examinar los desarrollos lógicos posteriores, más que de efectuar una caracterización rigurosa de la lógica tradicional, representarán puntos de arranque diferentes de los distintos intentos de cuestionamiento que recaerán sobre ella. Destacaremos, en consecuencia, cinco rasgos fundamentales de la lógica tradicional.

1. Su carácter formal

La lógica tradicional se definía como la exposición y prueba de las leyes formalems del pensamiento, con abstracción de todos los objetos de conocimiento. Ello suponía la posibilidad de establecer la forma del pensar correcto, independientemente de lo pensado. Es lo que se entiende por la afirmación del carácter formal de la lógica, lo que supone la separación entre forma y contenido. Ello permitiría establecer la validez de una determinada inferencia lógica, ateniéndose exclusivamente a la forma de la inferencia y prescindiendo por completo del contenido de lo enunciado.

2. El principio de identidad

Uno de los rasgos característicos de la lógica tradicional es la afirmación del principio de identidad. Este posee, como se señalara previamente, implicancias tanto ontológicas como lógicas. Ontológicamente, el principio de identidad postula que toda cosa es igual a ella misma. En su expresión lógica, puede resumirse en términos de $A = A$, donde A puede ser cualquier ente lógico, sea éste concepto, proposición o razonamiento.

3. El principio de contradicción

Se trata en rigor de un principio que niega la posibilidad de la contradicción desde la perspectiva tanto de la ontología como del pensar correcto. De allí que también se haga referencia a él como el principio de no contradicción. Desde el punto de vista ontológico, se afirma que es imposible que una cosa sea y no sea al mismo tiempo y bajo el mismo respecto. Es importante enfatizar estas dos últimas condiciones pues el principio de contradicción no rechaza la posibilidad de la transformación en el tiempo, ni tampoco que modificando contexto y condiciones una misma cosa permita ser reconocida contradiciendo su apariencia previa.

Como puede apreciarse, el principio de contradicción representa la expresión negativa del principio de identidad. Desde el punto de vista lógico, el principio de contradicción afirma que dos proposiciones contradictorias no pueden ser simultáneamente verdaderas o simultáneamente falsas. Desde la perspectiva de la estructura predicativa de las proposiciones (ver más adelante), el principio de contradicción sostiene que nada puede tener y no tener una determinada propiedad y característica de manera simultánea.

Para los efectos de aclarar algunos problemas que se presentarán posteriormente, es conveniente introducir algunas precisiones planteadas por Kant en relación al principio de contradicción. Aceptando plenamente su validez, Kant hace presente la necesidad de distinguir las contradicciones lógicas de las contradicciones reales.

Las primeras son aquellas que resultan del hecho de que el pensamiento pueda afirmar dos proposiciones contradictorias. Las contradicciones reales, en cambio, no se sitúan en el pensamiento, sino en la realidad. El fundamento de estas últimas no es el pensamiento; si éste las afirma es por cuanto presume que el pensamiento sólo expresa lo real.

Habiendo efectuado esta distinción conceptual entre las contradicciones lógicas y las reales, Kant replantea el principio de contradicción en términos de la existencia eventual de unas y de otras. Su planteamiento es el siguiente: el principio de contradicción afirma que pudiendo existir contradicciones lógicas como resultado del pensamiento, ellas ponen de manifiesto que éste ha errado su camino y que, por consiguiente, los resultados que de él derivaren no provienen de un pensar correcto; en cambio, el principio de contradicción niega la posibilidad misma de que existan contradicciones reales y que, como tales, el pensamiento pueda afirmarlas válidamente.

Por lo tanto, si se rechaza la existencia de contradicciones reales, cualquier contradicción que el pensamiento exprese (aceptación de la existencia de contradicciones lógicas), pone de manifiesto un pensar incorrecto. Aunque se rechaza la existencia de contradicciones reales, no se descarta que la realidad pueda exhibir relaciones de oposición, de contrariedad, de antagonismo, de incompatibilidad, etcétera. Lo que no se acepta, siguiendo los principios de la lógica tradicional, es que la realidad pueda ser de una determinada manera y no ser de esa misma determinada manera, bajo las mismas condiciones y al mismo tiempo. El planteamiento kantiano tiene la virtud de articular las dimensiones tanto lógicas como ontológicas asociadas al principio de contradicción.

4. Universalidad de las Proposiciones Predicativas

Para una lógica tradicional toda proposición o juicio tiene una estructura predicativa. En caso de que ésta no sea manifiesta, siempre es posible convertir la proposición o juicio en otra u otro donde la estructura predicativa queda en evidencia. Aclaremos los términos de lo enunciado previamente. Juicio es el acto de la conciencia por medio del cual se afirma o niega algo de algo, la proposición es el producto lógico de dicho acto, lo pensado en dicho acto.

La estructura predicativa consiste en la afirmación o negación de un atributo o predicado a un sujeto a través de un verbo que hace de cópula o de unión. Por lo tanto, el principio de la universalidad de las proposiciones predicativas afirma que todas las proposiciones poseen, manifiesta o implícitamente, la siguiente estructura: S es P, donde S representa el sujeto, el verbo «es» la cópula y P el predicado.

En muchos casos la estructura predicativa es manifiesta, como en «Sócrates es mortal», donde el atributo (predicado) de la mortalidad es asignado como propiedad del sujeto Sócrates. En otros casos, la estructura predicativa puede estar implícita. De este modo, por ejemplo, la proposición «Sócrates vive» puede convertirse en «Sócrates es un ser viviente».

El principio de que todos los juicios poseen una estructura predicativa impone no sólo importantes consecuencias lógicas, sino también importantes efectos ontológicos y epistemológicos. De ello resulta la prioridad que se le confiere en el conocimiento y caracterización de las cosas a esta matriz ontológica que hace de la distinción sujeto-objeto su perspectiva de análisis fundamental. Parte importante de los problemas filosóficos resultan del hacer de esta matriz ontológica sujeto-objeto su forma prioritaria de ordenamiento del mundo.

Es interesante, por consiguiente, advertir que tras la afirmación inicial sobre el carácter formal de la lógica, al nivel de los principios fundamentales que ella misma afirma, se deducen consecuencias que comprometen el contenido de lo pensado, tanto en su ontología, como en su epistemología.

5. Prioridad de la dimensión asertiva de las proposiciones

El objetivo central de la lógica tradicional es poder establecer, a partir de la verdad o falsedad de las proposiciones y la corrección de los procedimientos deductivos, la validez de las conclusiones del pensamiento y, por lo tanto, la verdad o falsedad (función de verdad) de las mismas. Todo otro interés se subordina a la prioridad de esta dimensión asertiva que se preocupa por el problema de distinguir lo verdadero de lo falso.

A partir de este rasgo y de los demás de la lógica tradicional, adquiere pleno sentido el hecho de que el *silogismo* sea su figura lógica y procedimiento fundamental. Este descansa en el establecimiento de un conjunto de criterios formales, y en el sometimiento estricto a los principios de identidad y contradicción aplicados a proposiciones expresadas en acuerdo a su estructura predicativa con el propósito de poder establecer la verdad o falsedad de las conclusiones deducidas.

Por mucho que el silogismo representara un tipo de procedimiento lógico que, en la medida que se halla determinado por su premisa mayor, se adecuara con mayor fuerza al pensamiento medieval que al moderno, preocupado por garantizar el fundamento de su punto de partida, los desarrollos registrados en la filosofía no habían introducido cuestionamiento alguno dirigido contra la lógica tradicional. Hasta Kant, la concepción aristotélica seguía siendo el sustrato lógico de la filosofía. Esta situación tendrá su primera modificación importante con Hegel.

La importancia que, para los efectos de nuestra exposición, revisten estos cinco rasgos de la lógica tradicional, es que ellos nos permiten una mejor comprensión de los diferentes intentos dirigidos hacia la superación de sus limitaciones. En términos generales, los grandes intentos de superar la lógica tradicional los encontramos, en primer lugar, en el desarrollo de la dialéctica, iniciada por Hegel en su variante idealista y, posteriormente, propuesta por Marx, en su variante materialista y, en segundo lugar, en aquellos desarrollos que se iniciaran a partir del análisis lógico de los números efectuado por Frege y, posteriormente, continuados por Russell y otros.

A partir de los rasgos anotados, se comprueba que los puntos de arranque de estos dos grandes intentos serán muy diferentes. En el caso de la dialéctica, por ejemplo, se objetará el carácter formal de la lógica, se cuestionará globalmente el principio de identidad y, consiguientemente, se rechazará el principio de contradicción que, como se planteara previamente, representa el principio de identidad invertido. Sin embargo, se aceptará el supuesto de la universalidad de las proposiciones predicativas y se le seguirá confiriendo prioridad a la dimensión asertiva.

La revolución lógica de Frege, en cambio, pondrá en duda desde muy temprano el supuesto de que todas las proposiciones se someten a una estructura predicativa y, desde allí, introducirá algunas importantes distinciones correctivas relacionadas con el principio de identidad. Tales correcciones, sin embargo, no significarán su cuestionamiento global, por lo que no será necesario objetar el principio de contradicción.

De igual manera, la tradición inaugurada por Frege seguirá aceptando el carácter formal de la lógica y durante parte de su desarrollo aceptará también que lo prioritario es su contribución al discernimiento de la verdad (su dimensión asertiva). Sin embargo, en sus estadios de desarrollo posterior surgirán quienes, al interior de esta misma tradición, pongan en tela de juicio la importancia de la dimensión asertiva, iniciando con ello una importante rama de reflexión filosófica.

CAPITULO VIII

LA DIALECTICA IDEALISTA DE HEGEL

Aunque son pocos los años que separan a Georg Wilhelm Friedrich Hegel (1770-1831) de Kant, serán años de una gran densidad histórica. Hegel se forma en un clima social y político muy diferente del que le correspondiera a Kant. Al cumplir 19 años, tiene lugar la Revolución Francesa. Poco después, Europa entera se ve sacudida por las guerras napoleónicas, las que modifican profundamente su geografía política.

Recordemos que con la batalla de Jena (1806) se puso término a lo que se consideraba que era la continuación del Sacro Imperio Romano Germano, fundado por Carlomagno un milenio antes (800). Luego de la derrota de Napoleón en Waterloo (1815) se inicia en Prusia un importante proceso de restauración. Tómese además en cuenta que a partir de 1780 se inicia en Europa aquel proceso de profundas transformaciones económicas conocido como la Revolución Industrial, proceso que, por ejemplo, va a modificar muy rápidamente los sistemas de transportes y de comunicaciones, con sus importantes consecuencias en las ideas de tiempo y espacio en los hombres.

Todas estas grandes transformaciones en los planos político y económico, alientan, en el campo de las ideas, la confianza en la capacidad transformadora de la razón en la perspectiva de hacer más libres a los hombres. Las ataduras del pasado que separaban a unos hombres de otros, que restringían sus posibilidades, que aislaban a las diferentes sociedades de acuerdo a sus particularidades culturales, parecieran no poder resistir la acción consciente de los hombres hacia objetivos de libertad, de superación de las particularidades, invocando la razón universal.

De allí que las banderas de la libertad y la razón que en Francia se agitan para impulsar la construcción de un nuevo orden político, en Inglaterra se encarnan en las realizaciones de la Revolución Industrial. Estos mismos principios, en Alemania inspirarán diversos sistemas filosóficos; pero ninguno los elevará a un rango tan sobresaliente como lo hicieran primero Hegel y, más tarde, Marx.

Luego de la culminación de la concepción mecánica del universo efectuada por Newton y de su explicación general del movimiento de los objetos, se gesta progresivamente el desafío de alcanzar una explicación racional del cambio histórico.

Los avances en la física no habían encontrado problemas en el campo de la lógica. En la medida en que el objeto de análisis eran los objetos sensibles, unidades discretas que se desplazan en el espacio y el tiempo, las explicaciones científicas se adecuaban perfectamente a los principios de la lógica tradicional. No surgían problemas en la medida en que la ciencia se restringiera a proveer las explicaciones de las condiciones del movimiento. Ello resultaba bastante más difícil si lo que se procuraba explicar era, por ejemplo, el desarrollo de la conciencia individual, o las importantes transformaciones culturales durante la historia o la demolición de los órdenes políticos tradicionales y la emergencia de nuevos ordenamientos históricos. Cuando el objeto de análisis eran los cambios producidos como consecuencia de la acción de los sujetos, las explicaciones sobre el movimiento de los objetos demostraban no ser útiles.

Para este tipo de situaciones el modelo de las leyes de la física resultaba insuficiente, como asimismo los principios fundamentales de la lógica que afirmaban que toda cosa es igual a sí misma y que es imposible que una cosa sea y no sea al mismo tiempo y bajo las mismas condiciones. ¿Cómo dar cuenta, por ejemplo, de los principios de gestación de una nueva concepción cultural o de un nuevo concepto de Estado? Obviamente la lógica tradicional se mostraba estrecha frente al desafío de proveer explicaciones para dar cuenta del cambio histórico, cambio que durante este período, resultaba de tal manera manifiesto.

La presencia desafiante del cambio histórico es sin duda un antecedente importante para explicar la emergencia de la dialéctica. Lo es como factor externo, como lo había sido en el pasado el desarrollo de las ciencias naturales. En el caso de Hegel, sin embargo, es importante considerar también un doble cuestionamiento a la filosofía anterior. El primero de ellos, es su crítica a Kant. Como hombre inspirado en los principios de la Modernidad, Hegel exige que todo sistema filosófico funde sus conclusiones sobre bases sólidas, en un punto de partida que resulte incuestionable.

Pues bien, Hegel considera que la empresa filosófica kantiana se encontraba severamente comprometida desde sus mismos inicios. Lo que Kant, en último término se propone, según Hegel, es conocer la estructura constituyente de la conciencia como condición para explicar el fenómeno del conocimiento. Pero ello implica procurar conocer antes de conocer, lo que es equivalente a querer saber nadar antes de tirarse al agua. Eso no es posible y al pretenderse lo contrario se compromete todo cuanto pueda sostenerse.

Sin embargo, este no es el mayor de los problemas. El segundo de ellos es la afirmación de que cualquier filosofía fundada en el dualismo no puede sino ser inconsistente. En la medida en que toda filosofía moderna se sustentaba en el dualismo, la kantiana inclusive, sus realizaciones devenían obligadamente inconsistentes. Pues bien, es el resultado de este problema fundamental el que había conducido a Kant a la adopción de una posición secular, que terminaba por dejar a Dios fuera del ámbito de la explicación filosófica y que, en definitiva, separaba por completo la reflexión filosófica de la reflexión teológica.

Hegel acepta los principios de la Modernidad y, por lo tanto, está lejos de plantear la necesidad de un tipo de pensamiento como el medieval. Si Dios ocupa un espacio dentro de la reflexión filosófica, tal espacio requiere ser fundado racionalmente y, por consiguiente, no puede ser deducido desde un acto exterior y anterior a la filosofía, como es el de la fe. Es necesario demostrar, como lo exige el espíritu de la Modernidad, que la exclusión de Dios de la reflexión filosófica es el resultado de una inconsistencia demostrable.

Esta demostración alude a la explicación proporcionada por Hegel sobre la forma como el dualismo trata la relación finito-infinito. El tratamiento ofrecido desde posiciones dualistas es inherente a la separación que efectúa el dualismo entre materia y espíritu. Pues bien, afirma Hegel, el dualismo no puede lícitamente separar lo finito y lo infinito como dos dominios diferentes. Al hacerlo entra en una inconsistencia insalvable.

En efecto, tal separación al postular lo infinito como algo diferente de lo finito, termina concibiendo lo finito como límite de lo infinito, como algo que está fuera de lo infinito. Pero ello contradice el concepto de lo infinito, pues éste queda convertido en un concepto parcial, limitado por lo finito, en dos palabras, en un infinito finito. El dualismo, concluye Hegel, es inevitablemente inconsistente.

Una adecuada comprensión de la relación entre lo finito y lo infinito requiere poder efectuar siempre el tránsito de lo finito a lo infinito, requiere concebir lo finito como un momento o forma particular de expresión de lo infinito. Toda manifestación particular debe ser capaz de comprenderse en un movimiento de superación hacia lo universal.

El dualismo no puede acometer este movimiento. La lógica tradicional, atrapada en una visión ingenua del ser, tampoco lo permite. Si se acepta, con el principio de identidad, que una cosa es ella misma, no hay como acometer esta transición. Si el principio de identidad se pone en duda, cae (por necesidad) el principio de contradicción.

La tarea de Hegel es, por lo tanto, doble. Por un lado, se trata de superar efectivamente el dualismo y desarrollar un sistema filósofico monista. Si el fundamento de tal necesidad reside en la relación finito-infinito, o en su traducción particular-universal, desde la perspectiva hegeliana, el dualismo sólo tiene una opción abierta: aquella que se sitúa en la prioridad conferida a lo infinito, a lo universal. Colocados en la oposición de materia y espíritu, la prioridad debe tenerla el espíritu. Si se toma la opción opuesta, aquella que privilegia lo finito, lo particular, la materia, no es posible resolver la relación comprometida. Para Hegel no está abierta teóricamente la alternativa superación del dualismo a través de un monismo materialista. Sólo es concebible una resolución del dualismo a través del monismo idealista.

La segunda tarea de Hegel es el desarrollo de una alternativa lógica que sea coherente con su opción de un monismo idealista. Una lógica que prescinda de la estrechez de los principios de identidad y de contradicción. La invocación hecha por la lógica tradicional en el sentido de que ella sólo compromete aspectos formales no es efectiva. Ella se encuentra al servicio de una concepción fundada en último término en la inmutabilidad del ser. Desde la inmutabilidad no es posible explicar el devenir, el cambio histórico.

Inspirado en los principios de la antigua dialéctica clásica, Hegel propondrá su propia dialéctica, como alternativa de la lógica tradicional. De allí que el conjunto de la contribución hegeliana pueda caracterizarse como una dialéctica idealista que procura superar las restricciones tanto del dualismo de la filosofía moderna, como de la lógica aristótelica tradicional. Una mejor caracterización sería, quizás, la de una dialéctica de lo finito.

Las obras principales de Hegel son *La Fenomenología del Espíritu*, publicada en 1807 y terminada en 1806, en la víspera de la batalla de Jena, y la *Ciencia de la Lógica,* publicada en dos partes, la primera en 1812 y la segunda en 1816. Más adelante al publicar la *Enciclopedia de las Ciencias Filosóficas* (1817), obra en la que Hegel busca reunir el conjunto de su sistema filosófico, destina la primera parte al desarrollo de una versión comprimida de la *Lógica*. Es necesario, por lo tanto, distinguir esta última versión del texto primero. Mientras la *Fenomenología* asume como objeto de análisis las mutaciones que presenta la conciencia a través de la historia, la *Lógica* examina las relaciones y estructuras que presentan entre sí las diferentes categorías del espíritu. Se trata, por lo tanto, de dos obras complementarias, en una de las cuales se privilegia el análisis histórico, mientras que en la otra se asume un enfoque estructural.

El pensamiento de Hegel ha sido normalmente considerado como uno de los más complejos y difíciles de entender dentro de la historia de la filosofía. Hay sin duda motivos para esta afirmación y es necesario reconocer que la labor efectuada por muchos difusores del pensamiento de Hegel no siempre contribuye a hacerlo comprensible. De allí que hayamos considerado necesario abundar en los términos del problema que la filosofía hegeliana procura resolver y que considera, a la vez, inadecuadamente enfrentado por las tradiciones filosóficas anteriores, contra las cuales reacciona.

Si este problema central no queda suficientemente claro, buena parte de las afirmaciones de Hegel pueden resultar completamente incomprensibles. Para dar cuenta de lo que estimamos central en la filosofía hegeliana examinaremos cuatro rasgos principales.

1. La identidad del pensamiento y del mundo objetivo a través de la primacía de la conciencia.

Para Hegel el dualismo emprende una opción, a la larga insostenible, al afirmar la separación entre el pensamiento y el mundo objetivo. El dualismo requiere ser sustituido por una concepción monista, fundada en la identidad de los dos términos. Para afirmar tal identidad es necesario eludir una concepción estática, sustentada en la inmutabilidad del ser de las cosas. Sólo una perspectiva que se sitúe desde la historicidad del ser puede reconocer que los términos afirmados por el dualismo no son sino momentos diferentes al interior de un proceso, el proceso del ser en su devenir. Por otro lado, desde la perspectiva de dicho proceso puede reconocerse la propia identidad entre pensamiento y mundo objetivo, pues tal identidad representa la culminación final del proceso, a la vez que es condición del devenir histórico.

Una vez situados desde la historicidad del ser, se descubre, según Hegel, que dentro de los términos del dualismo, la conciencia es el elemento activo, el sujeto del proceso. El racionalismo anterior había anticipado esta afirmación. La propia filosofía crítica (Kant) había atisbado la estructura conceptual de los objetos. Sin embargo, el racionalismo, la filosofía crítica incluida, no había sido capaz de superar las amarras del dualismo. Desde el monismo adoptado por Hegel se logra efectuar una afirmación central que marca la ruptura definitiva con el dualismo: *la verdad de lo finito es ideal*. Con ella se combinan simultáneamente dos aspectos. Primero, se sostiene que la verdad de lo finito es mera idealidad, es ficticia, no es real. Segundo, que la verdad de lo finito está en la idea. Este es el fundamento idealista de la dialéctica de Hegel.

Tal idealismo sostiene que el ser de la realidad objetiva se halla fuera de ella, en la conciencia, en la idea. Por lo tanto, el ser de la realidad objetiva es no-ser. Invirtiendo el argumento de manera de colocarlo en términos propiamente hegelianos, se trata de que la realidad se halla, no en la objetividad de las cosas, sino en la idea; la realidad objetiva, siendo ideal no tiene ser. Sólo la idea es la realidad y el ser.

A diferencia de Kant, Hegel eleva la conciencia del nivel organizativo y subjetivo (individual) que le asignaba la filosofía crítica, a un nivel supra-individual, nivel en el que se encarna el ser único, objetivo y supremo: el Espíritu Absoluto. Este es la síntesis final de pensamiento y mundo. El Espíritu Absoluto hegeliano se identifica con el *logos* cristiano y, por lo tanto, con Dios.

En el curso del proceso histórico, el mundo objetivo no es otra cosa que la objetivación, la realización objetiva y, por consiguiente, la alienación de la conciencia. Ello hace de dicho proceso una sucesión de negaciones entre estos momentos de objetividad de la conciencia y sus desarrollos ulteriores. Tales negaciones son resueltas y superadas a través de síntesis parciales que, a su vez, generan sus propias objetivaciones, negaciones y síntesis consiguientes.

Tal como puede apreciarse la identidad de pensamiento y realidad objetiva, afirmada por Hegel, disuelve la realidad objetiva en lo que, para la filosofía anterior, no era otra cosa que el proceso que la conoce. Para Hegel, el proceso del pensamiento no sólo conoce la realidad objetiva, sino que por sobre todo, la constituye.

Desde esta perspectiva, la historia es esencialmente la historia de la filosofía y de la religión, a través de las cuales se desarrolla y realiza el Espíritu Absoluto hasta alcanzar la unidad y síntesis final. Este momento final del proceso corresponde con el reconocimiento de parte de la conciencia de que la historia es el proceso de su propio desenvolvimiento y, por lo tanto, con el momento histórico supremo de la auto-conciencia, que el propio sistema hegeliano proporcionaría. De allí que se acuse a Hegel de haber sostenido la clausura de la historia con su filosofía.

2. Crítica al Principio de Identidad

Llamaremos a este punto la primera vertiente de la dialéctica hegeliana. Si bien se da cuenta de un aspecto que se encuentra en directa relación con el resto de la concepción de Hegel, se estima conveniente presentarlo por separado.

Tal como fuera previamente señalado, el principio de identidad afirma que el ser de una cosa es ella misma y, por lo tanto, que a través de su ser se diferencia de todo el resto, de lo que ella no es, de su no-ser. Para Hegel la aceptación de este principio equivale a negar la posibilidad de aprehender lo finito. Para su aprehensión no basta el mero reconocimiento de su ser en la medida en que, como lo señalara Spinoza, todo lo finito, todo lo determinado, está definido por el límite de su finitud, de su determinación. Al aceptarse lo anterior, debe aceptarse también que todas las cosas encierran la relación con lo que ellas no son. En consecuencia, su no-ser es parte de su esencia. Cabe afirmar, por lo tanto, sostiene Hegel, que lo finito no es.

Esto equivale a establecer un indiscutido quiebre con el principio de identidad de la lógica tradicional. En oposición al principio de identidad, Hegel privilegia el criterio de la *relación*. Conocer implica establecer y profundizar la relación entre el ser y el no-ser de las cosas. Y conocer las cosas a través de su relación con lo que no son implica hacerlo a través de su *mediación*, de la relación con las demás cosas.

Desde la perspectiva de la mediación (de la relación del ser con el no-ser) las cosas no son vistas en la estabilidad fija e inmutable del ser a que la forzaba el principio de identidad, sino en su *movimiento*. En la medida en que las cosas están en movimiento, están siendo, son y no son. Por lo tanto, debe reconocerse que si existe movimiento es porque en su base existe una *contradicción*. El movimiento no es sino la expresión de una contradicción.

A la vez, la aprehensión de las cosas a través de la relación del ser con el no-ser, remite necesariamente a la *totalidad*, pues todo queda comprendido en esta relación. De allí que Hegel pueda concluir que cada cosa es *todo* lo que ella *no es*. La consumación del quiebre con el principio de identidad es completa. Pero al quebrar con él, Hegel ha ido simultáneamente desplegando las categorías básicas de una opción lógica alternativa. Se trata de los conceptos de relación, mediación, movimiento, contradicción y totalidad.

3. Crítica de la realidad inmediata

Concebimos este punto como la segunda vertiente de la dialéctica hegeliana. La distinción entre él y el punto anterior nos parece importante pues consideramos que es perfectamente posible seguir tanto una como otra orientación de manera independiente, sin establecer necesariamente la unidad con la otra, tal como Hegel lo hiciera. Por lo demás, cada una de ellas remite a fundamentos diferentes que, aunque relacionados, permiten su separación. No se trata por lo demás, de una separación arbitraria. Ella se manifiesta en la propia obra de Hegel. Es así como mientras la perspectiva que hemos expuesto a partir de la crítica al principio de identidad tiende a ocupar un papel prioritario en *La Fenomenología del Espíritu,* lo que llamamos crítica de la realidad inmediata representa el enfoque principal de la *Ciencia de la Lógica.*

Hemos insistido en que la concepción de Hegel podría caracterizarse como una dialéctica de lo finito. En efecto, siendo central en su filosofía la relación finito-infinito, Hegel entiende que el hilo del análisis de la relación requiere ser seguido desde lo finito para, desde allí, efectuar el tránsito hacia lo infinito. Ello es coherente, como se ha planteado anteriormente, con la opción fundamental de la Modernidad y de la necesidad de asegurarse un punto de partida capaz de validar el conjunto de la concepción. Iniciar el análisis desde el lado opuesto de la relación, desde lo infinito, significa para el espíritu moderno una inaceptable petición de principio. Ello era posible para el pensamiento medieval, pero ha dejado de ser posible para la filosofía moderna. El tránsito de lo finito a lo infinito requiere ser acometido desde lo finito, teniendo como un punto de apoyo la propia finitud humana.

Una vez situados en la perspectiva de la crítica y negación del ser, vía la mediación, se alcanza un punto. Según Hegel, el análisis requiere desprenderse del nivel de lo inmediato, nivel propio de la indagación sobre el ser. Este punto se alcanza al encontrarse con la contradicción que presenta el ser entre, por un lado, su propia unidad y, por otro, la diversidad de sus propiedades. De mantenerse el análisis al nivel de la inmediatez del ser, se pierde en un círculo vicioso, en una regresión infinita, de la cual no le es posible salir.

Cuando las ciencias particulares se encuentran con este problema recurren al recurso ficticio de la abstracción para eludir la caída en el círculo vicioso. Este recurso consiste en la aplicación de un método externo al ser, de manera de fijarlo para los efectos del análisis. Sin embargo, el recurso de la abstracción según Hegel implica una retirada negativa frente al problema encontrado en la medida en que tiene por efecto el detener el movimiento que le permite al análisis establecer la relación con la totalidad.

Oponiéndose al recurso de la abstracción de las ciencias particulares, Hegel propone el recurso alternativo de la reflexión. Como lo sugiere la imagen física del rayo de luz que se refleja en un espejo, la reflexión implica una capacidad de penetración, que lleva al análisis más allá del nivel superficial de la inmediatez del ser. A través del recurso de la reflexión, el análisis logra trascender el dominio del ser e introducirse en el dominio de la esencia.

Al alcanzarse este nivel de mayor profundidad, el de la esencia, el ser logra ser visto efectivamente en sus mediaciones. Sólo procediendo de esta forma se logra superar la barrera infranqueable de lo fenoménico con que se encontrara la filosofía kantiana. En efecto, desde este nuevo nivel, lo inmediato se descubre como expresión de lo mediato, la existencia remite a su fundamento, la apariencia a la esencia, el fenómeno remite a la ley, lo externo a lo interno, etcétera.

El dominio de la esencia descompone la realidad en dos niveles de profundidad: lo real se descubre exhibiendo un doble fondo. El análisis efectuado desde el nivel más profundo pone en evidencia el carácter precario, distorsionado, en definitiva superficial, de las apariencias. Ello reviste la máxima importancia pues apunta al hecho de que no hay una continuidad entre el nivel superficial del ser y el nivel profundo de las esencias. Entre ambos hay una ruptura, se trata de niveles que se hallan en contradicción el uno con el otro. Lo que se manifiesta al nivel de las apariencias es negado al nivel de la esencia. Sin embargo, no es menos cierto que la apariencia constituye la forma de realización de la esencia. Sin buscar un apoyo en el dominio de lo esencial, no es posible explicar de manera efectiva el comportamiento fenoménico.

Esta contradicción entre el nivel del ser y el nivel de la esencia, presiona por la búsqueda de su unidad, por encontrar su resolución. Ello se manifiesta en el curso del análisis cuando se debe reconocer que la actualidad remite, al nivel esencial, a la necesidad como remite asimismo el accidente a la sustancia. Tanto necesidad como sustancia son dimensiones que procuran establecer la unidad como relación de causa y efecto. Pero esta relación (causa-efecto) no es capaz de lograr la unidad que se propone y genera nuevamente un proceso de regresión infinita, un proceso de mala infinitud, en el que lo infinito es sólo el resultado de una deficiencia del análisis, más que un referente necesario en el movimiento del ser y la búsqueda de la verdad.

Para eludir este nuevo círculo vicioso, que impide evitar que lo que inicialmente era causa se convierta enseguida en efecto y viceversa, se requiere nuevamente aceptar la necesidad de trascender el nivel alcanzado por el análisis. Se requiere ir más allá de la esencia. Para estos efectos, nuevamente es necesario eludir el recurso equivocado de la abstracción que detiene el movimiento hacia la totalidad y hacer uso del recurso de la reflexión. A través de él se alcanza un nuevo nivel: el del concepto.

Es importante advertir que se trata, de nuevo, de dos niveles de análisis (el de la esencia y el del concepto) entre los cuales no existe una relación de continuidad, lo que supone un punto de ruptura en el análisis. Pero esta ruptura es expresión de la necesidad generada por el propio análisis, por la contradicción encontrada entre el ser y la esencia. El nivel de análisis del concepto implica el retorno al ser, pero esta vez como unidad de lo inmediato y lo mediato, de lo aparente y lo esencial. Es sólo a través del concepto que logra resolverse la simultánea disparidad y necesidad entre la realidad inmediata y la realidad esencial. Pero no se trata de dos realidades sino de una sola. En el concepto se alcanza finalmente la unidad buscada por el análisis.

Volviendo a los términos de la necesidad y de la sustancia a los que nos referíamos anteriormente, Hegel nos señala: la verdad de la necesidad es libertad y la verdad de la sustancia es el concepto. Pero en el concepto la sustancia se reconoce a sí misma como sujeto, ella es la idea, la razón. Sólo alcanzándose este punto se logra plenamente la unidad sujeto-objeto, la unidad de lo ideal y de lo real, la unidad del cuerpo y el alma, la unidad de lo finito y lo infinito.

Consecuentemente con lo planteado, la propuesta de Hegel contenida en la *Ciencia de la Lógica* se caracteriza por tratarse de un trayecto que, iniciándose del ser como universal abstracto, vacío de determinaciones, sigue de manera permanente un camino concreto, que elude sistemáticamente el uso de la abstracción, por cuanto ésta fija el movimiento e impide acceder a la totalidad. El punto terminal del trayecto, el concepto es el ser para sí, la unidad activa (el sujeto) del ser y la esencia, la síntesis de lo inmediato y lo mediato. Pero el concepto es también el ser como totalidad concreta y unidad de sus diversas determinaciones.

Se trata, por lo tanto, de un trayecto que se inicia en el ser y concluye en el ser. Un trayecto que se inicia en un punto de partida abstracto para, desde allí, emprender un camino siempre concreto, hasta alcanzar la idea, la totalidad concreta. La verdad se identifica con el concepto, con la idea como verdad absoluta. La idea es todo y todo es la idea, nos señala Hegel. El punto terminal es la síntesis final de todas las contradicciones y la cancelación del movimiento.

De lo anterior puede comprenderse el hecho de que la *Ciencia de la Lógica* esté dividida en tres partes, correspondientes a los tres niveles de análisis examinados: la doctrina del ser, la doctrina de la esencia y la doctrina del concepto. Entre ellas el análisis registra dos importante puntos de ruptura, dos negaciones estratégicas. Ellas son resueltas gracias a la reflexión, recurso que permite trascender el nivel en que se sitúa el análisis y acometer la transición a un nivel diferente, capaz de superar las contradicciones develadas previamente.

Es importante advertir que la propuesta de Hegel no sólo conlleva una oposición con la filosofía cartesiana en cuanto rechaza el dualismo con el que ésta se compromete. La dialéctica hegeliana representa también un esfuerzo por romper con las restricciones que resultan de la opción analítica que forma parte de la filosofía de Descartes. El trayecto fundamental que éste propone para alcanzar la verdad es el de la desagregación progresiva de las dificultades hasta alcanzar las unidades más simples. En la capacidad de conocer tales unidades simples reside el principal punto de apoyo de la empresa de conocimiento. Hegel revierte dicho trayecto. Suscribe la posición contraria a Descartes al hacer de la totalidad el fundamento de la verdad. Sostiene que tal totalidad no es la mera adición de las partes que la componen. Ello implica que el camino hacia la totalidad no es lineal, sino que incluye rupturas, saltos, negaciones y contradicciones.

4. La dialéctica de la realidad

La propuesta hegeliana conlleva el propósito de superar las restricciones de la lógica tradicional de carácter formal, por una lógica material, en el decir de Marcuse. La invocación de formalidad que hace la lógica tradicional, desde la perspectiva de Hegel, resulta tanto falsa como errónea. Es falsa por cuanto, en rigor, está muy directamente comprometida con poderosos supuestos ontológicos. No se trata, por consiguiente de una lógica ontológicamente neutra. Su formalidad es, por lo tanto, aparente.

Pero simultáneamente los supuestos ontológicos de la lógica tradicional son objetables por cuanto impiden alcanzar los propios objetivos declarados de la lógica: contribuir a la búsqueda de la verdad. Los principios de identidad y de no-contradicción representan para Hegel obstáculos insalvables en el trayecto hacia la totalidad concreta, la idea, la verdad absoluta. De allí que, sustentada en la lógica tradicional, la filosofía debe terminar renunciando en su intento por desentrañar la verdad de lo real. El supuesto de formalidad de la lógica tradicional es falso porque tras él se esconde una clara toma de posición ontológica.

Pero también es errónea por cuanto dicha toma de posición implica anteponer una estructura formal y externa al objeto de análisis, estructura que obstruye el trayecto hacia la verdad e impide alcanzar las dimensiones esenciales de lo que se analiza. Hegel afirma, en oposición a la lógica tradicional, la unidad de forma y contenido. Ello significa que la dialéctica no se compromete con un método particular por cuanto no representa una forma particular de análisis. La dialéctica, por el contrario, se confunde con el movimiento propio del objeto en estudio. De allí que no tenga sentido referirse a un método dialéctico como opción particular de conocimiento, en la medida en que para el conocimiento dialéctico el problema mismo del método queda clausurado.

El conocimiento dialéctico es sólo expresión del carácter dialéctico de la realidad. De allí que Hegel afirme que el método no es sino la conciencia de la forma que reviste el movimiento interior de su contenido. En la medida en que la verdad se establece por su referencia a la totalidad, Hegel sostiene de igual forma que el método no es más que la estructura del todo en su forma pura y esencial.

A partir de lo señalado anteriormente tiene sentido la fuerte crítica que Hegel dirige al formalismo. Este no es más que la aplicación externa y vacía de una analogía superficial de la realidad, alcanzada por intuición o conocimiento sensorial. En oposición al formalismo, Hegel defiende la búsqueda del movimiento propio de aquello que se procura conocer, de su actividad interna, de su necesidad interior.

Es necesario precaverse, sin embargo, frente al olvido de la opción idealista de Hegel y, por consiguiente, frente a la tentación de interpretarlo separando indebidamente conocimiento de realidad. Es importante reiterar que para Hegel el movimiento de la realidad es el propio movimiento del conocimiento. No se trata, en consecuencia, de que el movimiento de la realidad se reproduzca en la conciencia. La relación es la inversa. La realidad es la conciencia y es ésta, en su desenvolvimiento, la que produce la realidad objetiva.

CAPITULO IX

EL EMPIRISMO POSITIVISTA PRIMITIVO

LUDWIG FEUERBACH

No es posible comprender adecuadamente la relación entre la dialéctica idealista de Hegel y la dialéctica materialista de Marx sin hacer alguna referencia a la filosofía de Ludwig Andreas Feuerbach (1804-1872). Discípulo de Hegel, Feuerbach se transformará muy pronto en un severo crítico de su filosofía. Sus obras principales son E*sencia del Cristianismo* (1841), *Tesis Provisionales para la Reforma de Filosofía* (1842) y *Principio de la Filosofía del Futuro* (1843).

En ellas Feuerbach acusa a Hegel de haber efectuado una completa inversión de la relación sujeto-predicado y, por consiguiente, de la matriz ontológica sujeto-objeto a través de la cual se ordena la realidad. Esta inversión se expresa, según Feuerbach, en el hecho de que para Hegel el pensamiento es el ser y, por lo tanto, el pensamiento es el sujeto y el hombre, en cambio, es el predicado. Lo real, afirma Feuerbach, es exactamente a lo inverso: el pensamiento no es sino un atributo (predicado) del ser humano. Es el ser el que determina el pensamiento y no al revés. El ser humano es el sujeto y el pensamiento su predicado.

Oponiéndose frontalmente con el pensamiento de Hegel, Feuerbach declara: «sólo el Ser es significado, razón, necesidad y verdad; en una palabra, el Ser es todo en todo». Lo único real es el ser. No hay otra cosa que lo que es y no tiene sentido, por lo tanto, trascender el ser, buscar la esencia más allá de la existencia. «Mi esencia es mi existencia», proclama Feuerbach. Con ello se reconoce, según su enfoque, la verdadera unidad entre el ser y el pensamiento.

El no reconocer la verdadera unidad entre el ser y el pensamiento, sostiene Feuerbach es cometer una *abstracción*. El pensamiento de Hegel a través de la abstracción, separa del ser su alma y esencia y luego le asigna a esta esencia abstraída el fundamento del ser que se ha vaciado. Ello permite derivar el mundo de Dios, en la medida en que previamente la esencia del mundo ha sido separada del mundo. La unidad del ser y la esencia, en el ser, se logra en la *naturaleza*. Para establecer la relación entre la naturaleza y el pensamiento, Feuerbach acude al concepto de *Hombre*, a partir del cual concede una distinción entre ser y existencia.

> «*La naturaleza,* señala Feuerbach, *es el Ser que no se distingue de la existencia; el hombre es el ser que se distingue de la existencia. Pero el primero es el fundamento del segundo; la naturaleza es el fundamento del hombre*»[5].

Lo que precede al Hombre no es Dios, sino la naturaleza. En el Hombre la naturaleza deviene ser personal, consciente y racional. Abstraer, en consecuencia, es plantear la esencia de la naturaleza fuera de la naturaleza; y la esencia del hombre fuera del Hombre; la esencia del pensamiento fuera del acto de pensar. Por caer en la abstracción, la filosofía hegeliana *aliena* al Hombre de sí mismo.

Es importante tener claridad sobre el concepto de abstracción de Feuerbach en la medida en que se trata de un concepto muy diferente de aquel utilizado por Hegel, al igual como lo será también de aquel que acuñará Marx en sus escritos más tardíos. Para Hegel, abstraer era hacer uso del recurso equivocado que utilizaban las ciencias particulares, a través del cual se obstruía la referencia a la totalidad y, por consiguiente, a la verdad. Abstraer, para Hegel, significa impedir el movimiento a través del cual se trasciende el dominio de ser.

Para Feuerbach recurrir a la abstracción es también un proceso errado. Sin embargo, su significado es precisamente el

---

[5] Ludwig Feuerbach, *Manifestes Philosophiques,* P.U.F., París, 1960.

opuesto del que le asignara Hegel. Para Feuerbach, abstraer es trascender, es separar existencia y esencia, es trastrocar la realidad, es una inversión alienante. De allí que Feuerbach reivindique como modelo de conocimiento lo que Hegel había impugnado: las ciencias particulares. Ellas aportan precisamente lo que no tiene Hegel: la unidad inmediata, la certidumbre inmediata, la verdad inmediata. La verdad tiene como fundamento lo inmediato, lo que los sentidos nos entregan directamente.

El sistema hegeliano, señala Feuerbach, representa la auto-alienación absoluta de la razón:

«el Espíritu Absoluto de Hegel es abstraído: es el espíritu finito separado de sí mismo. De la misma manera como el ser infinito de la teología no es otra cosa que el ser finito abstraído»[6].

El método feuerbachiano consiste en reducir todo lo sobrenatural, a través del Hombre, a lo natural, y todo lo sobrehumano, a través de la Naturaleza, a lo humano. Para ello se debe descansar siempre en hechos observados, históricos, empíricos. La verdad no la puede establecer nunca el individuo, sino el conjunto de la especie humana. Es la especie humana y no el individuo la que representa la verdadera realización de la naturaleza humana. Es interesante detenerse en este argumento pues descansa en una pauta de razonamiento derivada del propio Hegel y aplicada de manera recurrente por los hegelianos de izquierda. Será también una pauta de razonamiento de uso frecuente en Marx.

Para Hegel todo lo finito es restrictivo, insuficiente y precario. Ello obliga a un trayecto trascendente hacia lo infinito, a través del cual se accede efectivamente al Ser, a la verdad y al Todo. Este planteamiento será puesto en tela de juicio por los hegelianos de izquierda, entre los cuales se encuentra el propio Feuerbach. Pero ellos van a sustituir esta matriz que establece la relación entre lo finito y lo infinito, por otra de

---

[6] Ludwig Feuerbach, op.cit., pág.144.

carácter secular pero que ha sido derivada de la primera. Se trata de una matriz de razonamiento fundada en la relación de lo particular con lo universal (o general). Se presume, siguiendo al mismo Hegel, que toda expresión particular es restrictiva, precaria e insuficiente, y que la verdad y liberación de tales restricciones se encuentran en el plano universal o general.

Esta transformación de la matriz hegeliana finito-infinito, en una matriz particular-general, será aplicada en los campos más diversos por los hegelianos de izquierda. Entre tales campos destacan, por ejemplo, el de la religión o el de la propiedad. En el caso actual, la vemos aplicada por Feuerbach al campo de las condiciones para determinar lo verdadero. El individuo, por ser tal, es precario. La verdad se asegura en la intersubjetividad que asegura el conjunto de la especie humana.

Desde la perspectiva anotada, Feuerbach desarrolla una posición materialista y atea. Tanto la religión como la filosofía especulativa, son expresiones de una alienación del Hombre, de una inversión sujeto-predicado. En la religión, el sujeto verdadero, el Hombre, se concibe como predicado de un sujeto ficticio, Dios, que, a su vez, no es sino un predicado, una construcción, un producto de los hombres. A este sujeto ficticio, los hombres le confieren poderes que no son otros que poderes humanos, de la especie humana. Proclama Feuerbach: «el Hombre afirma en Dios lo que se niega a sí mismo».

Es interesante, sin embargo, detenerse en la teoría de la historia propuesta por Feuerbach. A pesar de sus posiciones materialistas, nos afirma que para alcanzar una adecuada comprensión de la historia, se deben examinar las diferentes formas de conciencia en las que se resuelve la relación entre el Hombre y la Naturaleza. Para estos efectos, Feuerbach sostiene que lo que mejor expresa tal relación es la *religión*. Aunque desde posiciones diametralmente opuestas a las de Hegel, en esto último nuevamente aparecen coincidiendo. «Los períodos de la historia de la humanidad, nos dirá Feuerbach, sólo pueden ser distinguidos por sus concepciones religiosas».

La historia, según Feuerbach, reconoce tres grandes etapas. La primera de ellas es la del politeísmo, que representa el predominio de las fuerzas naturales sobre las capacidades y poderes del Hombre. La segunda etapa es la del monoteísmo. En ella se expresa una liberación relativa del Hombre sobre la Naturaleza, lo que permite que éste se centre en sí mismo.

El monoteísmo, por su parte, reconoce distintas fases. En la primera, la del judaísmo, la religión lleva el sello de las limitaciones tribales y nacionales en las que el Hombre todavía se halla cautivo. En una segunda fase, la del cristianismo, la religión concibe al Hombre como un ser universal y apela, por lo tanto, a un Dios universal. Ello manifiesta el hecho de que el Hombre alcanza un mayor dominio sobre las fuerzas de la Naturaleza. El cristianismo culmina con la emergencia de una subfase, la del protestantismo, en la que se le confiere a Dios un carácter más humano. El protestantismo representa más bien una cristología o una antropología religiosa que pone en evidencia el papel central del Hombre.

Sin embargo, el protestantismo no es sino, según Feuerbach, la antesala de la tercera gran y última etapa de la historia de la Humanidad. Esta etapa final se caracteriza por un completo humanismo, que expresa el hecho de que el Hombre reconoce sus propios poderes y termina toda alienación de éstos en un ser sobrenatural y sobrehumano. En esta última etapa la religión desaparece.

A diferencia de lo que acontecía con Hegel, para Feuerbach todas las formas de alienación, como la religión, representan una deficiencia y no contribuyen positivamente al progreso de la Humanidad. El movimiento de la historia tiene relación, no con lo que sucede con estas formas alienadas de conciencia, sino con el tipo de vínculo que el Hombre mantiene con la Naturaleza. La conciencia alienada es sólo un reflejo de esta relación fundamental y no juega un papel activo en el desarrollo histórico. Ello determina que Feuerbach destaque el papel crítico y educativo que resulta de su filosofía. Lo que su filosofía acomete es la posibilidad de corregir los errores de las concepciones alienantes y, en este sentido, tiene un efecto restaurador del orden real de las cosas.

Cabe distinguir en la filosofía de Feuerbach dos dimensiones diferentes. En primer lugar, su concepción filosófica antropológica, naturalista, atea y materialista, cuyas categorías centrales son las de Naturaleza y Hombre. En segundo lugar, su epistemología empirista inspirada en las ciencias particulares, apegada a un criterio de verdad fundado en la observación inmediata y que rechaza toda abstracción como un vicio alienante del conocimiento. La distinción de estas dos dimensiones, —el naturalismo antropológico y la epistemología empirista—, resultará fundamental para una adecuada comprensión del pensamiento de Marx.

Es importante señalar, sin embargo, que las posiciones epistemológicas de Feuerbach, aunque manifiestan algunas influencias de la filosofía hegeliana, representan por sobre todo una ruptura muy radical con ésta. La dialéctica es completamente ajena en la epistemología feuerbachiana. Ella ha sido sustituida por un enfoque que acerca fuertemente a Feuerbach a la filosofía positivista que Comte desarrollara en Francia en la misma época.

La filosofía posterior de Feuerbach enfatizará su dimensión materialista hasta alcanzar lo que Sidney Hook llamará la expresión más vulgar del más vulgar de los materialismos. A este período corresponden las siguientes afirmaciones:

> *«... podemos apreciar inmediatamente cuanta significación ética y política tiene la ciencia de los alimentos para la nación. El alimento se transforma en sangre, la sangre en corazón y cerebro, que a su vez producen los pensamientos y las actitudes. Si se desea mejorar las condiciones del pueblo, en vez de exhortaciones contra el pecado, hay que darle mejor comida. El hombre es lo que come»* [7].

---

[7] Citado en Eugene Kamenka, *Ludwig Feuerbach*, Routledge & Kegan Paul, Londres, 1970, pág.111.

O bien:

«... hay una materia alimenticia que es promesa de un futuro mejor, que contiene las semillas de una lenta y más gradual, pero también más profunda revolución: los porotos»[8].

Las afirmaciones de Feuerbach hieren la sensibilidad moderna. Esta reacciona frente a una afirmación prosaica que sostiene una supuesta relación entre los porotos y aspectos tan elevados como el pensamiento y la acción humana. No obstante, hay en Feuerbach una anticipación notable a través de la cual se manifiesta una cierta forma de cuestionamiento del dualismo filosófico y su separación de idea y materia, de mente y cuerpo. Más adelante, Bateson afirmará: «los procesos políticos no son sino fenómenos biológicos» y, aunque ello sorprenderá a muchos, el escándalo será menor. Actualmente Feuerbach es considerado uno de los precursores de las corrientes macrobióticas.

AUGUSTE COMTE

Comte (1798-1857) es considerado fundador de la sociología y del positivismo. Fue discípulo del célebre socialista utópico Saint-Simon, una de las personalidades de más vasta formación de su época, quizás sólo comparable a este respecto con Hegel. Entre sus obras principales destacan *Curso de filosofía positiva* (1830-1842), *Discurso sobre el espíritu positivo* (1844), *Sistema de política positiva, instituyendo la religión de la Humanidad* (1851-1854) y el *Catecismo positivista o exposición somera de la religión universal* (1852).

La posición central de Comte se caracteriza por su manifiesta aversión al espiritualismo metafísico y religioso y por su admiración por los poderes y realizaciones exhibidos por el pensamiento científico. En este sentido y de manera que lo acerca fuertemente al tipo de postura asumida por Francis

---

[8] Ibid. pág.112.

Bacon en el siglo XVII, el interés principal de Comte no consiste en elaborar un nuevo sistema filosófico, sino en promover una profunda reforma social. En cuanto tal reforma requiere de una radical transformación intelectual, Comte desarrolla su concepción positivista.

Tal concepción destaca la importancia del espíritu científico en la sociedad. Para Comte las diferentes ciencias representan una opción de conocimiento de carácter unitario. Esta unidad, más allá de las diferencias que observan las distintas disciplinas científicas, está asegurada por el apego de todas ellas al método científico. La unidad del método científico asegura la unidad de la ciencia.

Comte busca aplicar al campo de la actividad humana el método científico de manera de generar un tipo de conocimiento sobre el hombre y la sociedad de la solidez del obtenido en las ciencias naturales. En este intento insiste en la primacía del concepto de proceso y se preocupa, de manera particular, por ofrecer una explicación científica sobre los procesos históricos. El objetivo de Comte es descubrir las leyes que explican el devenir histórico.

A este respecto, célebre es su «ley de los tres estadios». Esta sostiene que la Humanidad habría pasado sucesivamente por tres estadios diferentes. El primero es el estadio teológico que se caracteriza porque el hombre explica los fenómenos naturales aludiendo a la voluntad de seres sobrenaturales y potencias divinas o demoníacas. Se sostiene, por ejemplo, que Zeus produce el trueno y el relámpago para asustar a los hombres. El estadio siguiente es el metafísico. Este se sustenta en el monoteísmo que condensa todas las fuerzas divinas en un solo ser y, al personalizarlas en una unidad, hace posible su simultánea despersonalización. Las causas de los fenómenos se convierten ahora en ideas abstractas, en principios racionales. Se habla, por ejemplo, de fuerzas vitales. Por último, sobreviene el estadio positivo o científico, en el que se sustituyen las explicaciones metafísicas por la investigación científica rigurosa de los fenómenos, orientada a describir sus relaciones. En este estadio final, el poder espiritual pasa a manos de los sabios y el poder temporal a manos de los industriales.

La ciencia representa, desde muy temprano, la encarnación del espíritu positivo. Ello se manifiesta en la renuncia a todo lo trascendente y en el compromiso por descubrir las leyes en la experiencia. En este sentido, la ciencia sólo puede establecer generalizaciones sobre relaciones observadas en los hechos. Pero las ciencias no se caracterizan sólo por ser la expresión del período social en el que se desarrollan, sino también por su capacidad de anticipar en la historia la evolución del espíritu positivo. Ello explica, según Comte, el propio desarrollo de las ciencias hasta alcanzar su estado actual.

Las matemáticas fueron las primeras que desarrollaron, ya en la Antigüedad, este espíritu positivo. Un salto importante se produjo con la emergencia de aquellas ciencias inductivas y concretas, como las ciencias naturales. De entre éstas, la primera que se desarrolla es la astronomía, más adelante seguirá la física; luego aparecerá la química y, por último, se producirá el advenimiento de la biología. La instauración del estadio positivo en la historia requiere de estos desarrollos científicos anteriores. Sin embargo, será necesaria la emergencia de una nueva disciplina científica para llevarlo a su plena realización: la sociología, ciencia del hombre y de la sociedad. Con la aparición de la sociología o física social, se completa la jerarquía de las ciencias. Sólo entonces, este último estadio de la historia de la Humanidad logra su plena culminación permitiéndole establecer «el amor como principio, el orden como base, el progreso como fin».

Pero, ¿es la ley de los tres estadios de Comte una ley científica efectiva? Evidentemente no. Ella expresa un intento de caracterizar diferentes fases de la historia, desde los criterios centrales del pensamiento moderno. Entre estos últimos destacan, por ejemplo, los supuestos de que lo posterior, por ser posterior, es mejor y que, por lo tanto, el proceso histórico es progreso histórico. En este sentido, se hace coincidir el desarrollo de la ciencia con el desarrollo de las sociedades, como si ambas representaran un incremento equivalente de racionalidad.

El positivismo le concede gran importancia a la educación. Gracias a ella, se sostiene, es posible acelerar la asimilación del espíritu científico y liberarse de los presupuestos atávicos provenientes de la teología y la metafísica, que obstruyen las posibilidades de promover el desarrollo histórico.

El ideario positivista es tributario, en buena medida, del criterio kantiano de que el conocimiento se restringe (tiene como límite) a lo fenoménico. Ello a pesar de que objetará la posibilidad de conocer en el dominio de lo sintético **a priori** y que se excluye el que sea posible encontrarle un lugar a la fe, aunque ello se limite, como en Kant, a una función regulativa de la experiencia práctica. De allí que en muchos aspectos, el positivismo se muestre también muy cercano a las posiciones defendidas por Hume, aunque con una visión muy distinta sobre el progreso de la Humanidad.

El positivismo ejercerá una influencia significativa en el pensamiento de la segunda mitad del siglo XIX e incluso en la primera mitad del siglo XX. Entre sus seguidores destacan, por ejemplo, Ernst Mach (1838-1916) y Karl Pearson (1857-1936). A este último pertenece la afirmación:

> *«el metafísico es un poeta, a menudo un gran poeta, pero por desgracia él no lo sabe porque envuelve su poesía en el lenguaje de la razón y, por lo tanto, corre el peligro de transformarse en un miembro peligroso de la comunidad»*[9].

En el campo de las ciencias sociales, el pensamiento de Comte ejercerá una influencia importante en las concepciones de Emile Durkheim (1858-1917), quien rechaza toda ingerencia metafísica en el campo de la reflexión sociológica y propone

---

[9] Karl Pearson, *The Grammar of Science,* A.& C. Black, Londres, 1911, pág. 17.

que el sociólogo se coloque en una disposición equivalente a la de los físicos, químicos o fisiólogos, al investigar en las regiones inexploradas de la ciencia.

Esta variante del positivismo, que remite en último término a Comte, debe distinguirse de lo que más adelante se conocerá como la escuela del positivismo lógico. Como luego se apreciará, aunque ambas orientaciones compartan algunos presupuestos, sus diferencias son significativas.

CAPITULO X

LA DIALECTICA MATERIALISTA DE MARX

No es fácil dar cuenta en forma resumida, como este texto lo requiere, de la contribución teórica de Marx. Ello, por cuanto representa un área a la que hemos dedicado un considerable esfuerzo interpretativo, llegando a la conclusión de que las concepciones predominantes sobre el pensamiento de Marx descansan en presupuestos objetables. En consecuencia, en la medida en que sustentamos una interpretación que en determinados aspectos pone en tela de juicio ciertas premisas de las concepciones convencionales, nos es necesario desarrollar los elementos básicos que permiten hacer comprensible nuestra propia posición. Hemos procurado reducir estos desarrollos a un mínimo y quienes deseen profundizar en la fundamentación de lo que afirmamos, podrán recurrir a las fuentes señaladas en la bibliografía.

Parte importante de lo que está comprometido en nuestra interpretación de la concepción de Marx, resulta de la propuesta que hacemos sobre el tipo de relación que ésta mantiene con los pensamientos de Hegel y Feuerbach. De allí que nuestra exposición haga particular referencia a esta relación.

Karl Marx (1818-1883) se forma al interior de un ambiente intelectual de marcada influencia hegeliana. Mientras realiza sus estudios universitarios, se relaciona con el grupo de «los jóvenes hegelianos», que se caracterizaban por buscar apoyo en Hegel para el desarrollo de concepciones progresistas e izquierdizantes, desde las cuales se promovía la necesidad de realizar importantes cambios en la Alemania de la época. Es importante, por lo tanto, reconocer una primera influencia de Hegel en el desarrollo intelectual del joven Marx.

En ese ambiente, este grupo de jóvenes intelectuales recibirá la fuerte influencia del pensamiento de uno de los propios discípulos de Hegel, Ludwig Feuerbach. Habiendo examinado la concepción de Feuerbach, sabemos cuán opuesta resulta ella de las posiciones hegelianas, cuán crítica ella es del planteamiento desarrollado por Hegel y cuán distante Feuerbach se sitúa de las opciones dialécticas de su maestro. Asumir las posiciones feuerbachianas representa colocarse en la antítesis de la concepción hegeliana.

Pues bien, al conocerse las principales obras de Feuerbach, publicadas entre 1841 y 1843, el joven Marx que acababa de recibir grado de doctor (1841), se declara partidario incondicional de las posiciones feuerbachianas. Recordemos que tales posiciones comprendían, por un lado, una filosofía antropológica y naturalista que destacaba los conceptos de Hombre y Naturaleza y, por otro lado, una epistemología empirista, que cuestionaba el recurso de la abstracción y sustentaba un criterio de verdad fundado en la observación inmediata.

Desde posiciones que remiten estrictamente a Feuerbach, el joven Marx iniciará un desarrollo intelectual que muy pronto, en 1845, lo conducirá a una primera ruptura con él. Primero, Marx objetará en Feuerbach la poca importancia que éste le concede a la política, a la necesidad de acometer no sólo una transformación a través de la educación, sino de cambiar las condiciones históricas concretas en las que los hombres viven. Concordando con las premisas materialistas de Feuerbach, Marx estima que éste asume una postura demasiado contemplativa, orientada, sobre todo, a los cambios de las conciencia.

Enseguida, Marx desarrollará una crítica al Estado liberal, ausente también del planteamiento de Feuerbach. Marx sostiene que este Estado, que invoca la figura universal del ciudadano, sustentada en la ausencia de atributos particulares capaces de discriminar entre los hombres y fundado en consecuencia en el principio de la igualdad entre los hombres, descansa en el fondo en las profundas desigualdades que existen en la sociedad civil debido a la existencia de la propiedad privada.

Toda propiedad privada es particular y, como tal, impide la plena realización de la universalidad. Sólo con la instauración de una propiedad social, del conjunto de la comunidad, se alcanza esta universalidad y, con ella, la plena liberación de las restricciones y discriminaciones que imperan en la sociedad civil. Como puede apreciarse, se trata de la aplicación de la matriz de razonamiento fundada en la relación entre lo particular y lo universal, variante secular de la matriz hegeliana fundada en la relación entre lo finito y lo infinito.

Más adelante, buscando una fuerza material con la cual la filosofía pueda aliarse para emprender su tarea histórica transformadora, Marx apuntará hacia la clase obrera, hacia el proletariado. Esta clase, afirmará Marx, se caracteriza por su ausencia de intereses particulares y, por lo tanto, es la única capaz de identificarse con los intereses universales de la especie humana. Como puede apreciarse, tal conclusión descansa nuevamente en la aplicación de esta matriz de razonamiento fundada en la relación entre lo particular y lo general.

Buscando comprender el carácter del proletariado, e iniciando para estos efectos sus estudios de economía, Marx descubre que se trata de una clase que se identifica con el trabajo. La apertura a la perspectiva del trabajo resultará central en Marx. En un primer momento, el trabajo aparece como la forma a través de la cual se realiza aquella relación que Feuerbach postulaba como fundamental para comprender la historia: la relación del Hombre con la Naturaleza. Pero, enseguida, el trabajo le permitirá a Marx la inauguración de una perspectiva radicalmente diferente para comprender la historia, que lo conducirá, precisamente, a nuestra anunciada primera ruptura con Feuerbach. Tal ruptura se encuentra contenida en las célebres *Tesis sobre Feuerbach,* de 1845.

Lo principal de esta ruptura es la puesta en tela de juicio del concepto feuerbachiano de Hombre. Marx acusa a Feuerbach de haber sustentado su concepción en dicho concepto de Hombre que, bien examinado, no es sino una *abstracción*. No hay tal Hombre, con mayúscula:

> «... *la esencia del hombre no es una abstracción inherente a cada individuo particular. La verdadera naturaleza del hombre es el conjunto de sus relaciones sociales*»[10].

Esta será una afirmación fundamental. A través de ella, Marx llega incluso a señalar el error de Feuerbach de pretender explicar al hombre a partir de la abstracción de un individuo aislado. El hombre, según Marx, y por consiguiente el individuo, se define a partir de lo social.

Las *Tesis sobre Feuerbach* representan uno de los textos más brillantes de Marx. Se trata de once tesis, contenidas en menos de tres páginas, en las que Marx sintetiza sus críticas a la concepción filosófica de Feuerbach. Destaca en ellas el énfasis puesto por Marx en la *práctica*, en la acción humana, y la capacidad de enfrentar el problema del dualismo desde una perspectiva centrada en la acción. De esta forma, Marx se enfrenta simultáneamente tanto al materialismo objetivista como al idealismo subjetivista. Conciencia y materia, sujeto y objeto, son términos de una polaridad que la práctica integra como dimensiones de un fenómeno unitario. Al colocar el énfasis en la práctica, Marx reconoce también la circularidad de la acción humana en la historia; el hecho de que la acción se encuentra determinada por las circunstancias, a la vez que «las circunstancias son modificadas por los hombres». Reconoce, en consecuencia, «que el educador debe también ser educado».

Por desgracia, esta concepción centrada en la acción, absolutamente visionaria para su época, cederá su lugar muy pronto a una concepción diferente, que colocará el énfasis en la

---

[10] Karl Marx, «Tesis sobre Feuerbach», en F.Canals Vidal, *Textos de los Grandes filósofos*, Herder, Barcelona, 1984, pág.21.

estructura, sin una resolución adecuada sobre la relación entre la estructura y la práctica. En la concepción posterior de Marx, el peso de la estructura termina por aplastar a la acción.

Es importante calificar esta ruptura de Marx con Feuerbach. Como puede apreciarse, ella distancia a Marx de la filosofía antropológica y naturalista feuerbachiana. Sin embargo, no es menos importante reconocer que esa misma ruptura se realiza desde las posiciones del empirismo feuerbachiano y, por lo tanto, suscribiendo la epistemología del mismo Feuerbach. Ello se manifiesta en el hecho de estar fundada en la objeción al recurso de la abstracción.

Junto con esta primera ruptura con Feuerbach, Marx desarrolla lo que Engels posteriormente proclamará como una de las dos grandes contribuciones teóricas que configuran el pensamiento de Marx: la interpretación marxista de la historia. La segunda de estas contribuciones es su análisis del modo de producción capitalista. Parte de nuestra interpretación del marxismo reside en afirmar que estas dos importantes contribuciones no están separadas, sino, por el contrario, que constituyen momentos distintos al interior de una unidad, con importantes relaciones entre sí.

1. La interpretación marxista de la historia

La interpretación propuesta por Marx descansa en la afirmación inicial de que el trabajo es la clave para comprender la historia. Esta es su definición fundante. En ello reside su carácter materialista.

Pues bien, para Marx el trabajo representa una relación de mutua transformación del hombre con la naturaleza, fundada en el hecho de que éste realiza un despliegue de fuerza conscientemente orientado. Siendo el trabajo una relación transformadora, permite ser simultáneamente caracterizado como un proceso, que Marx llamará el proceso de trabajo. Dicho proceso reconoce, independientemente de sus determinaciones históricas, tres elementos: a) el trabajo propiamente tal, b) el objeto de trabajo, y c) los medios de trabajo.

Al examinarse estos elementos, es posible efectuar de inmediato una primera distinción entre ellos. Es posible afirmar, sostiene Marx, que el trabajo propiamente tal (elemento al que, de ahora en adelante, denominaremos simplemente trabajo) es naturalmente el factor activo y subjetivo (sujeto) del proceso de trabajo. Por otro lado, tanto los objetos como los medios del trabajo representan las condiciones pasivas y objetivas (objeto) del proceso, los factores sobre los cuales el trabajo opera. Para marcar esta distinción, Marx llamará medios de producción a la conjunción de objetos y medios de trabajo. Es interesante notar cómo en esta distinción lo que se ha hecho es la aplicación de lo que hemos llamado la matriz ontológica sujeto-objeto, fundada en la necesidad primaria de efectuar esta distinción para dar cuenta de lo real.

Se ha visto aparecer el concepto de producción. Desde una primera perspectiva, Marx señala que todo proceso de trabajo, en la medida en que está dirigido a generar un producto, es un proceso de producción. Sin embargo, desde una segunda perspectiva, el término de producción es utilizado para afirmar la idea de que el trabajo es un fenómeno fundamentalmente social. El concepto de producción en el pensamiento de Marx, lleva esta connotación adicional a través de la cual el carácter social del trabajo es reconocido.

Al realizarse el proceso de trabajo los hombres entran en determinadas *relaciones de producción.* A través de ellas, los distintos elementos del proceso de trabajo se distribuyen entre los hombres, a la vez que se articulan, se combinan y unen en un mismo proceso. Según Marx, toda relación de producción es simultáneamente una determinada relación de propiedad. Por otro lado, las relaciones de producción definen una determinada estructura al interior de la cual los hombres ocupan posiciones diversas. Según las posiciones que ocupen en la estructura, los hombres se dividen en *clases sociales* diferentes.

Cabe la posibilidad de distintas formas de articulación entre los elementos del proceso de trabajo y, por ende, de diferentes relaciones de producción. El hecho de que determinados períodos históricos se caractericen por unas y no otras relaciones de producción no es arbitrario. Ello, según Marx, está determinado por el grado de desarrollo de las *fuerzas productivas*. Estas son un término antitético con el de las fuerzas naturales. En él se expresa el grado de control o dominio que los hombres hayan alcanzado sobre la naturaleza, por ejemplo, el nivel de desarrollo tecnológico alcanzado por la humanidad.

Pues bien, Marx sostiene que existe una relación de correspondencia entre el nivel de desarrollo de las fuerzas productivas y el tipo de relaciones de producción existente. Las relaciones de producción tienden a corresponder con el nivel de las fuerzas productivas. Dado que las fuerzas productivas tienden a un desarrollo histórico acumulativo, se logran momentos en los que el desarrollo que ellas alcancen entra en contradicción con las relaciones de producción existentes. Esta contradicción requiere resolverse para dar paso a nuevas relaciones de producción, capaces de asegurar un pleno aprovechamiento de los nuevos niveles de desarrollo de las fuerzas productivas. De lo contrario, las relaciones de producción operan como fuerzas destructivas de la capacidad de producción de los hombres. Esta contradicción, que tiene lugar en la estructura, se manifiesta como *lucha de clases*. Es a partir de la lucha de clases, por lo tanto, que se producen los grandes cambios históricos.

La historia, en consecuencia, permite ser comprendida como una sucesión de diferentes *modos de producción*. Un modo de producción representa una determinada articulación económica en la que se integran las fuerzas productivas, las relaciones de producción y las relaciones de circulación necesarias para que lo que producen unos sirva al consumo de otros. Sin embargo, un modo de producción se define, no por sus fuerzas productivas, ni por sus relaciones de circulación, sino por las relaciones de producción que predominan en él. Las relaciones de circulación están determinadas por el tipo de relaciones de producción existentes.

Habiendo llegado a la formulación del concepto de modo de producción, Marx afirma que se alcanza una posición desde la cual es posible acceder a la comprensión de la historia. Ello porque, según su entender, el modo de producción determina el tipo de estructura jurídico-política (el Estado) que se da una sociedad, como asimismo el tipo de contenidos de conciencia (la ideología) que en ella predominan. El modo de producción representa la *infraestructura* sobre la cual se eleva la *superestructura* (Estado e ideología) de la sociedad.

Lo anterior obliga a distinguir entre los motivos conscientes (subjetivos) que orientan las transformaciones históricas y las condiciones básicas, estructurales (objetivas), que hacen posibles tales transformaciones. Estas últimas no son necesariamente reconocidas por los que participan de la práctica de transformación histórica, quienes les asignan falsamente a sus ideologías el carácter principal en el cambio.

A partir de lo señalado, la estructura global del fenómeno social, la estructura de toda sociedad, es en términos generales la siguiente:

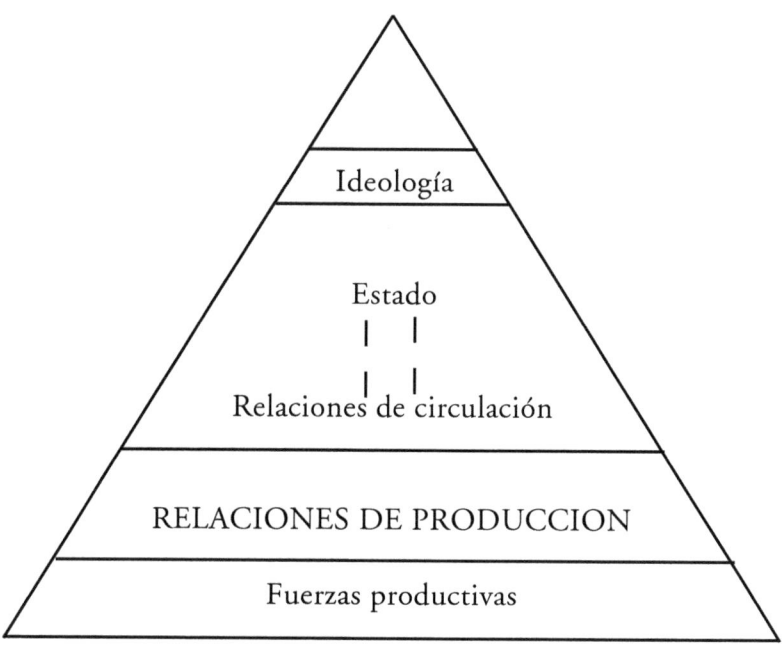

La historia, por su parte, es considerada como una sucesión de modos de producción diferentes, definidos cada uno por distintas relaciones de producción. Estos modos de producción, según Marx, han sido: 1) el comunista primitivo, fundado en una igualdad sobre la base de la escasez; 2) el esclavista, cuyas clases sociales fundamentales son los amos y los esclavos; 3) el feudal, constituido por señores feudales y siervos de la gleba; 4) el capitalista, formado por las clases de burgueses y proletarios.

Desde la perspectiva asumida por Marx, se anticipa un modo de producción futuro, el comunista avanzado, donde se alcanza nuevamente la igualdad, pero esta vez bajo condiciones de abundancia y libertad. El socialismo representa una fase de transición entre el capitalismo y el comunismo y no constituye en sí un modo de producción.

El tránsito de modo de producción comunista primitivo está determinado por aquel desarrollo de las fuerzas productivas que permite el paso de una economía de subsistencia a una economía excedentaria. Esta última implica que la capacidad social de producción puede asegurar la subsistencia de los miembros de la sociedad y dejar a la vez un excedente. Esta capacidad excedentaria permite que los modos de producción que le suceden sean simultáneamente m*odos de explotación,* en los que se establecen modos diferentes de apropiación del excedente de parte de una minoría, sobre quienes producen dicho excedente: los trabajadores. Al examinarse las modalidades asumidas por estos diferentes modos de explotación queda de manifiesto cómo las distintas relaciones de producción representan diferentes relaciones de propiedad.

En el modo de producción esclavista la apropiación del excedente se hace posible porque unos son propietarios de la persona del trabajador. Quienes son dueños de trabajadores, reivindican simultáneamente propiedad sobre lo que éstos producen y, por lo tanto, sobre el excedente generado.

En el modo de producción feudal, la explotación descansa, por un lado, sobre la propiedad de la tierra y, por otro, sobre el vínculo obligado del trabajador a ella. De esta manera, el trabajador para subsistir debe procurarse tierra y como no la posee y no puede moverse de aquella donde nació, está forzado a pagar parte de lo que produce al señor feudal. Por esta vía se establece una modalidad distinta de apropiación del excedente.

En el modo de producción capitalista la modalidad de explotación descansa en la concentración de la propiedad sobre los medios de producción (objetos y medios de trabajo) en manos de unos pocos. Nuevamente, el imperativo de subsistencia del trabajador lo obliga a vender, si bien no su persona, sí su capacidad de trabajo (o lo que Marx llama su «fuerza de trabajo»). Dado que el capitalista compra la fuerza de trabajo del obrero, lo que ésta produce le pertenece y, por lo tanto, le permite quedarse con el excedente.

El desarrollo de las fuerzas productivas genera, según Marx, una contradicción entre el carácter crecientemente social e interdependiente que la producción alcanza bajo el capitalismo y el carácter privado de la propiedad. Ello abre condiciones para un nuevo modo de producción, el comunista avanzado, que establecerá nuevas relaciones de producción fundadas en la propiedad social sobre los medios de producción. La economía será dirigida por el conjunto de la sociedad, una sociedad formada por hombres libres, iguales, asociados, que someten la producción a un control racional a través de la planificación de la actividad económica. La planificación permitiría la prescindencia de las oscuras fuerzas del mercado, a través de las cuales se realiza la regulación económica capitalista.

Esta representa, en términos muy generales, la estructura categorial básica a través de la cual se realiza la interpretación marxista de la historia. Esta es la forma cómo, de manera progresiva, Marx va construyendo aquellas categorías a través de las cuales el trabajo se convierte en la clave de la comprensión histórica. Tal como se ha apreciado, el concepto central es el de modo de producción.

Esta interpretación se desarrolla en diferentes obras de Marx escritas en la década de 1840. Entre ellas cabe destacar *La ideología alemana* (1845-1846) y *El manifiesto comunista* (1848), ambas escritas junto con Frederick Engels (1820-1895). Una síntesis de ella está contenida en el *Prefacio de 1859*, de Marx.

2. De la interpretación de la historia a su explicación científica

En 1857, Marx escribe una Introducción que luego decide no publicar y que fue encontrada, junto con varios otros escritos de Marx, al morir Engels. Esta Introducción será publicada inicialmente por Kautsky, en 1903, y sólo posteriormente alcanzará notoriedad, no sin haber suscitado importantes polémicas. Se trata, sin duda, del más importante texto metodológico escrito por Marx. En ausencia de otras indicaciones, se ha creído ver en él la anticipación de la metodología seguida más adelante en *El capital* (1867-1894), la obra principal de Marx. Lo curioso del caso, sin embargo, ha sido que las diferentes interpretaciones sobre las opciones metodológicas contenidas en dicho texto, han demostrado ser diametralmente contradictorias entre sí. Los diferentes autores no logran ponerse de acuerdo sobre el real contenido de dicha Introducción.

Nuestro análisis de dicho texto nos ha llevado a la conclusión de que esas interpretaciones resultan problemáticas por cuanto: 1) no se identifica con claridad la pregunta que dicho texto procura responder; 2) no se reconoce que parte de la respuesta entregada por Marx adolece de importantes deficiencias; 3) no se asume el hecho de que Marx reconocerá tales deficiencias y que, al diseñar la metodología de *El capital*, modificará algunas de las posiciones sustentadas en la Introducción, y 4) se prescinde de una importante circunstancia registrada luego de la redacción de la Introducción, de la que resultará un importante giro epistemológico en Marx.

Para comprender buena parte del contenido de la Introducción, resulta esencial reconocer que ella se constituye como respuesta a una pregunta que el propio texto no explicita. Afirmamos que una vez que se devela esta pregunta, gran parte de lo señalado en la Introducción se ordena y adquiere sentido. La pregunta es la siguiente: a partir de la interpretación ya reseñada, ¿por dónde hay que partir para proceder a la explicación científica de la historia? En otras palabras, ¿cuál es el punto de partida necesario para proceder a una explicación científica de la historia? Como puede apreciarse, se trata de la pregunta fundamental de toda concepción moderna: la pregunta por el punto de partida, pregunta reiterada en tres oportunidades en el texto y en tres oportunidades, también, contestada. Desde la perspectiva asumida por Marx, será sólo su tercera y última respuesta la que demostrará ser deficiente. Cuando señalamos que la respuesta es deficiente sólo afirmamos que la conclusión contradice las premisas que requieren generarla. No se implica otra cosa.

Si aceptamos la pregunta, reconocemos que la Introducción se inicia entregando una primera respuesta: para proceder a la explicación científica de la historia es necesario partir del análisis de la producción material. Esta respuesta sólo reitera la tesis principal de su interpretación de la historia.

Una vez que se ha establecido esta primera respuesta, Marx vuelve a preguntar: ¿por cuál producción material es necesario partir? Para contestar, considera tres posibilidades: a) por el análisis de la producción en general, independiente de cualquier determinación histórica; b) por el análisis de los estadios de la producción, siguiendo la secuencia histórica (desde los más primitivos a los más avanzados), y c) por el análisis de algún modo de producción ya avanzado, para luego retroceder en la historia.

Marx descarta la primera posibilidad. Señala que la producción en general, independiente de cualquier determinación histórica, es sólo una abstracción y, como tal, incapaz de contribuir al conocimiento. Es interesante reconocer cómo en esta respuesta Marx demuestra estar todavía apegado a la epistemología empirista de Feuerbach. Oponiendo la segunda y tercera posibilidades, Marx sostiene que es necesario optar por la última. Esgrime para tal efecto el argumento de que el análisis de la producción requiere contar con una categoría científica de trabajo, la que sólo el capitalismo proporciona.

A pesar de que el concepto de trabajo es muy antiguo, sólo con la emergencia del modo de producción capitalista dicho concepto logra transformarse en una categoría científica precisa y simple. Ello, afirma Marx, por cuanto la simplicidad práctica del trabajo obrero permite entender al trabajo con la simplicidad conceptual requerida por una categoría científica. La explicación científica de la historia debe iniciarse, por lo tanto, con el análisis del modo de producción capitalista. Desde allí habrá que retroceder posteriormente hacia modos de producción más antiguos.

Concluye Marx:

«La sociedad burguesa es la más compleja y desarrollada organización histórica de la producción. Las categorías que expresan sus condiciones y la comprensión de su organización

> *permiten al mismo tiempo comprender la organización y las relaciones de producción de todas las formas de sociedad pasadas, sobre cuyas ruinas y elementos ella fue edificada y cuyos vestigios, aún no superados, continúa arrastrando, a la vez que meros indicios previos han desarrollado en ella su significación plena, etc. La anatomía del hombre es una clave para la anatomía del mono. Por el contrario, los indicios de las formas superiores en las especies animales inferiores pueden ser comprendidos sólo cuando se conoce la forma superior. La economía burguesa suministra así la clave de la economía antigua, etc.»*[11].

Reconocer esta conclusión es importante pues permite establecer el vínculo existente entre aquellas dos grandes contribuciones teóricas de Marx: el análisis del modo de producción capitalista demuestra ser el camino que se debe seguir para emprender la tarea de validación científica de la interpretación marxista de la historia.

El punto de partida requiere ser, por lo tanto, el análisis del modo de producción capitalista. Pero, habiendo llegado a esa conclusión, Marx reitera por tercera y última vez su misma pregunta: para acometer el análisis de la producción capitalista, ¿por dónde hay que partir? Es conveniente reproducir la respuesta que, al respecto, entrega Marx.

Este nos indica que la apariencia sugiere que se debiera partir de lo concreto, de la población, para luego, por vía del análisis, llegar a ciertas categorías abstractas y generales. Una vez que ellas son alcanzadas, se debería efectuar un recorrido inverso para producir una explicación de lo concreto (nuevamente la población). La diferencia, esta vez, es que lo concreto aparece como síntesis de múltiples determinaciones.

---

[11] Karl Marx, «Introducción», *Elementos fundamentales para la crítica de la economía política,* Siglo XXI y Editorial Universitaria, Santiago, 1972, pág.26.

Sin embargo, una vez que Marx plantea lo que la apariencia sugiere, objeta que ello deba ser el recorrido que deba seguirse. Marx señala que, bien examinado, el punto de partida sugerido (la población) demuestra ser una abstracción, un concepto vacío, incapaz de contribuir al conocimiento (nótese la influencia de la epistemología feuerbachiana). Por lo tanto, concluye Marx, no hay que partir de lo concreto, como lo sugieren las apariencias, sino de aquellas categorías abstractas que resultan necesarias para su explicación al término del análisis. La posición adoptada en la Introducción, por lo tanto, establece que el análisis debe iniciarse de lo abstracto para terminar en lo concreto.

Evidentemente esta conclusión no se deduce de las premisas de la propia argumentación. No se puede sostener simultáneamente que el análisis no puede iniciarse de la población por cuanto ésta, bien examinada, demuestra ser abstracta, para deducir de ello que el análisis requiere iniciarse de lo abstracto. En la medida en que se concluye esto último, se está nuevamente suponiendo que el punto de partida objetado es concreto, con lo cual la objeción se invalida.

En otras palabras, la argumentación de Marx descansa en la presencia simultánea de dos conceptos contradictorios de abstracción. El primero es el antiguo concepto feuerbachiano, considerado un recurso equivocado en la tarea del conocimiento. Pero aparece a la vez un segundo concepto, asociado a aquellas categorías abstractas requeridas para la explicación final de lo concreto.

La aparición de este segundo concepto de abstracción anticipará un importante hecho que se consumará poco tiempo después, luego que Marx vuelve a leer la *Ciencia de la lógica* de Hegel, hacia fines de 1857 y comienzos de 1858. Este hecho será una segunda ruptura de Marx con Feuerbach, una ruptura con aquella parte de la filosofía feuerbachiana que todavía mantenía una importante influencia en Marx: la epistemología empirista. Esta segunda ruptura será decisiva pues le permitirá a Marx diseñar la estructura lógica de su gran obra *El capital*.

A diferencia de lo que acontecía en su período empirista, la metodología de *El capital* descansará en lo que Marx proclama como el principal recurso de su análisis: el recurso de la abstracción. Este va a resultar de un esfuerzo por colocar sobre premisas materialistas el viejo recurso de la reflexión, utilizado por Hegel en la *Lógica*. Sostenemos, por lo tanto, que mientras la epistemología del joven Marx remite al empirismo de Feuerbach, aquella adoptada por el Marx adulto de *El capital* implica un muy significativo retorno a Hegel. La afirmación de una dialéctica materialista sólo es válida para este período posterior a 1857.

3. La dialéctica de «El capital»

El diseño lógico de *El capital* guarda una estrecha correspondencia con la estructura de la *Ciencia de la lógica* de Hegel. Hay, sin embargo, un intento de parte de Marx por colocar esta estructura sobre premisas materialistas. Recordemos que la *Ciencia de la lógica* reconocía tres partes: las doctrinas del ser, de la esencia y del concepto, siendo esta última un retorno al ser que integra la dimensión esencial de la que éste estaba inicialmente desprovisto. Al alcanzarse el concepto se accede a la totalidad, fundamento de la verdad. Tal estructura reconocía dos puntos estratégicos: el tránsito del ser a la esencia y el tránsito de la esencia al concepto, los cuales se realizaban recurriendo a la reflexión.

La estructura lógica de *El capital* se funda en un trayecto que se inicia con el análisis de un concreto particular, la mercancía. Desde la mercancía, ya en el capítulo I, Marx realiza el tránsito a un nivel oculto de la realidad, el nivel de la abstracción, en el que se revela la dimensión esencial de lo real. Es en este nivel abstracto y esencial donde Marx descubre la ley fundamental del comportamiento capitalista: la *ley del valor*. Esta ley no representa un descubrimiento original de Marx. Ella había sido afirmada anteriormente por los economistas clásicos Adam Smith y David Ricardo. Al afirmar su validez, es importante reconocerlo, ellos habían incurrido en graves contradicciones. Marx invoca haber resuelto las contradicciones inicialmente asociadas a la *ley del valor*. En ello tiene un papel decisivo la distinción entre el nivel de lo concreto y el nivel de lo abstracto.

La validez de la *ley del valor* no puede reconocerse al nivel del comportamiento concreto de los agentes que participan de la práctica capitalista, ni es percibida tampoco por sus conciencias espontáneas. Pero, según Marx, ello no debiera extrañar. La propia ciencia se justifica por el hecho de que las leyes de comportamiento de los fenómenos no se manifiestan directamente. Si la apariencia coincidiese con la esencia, la ciencia, nos dice Marx, no sería necesaria.

Luego que el análisis logra dar cuenta de la multiplicidad de determinaciones asociadas a la *ley del valor,* se requiere retornar al nivel de lo concreto. Ello se realiza desde el inicio del tercer volumen de *El capital*. No se trata esta vez de un concreto particular, como en el inicio lo era la mercancía, sino de la totalidad concreta que se expresa en el capital.

Como puede apreciarse, esta estructura descansa en lo que representa el núcleo de esta dialéctica materialista: el recurso de la abstracción. Esta aparece en aquellos dos momentos estratégicos del análisis: aquel del tránsito inicial de lo concreto a lo abstracto y aquel del tránsito final de lo abstracto a lo concreto.

Según Marx no es posible explicar el comportamiento capitalista concreto y, de manera muy especial, el comportamiento mercantil y la determinación de los precios de las mercancías, si no se recurre a categorías abstractas como el valor, que no se manifiestan directamente en dicho comportamiento concreto. Desde la perspectiva de Marx, por lo tanto, sólo la *ley del valor* permite explicar el comportamiento mercantil y la determinación de los precios.

Sin embargo, actualmente se acepta que la explicación propuesta por Marx para explicar cómo los abstractos valores se transforman en los concretos precios, es deficiente. A la vez, se tiende a aceptar que la mejor explicación ofrecida sobre la determinación de los precios es aquella desarrollada por Piero Sraffa, un economista italiano de Cambridge, explicación que se caracteriza por prescindir de la necesidad de recurrir a los valores marxianos.

Ello obviamente pone en tela de juicio el tránsito final de lo abstracto a lo concreto requerido por el análisis de Marx. Es importante reconocer que, con el tiempo, también se ha enjuiciado el primer momento estratégico del análisis: aquel a través del cual se funda la necesidad misma del nivel de lo abstracto y a partir del cual se sustenta el concepto y la *ley del valor*. Todo ello evidentemente compromete lo que definimos como central en la dialéctica materialista de Marx.

Ha sido habitual, sin embargo, entender que la dialéctica de Marx se caracteriza, no, como lo planteamos, por el recurso de la abstracción, sino por su afirmación de contradicciones reales y por su perspectiva de totalidad. Es efectivo que en Marx están presentes estas dimensiones. Desde nuestro enfoque interpretativo, sostenemos que se trata de elementos secundarios, que resultan de una apropiación no rigurosa de categorías hegelianas y que, por lo demás, resultan altamente vulnerables si se desea sustentarlas desde una perspectiva materialista. Es conveniente examinar estas dos dimensiones por separado.

La dialéctica hegeliana, como pudo apreciarse, objetaba el principio de contradicción de la lógica tradicional. Tal como fuera planteado por Kant, la lógica tradicional hacía una distinción entre las contradicciones lógicas, cuya existencia aceptaba, pero que consideraba expresión de una deficiencia del pensamiento, y las contradicciones reales, cuya existencia rechazaba.

Hegel se oponía a este criterio y su dialéctica se caracterizaba por afirmar la existencia de contradicciones reales. Sin embargo, el idealismo de Hegel le propociona una «coartada» a su posición la que le permite salvar su discrepancia con la lógica tradicional. En efecto, en la medida en que la dialéctica hegeliana tiende, por un lado, a disolver la separación entre conciencia y realidad objetiva y, por otro lado, sitúa la realidad en la conciencia, cuando habla de contradicciones reales se refiere simultáneamente a las contradicciones lógicas, cuya existencia la lógica tradicional no pone en tela de juicio.

Cuando de Hegel nos trasladamos a Marx, los problemas asociados a la afirmación de contradicciones reales se hacen insolubles. Es evidente que Marx está aceptando acríticamente la posición hegeliana sobre la existencia de contradicciones reales. Sin embargo, en la medida en que Marx sustituye el idealismo hegeliano por una postura materialista, la «coartada» que operaba en favor de Hegel desaparece y Marx queda expuesto a posiciones indefendibles. Las contradicciones reales afirmadas por Marx ya no logran confundirse tras las contradicciones lógicas.

Es interesante examinar cuáles son las contradicciones reales identificadas por Marx. En términos generales, las hay de dos tipos. Las primeras son aquellas que en un sentido riguroso no justifican ser definidas como contradicciones y que la lógica tradicional trataría como oposiciones. Con relación a ellas, por lo tanto, el problema sólo es semántico.

Existe, sin embargo, un segundo tipo de contradicciones reales al interior del análisis de Marx que no son reducibles a oposiciones y cuya caracterización como contradicciones posee eficacia lógica en la argumentación desarrollada. Vale decir, el hecho de que se las caracterice como contradicciones compromete el tipo de conclusiones alcanzadas. Ello sucede precisamente al analizarse primero la mercancía y luego el capital (la relación de producción capitalista). En ambos casos se deduce de la identificación de una contradicción la necesidad de su superación. No obstante, al examinarse cuidadosamente la forma como el análisis ha configurado la contradicción, en ambos casos es posible impugnar el análisis que las genera, demostrándose que se han confundido dominios diferentes. Es en este sentido que se sostiene que la afirmación en Marx de contradicciones reales descansa en una transposición no rigurosa de categorías hegelianas.

Algo similar sucede con la afirmación de una perspectiva de totalidad. Nuevamente comprobamos que en el caso de Hegel, la referencia a la totalidad es rigurosa. En Hegel la totalidad remite a lo infinito, a un principio que no deja nada fuera de sí, que lo comprende todo. El desarrollo de *La Fenomenología del Espíritu* concluye con el Espíritu Absoluto y la *Ciencia de la lógica* termina con el Ser en todas sus determinaciones. En ambos casos el punto terminal del análisis se identifica con Dios y, por lo tanto, con el más riguroso de los conceptos de totalidad. Dios representa aquello que todo lo contiene, fuera de lo cual Hegel afirma que no hay nada, y más allá de lo cual nada puede ser pensado.

Pero mientras para Hegel la convergencia entre la filosofía y la teología y la simultánea afirmación de Dios juegan a favor de su perspectiva de totalidad, ofreciéndole a ésta un efectivo soporte, desde las posiciones ateas asumidas por Marx la invocación de una perspectiva de totalidad genera problemas insalvables.

La totalidad concreta de Marx simplemente no es totalidad alguna. Tampoco permite ser asimilada al concepto de totalidad que, posteriormente, se desarrollará desde la lógica, desde presupuestos muy diferentes. Para el caso de Marx, la invocación de una perspectiva de totalidad representa, nuevamente, el resultado de una transposición no rigurosa de categorías hegelianas, categorías que tienen sentido al interior del sistema filosófico de Hegel, pero que dejan de tenerlo al ser colocados bajo las posiciones materialistas y ateas defendidas por Marx.

Lo anterior nos ha llevado a afirmar, parafraseando al propio Marx, que mientras el recurso de la abstracción representa «el núcleo racional» de su dialéctica materialista, la invocación de contradicciones reales y la perspectiva de totalidad sólo representan su «envoltorio místico».

CAPITULO XI

LA LOGICA MODERNA

El esfuerzo por superar las restricciones de la lógica tradicional, que representa la dialéctica, concluye, en este dominio específico, en resultados altamente discutibles. Aunque las concepciones de Hegel y Marx mantengan en la actualidad una indiscutida influencia y, aunque desde ellas se invoque la validez de la dialéctica, no puede desconocerse que su capacidad efectiva de suplantar la lógica tradicional ha sido mínima.

Lo anterior no significa que la lógica tradicional haya mantenido la vigencia que exhibía hacia fines del siglo XVIII. Muy por el contrario, desde entonces la lógica ha sido transformada muy profundamente. Estas transformaciones, sin embargo, han sido el resultado de desarrollos muy diferentes de aquellos comprometidos en las grandes concepciones dialécticas del siglo pasado. Su punto de arranque será, nuevamente, el avance de la ciencia y, en este caso de manera muy particular, los importantes desarrollos que se registran en las matemáticas.

DESARROLLOS EN LAS MATEMATICAS

Durante siglos, se había aceptado la definición de las matemáticas propuesta por Aristóteles en el sentido de que ellas representaban la ciencia de las cantidades. La filosofía, en términos generales, no había puesto en duda esta definición aristotélica y concentraba su discusión sobre las matemáticas en discernir si éstas representaban, en términos kantianos, proposiciones analíticas o sintéticas. En otras palabras, si el desarrollo de las matemáticas implicaba la generación de conocimiento adicional o se restringían a derivar consecuencias contenidas desde un comienzo en sus presupuestos y primeras definiciones. Tal como lo fuera señalado anteriormente, Hume se inclinaba por esta última alternativa, mientras que Kant afirmaba lo primero.

Sin embargo, más allá de esta discusión, determinados avances en campo propio de las matemáticas alimentaban la sospecha de que la definición aristotélica podía ser puesta en tela de juicio. Dentro de estos avances, hay que mencionar la invención del cálculo diferencial e integral efectuada por Newton y Leibniz, de la geometría analítica acometida por Descartes y Fermat, y de la teoría de las probabilidades realizada por Pascal y el mismo Fermat. En el caso de Pascal, emergía un tipo de matemática descriptiva o proyectiva, una de cuyas caracteríticas más sobresalientes era precisamente el hecho de que prescindía de toda referencia a la cantidad. Desde la perspectiva de la definición aristotélica que definía a las matemáticas como la ciencia de las cantidades no puede sino sorprender el hecho de que la cantidad no esté presente en la geometría pascaliana.

Serán otros los desarrollos que, sin embargo, presionarán con más fuerza sobre los presupuestos de la lógica tradicional. La figura matemática más notable del siglo XIX será, sin duda, la de Karl Friedrick Gauss (1777-1855). Una de sus mayores contribuciones es su análisis sobre el teorema de binomio, a partir del cual se plantea el problema de las series infinitas. Haciendo de la aritmética su área favorita de preocupación, Gauss afirma que la verdadera esencia del análisis matemático es el efectuar correctamente el tránsito al infinito. Ello pone de manifiesto una evidente relación entre la preocupación de Gauss y el tema central de la dialéctica hegeliana. «¡El infinito!», exclamará Hilbert más adelante, «jamás ha habido otra cosa que haya preocupado más al espíritu humano». Tras esta aparente afinidad, Gauss se muestra como un fuerte crítico de Hegel a quien acusa de exhibir una inaceptable incompetencia matemática.

Otra contribución importante será la de Nicolás I. Lobachewsky (1793-1856), contemporáneo de Gauss. Este pondrá en tela de juicio el quinto postulado de Euclides, conocido como el postulado de las paralelas, que sostenía que por un punto «p» sólo es posible trazar una recta paralela a «l». En otras palabras, dados un recta «l» y un punto «p» fuera de ella, por este punto pasa sólo una paralela a «l».

Dentro del sistema de las matemáticas euclidianas, aceptado como válido durante siglos, la demostración de la validez de este postulado había resultado esquiva. Se pensaba que de ser verdadero, ello debería ser demostrado partiendo desde cualquier otro punto del sistema. Sin embargo ello no sucedía, lo que le confería al quinto postulado un s*tatus* muy especial. Sólo demostraba tener una deducción recíproca con la hipótesis del ángulo recto que afirmaba que, dadas dos rectas paralelas, al trazarse una tercera recta que corte a una de las primeras en un ángulo recto, cortará necesariamente a la otra recta paralela en un ángulo también recto.

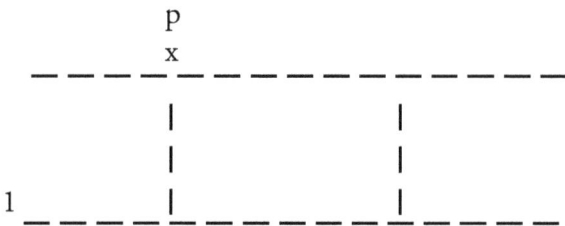

Lobachewsky se propone resolver este problema a través de una demostración negativa: demostrar que negando la validez del quinto postulado se arriba necesariamente a una contradicción. Lo que hace, por lo tanto, es sacar las conclusiones que resultan de la negación del postulado o, lo que para el caso es equivalente, de la hipótesis del ángulo recto. Para estos efectos supone un sistema de dos rectas paralelas cortado por una tercera recta en un ángulo de 90° (recto) en una de ellas, pero en un ángulo diferente a 90° en la segunda.

Para sorpresa de Lobachewsky lo que obtiene no es una contradicción sino la configuración de tres geometrías posibles (según sea el ángulo del segundo corte de 90°, de más de 90° o de menos de 90°), siendo por lo tanto la geometría euclidiana sólo un caso particular dentro del conjunto de las alternativas posibles. Es más, las otras geometrías resultan perfectamente coherentes para rectas que se desplazan en espacios curvos, como sucede por ejemplo con los meridianos.

Una situación equivalente se produce con las concepciones propuestas por W.R. Hamilton (1805-1865) con respecto al álgebra. Lo que hace Hamilton es inventar un álgebra para la cual no es válida la *ley de la conmutatividad de la multiplicación*, la que llama álgebra de los «**quaternions**» y en la cual «$A \times B = -B \times A$». Hoy, siguiendo el camino inaugurado por Hamilton, los matemáticos han desarrollado otros tipos de álgebras, como el análisis vectorial y el tensorial, que resultan de la supresión de uno o varios postulados.

Más adelante, Bernhard Riemann (1826-1866), en un campo distinto, demuestra que hay diferentes tipos de líneas y superficies, diferentes tipos de espacios de tres dimensiones y que, sólo por la experiencia, podemos determinar el tipo de espacio en el que vivimos. Dentro de diversas geometrías posibles, Riemann desarrolla, como un ejercicio teórico, aquella en la que la curvatura del espacio es una invariante.

Más adelante, los descubrimientos de Einstein en la física lo llevarán a reconocer en esta geometría desarrollada por Riemann el complemento matemático requerido por su nueva concepción. Con Einstein, la geometría desarrollada por Riemann deja de ser un mero ejercicio teórico y pasa a sustentar las nuevas concepciones empíricas que acompañan a la teoría de la relatividad.

Posteriormente, es necesario destacar las contribuciones realizadas por Georg Cantor (1845-1918) tras el esfuerzo por formalizar la aritmética. Antecedentes importantes para la obra de Cantor serán los aportes de K. Weierstrass (1815-1897) y R. Dedekind (1831-1916). Evaluando las contribuciones de estos tres grandes matemáticos, Bertrand Russell afirmará:

> *«Zenón se preocupó de tres problemas ... el de lo infinitesimal, el de lo infinito y el de la continuidad. Desde su época a la nuestra, los más grandes espíritus de cada generación han estudiado estos problemas pero fueron incapaces de llegar a nada. ... Weierstrass, Dedekind y Cantor los resolvieron completamente»*[12].

La afirmación de Russell puede ser puesta en tela de juicio respecto de si estos problemas fueron resueltos definitiva y efectivamente. Los desarrollos posteriores de las matemáticas demostrarán que ellos volverán a ser abordados en el futuro. Pero la afirmación de Russell tiene, al menos, el mérito de resaltar la dirección de estas importantes contribuciones.

Como sabemos, Cantor destaca por haber desarrollado, entre otros aportes, la teoría de los conjuntos y por haber propuesto una teoría positiva de lo infinito. En esta última, se incluye la demostración de que para los grupos infinitos, una parte de ellos puede tener el mismo número cardinal que el grupo entero. Así, por ejemplo, el grupo de los números enteros racionales (1,2,3,...) tiene tantos miembros como el grupo que los incluye como una parte, aquel de todos los números algebraicos. Equivalente es el caso de la teoría de los grupos no enumerables a través de la cual se demuestra también, por ejemplo, que dos segmentos diferentes poseen el mismo número de puntos y, por lo tanto, que un segmento de una recta, siendo parte de ella, posee tantos puntos como la recta mayor que lo contiene.

---

[12] En E.T. Bell, *Les grands mathématiciens,* Payot, París, 1961, pág.591.

Todos estos desarrollos registrados en las matemáticas no sólo tendrán como efecto el poner en duda la definición aristotélica que trata de la ciencia de las cantidades. Tendrán también la virtud de hacer de las matemáticas una disciplina muy parecida a la lógica, en la que aparecen comprometidas posibilidades lógicas diferentes según los supuestos iniciales del análisis.

Sin embargo, al acercar las matemáticas a la lógica, se abre la posibilidad de reconocer un tipo de lógica muy diferente de la tradicional. En efecto, las proposiciones con las que trabajan las matemáticas son de naturaleza distinta de las proposiciones predicativas. Por ejemplo, la expresión «$a > b$» no es adecuadamente definida si se la remite a la estructura sujeto-predicado, en la medida en que no permite reconocerse que ella es equivalente a la expresión inversa «$b < a$».

Ello permite reconocer la existencia de proposiciones relacionales en las que cada uno de los términos de la proposición se define por su relación con el otro y donde no tiene sentido caracterizarlos como sujeto o como predicado. Este tipo de proposiciones demuestra, por lo demás, no ser exclusivo de las matemáticas y resulta equivalente a proposiciones del tipo «Sócrates es mayor que Platón» o «Platón es más alto que Sócrates».

En ambos casos, los dos términos de la proposición se definen por la mutua relación que mantienen entre sí. En el segundo ejemplo, puede reconocerse que la altura es una propiedad (predicado) de ambos, pero lo que la proposición afirma es el tamaño relativo de uno por referencia al tamaño del otro. Lo específico de la proposición no es su dimensión predicativa, sino su carácter relacional. Las proposiciones relacionales se caracterizan por la transitividad. Si afirmamos «$a < b$» y «$b < c$», es posible concluir que «$a < c$». Tal conclusión es válida porque la relación afirmada es transitiva. Este tipo de argumento, sin embargo, no es reducible a una figura silogística. Por lo tanto, al ponerse en duda el supuesto de la lógica tradicional que afirmaba la universalidad de los juicios predicativos, se cuestiona, a la vez, la universalidad del silogismo como forma de razonamiento.

Tal como lo había anticipado Hegel, la lógica tradicional demuestra no poder dar adecuado tratamiento a las proposiciones relacionales. Sin embargo, el tipo de relación invocado por Hegel resulta ser muy diferente del tipo de relación que está comprometido en el análisis matemático. De allí que, mientras Hegel se ve obligado a poner en tela de juicio los principios de identidad y de contradicción de la lógica tradicional, los desarrollos lógicos que se inician a partir de los avances registrados en las matemáticas se sustentarán fuertemente en afirmar la validez de ambos principios. En cambio, diferenciándose también de Hegel que compartía el supuesto de la universalidad de las proposiciones predicativas, los lógicos dirigirán su crítica sobre este supuesto. Por lo tanto, si bien ambas opciones buscan fundar una lógica relacional, los presupuestos de cada una de ellas serán muy diferentes.

El supuesto de la universalidad de las proposiciones predicativas suponía que en la medida en que podemos hacer juicios verdaderos sobre el mundo, éste debe consistir en «substancias» que poseen propiedades. Ello es la condición de posibilidad de la predicación. De ahí resultaba una pregunta obligada: ¿cuántas substancias existen?, ¿una o muchas? Si se afirmaba que muchas, entonces cada una es un individuo aislado, dado que la única relación reconocida por la lógica tradicional era la de predicación. Si se contestaba que una, entonces esta substancia es un sujeto totalizante que transforma en predicados propios todas las cosas aparentemente separadas. Ello permitía dos opciones: las mónadas de Leibniz o el Dios de Spinoza (o de Hegel).

En consecuencia, la lógica tradicional restringía las opciones filosóficas, sin que los filósofos se dieran cuenta de cómo estaban cautivos en tales restricciones. La revolución lógica que se examinará a continuación será percibida como una real liberación del pensamiento filosófico de las limitaciones impuestas por el supuesto de la universalidad de las proposiciones predicativas.

La influencia de las matemáticas sobre la lógica se extenderá sobre el conjunto de la filosofía para la cual las primeras representarán nuevamente el paradigma del pensar riguroso. No olvidemos cuán importante había sido previamente la influencia de las matemáticas sobre la filosofía cartesiana. Sin embargo, esta nueva influencia será tan poderosa que Russell llegará a afirmar que «para crear una filosofía sana, sería necesario renunciar a la metafísica y transformarse sólo en un buen matemático».

GOTTLOB FREGE

Gottlob Frege (1848-1925) es el fundador de la lógica moderna. Su obra no será adecuadamente reconocida en su época. Será el mérito de Russell el haber insistido sobre su importancia y haber contribuido a la difusión de su pensamiento. Dentro de las publicaciones más destacadas de Frege cabe mencionar *Los fundamentos de la aritmética* (1884) y *Las leyes básicas de la aritmética* (1893-1903). La sola mención de estos títulos nos señala que el pensamiento lógico de Frege arranca de las matemáticas. Su influencia será determinante en el pensamiento de algunos de los filósofos más destacados del siglo XX, tales como Russell, Wittgenstein, Carnap y Husserl.

Gran parte de su vida Frege la dedica a la enseñanza de las matemáticas en la Universidad de Jena. Su contribución, sin embargo, no será adecuadamente reconocida, como lo demuestra el hecho de que no se le nombrara nunca catedrático. El desinterés que motiva el trabajo universitario de Frege se manifiesta, por ejemplo, en el hecho de que no se le consideró para otorgarle una distinción que, de manera rutinaria, la Universidad entregaba a todos sus profesores al cumplir 60 años. La asistencia a los cursos de Frege era escasa. Carnap, uno de sus alumnos, relata que en 1913 sólo dos personas más asistían a las clases de Frege y entre ellas un comandante retirado que se preocupaba por las matemáticas como pasatiempo.

La obsesión de Frege eran las matemáticas, la preocupación por dilucidar la naturaleza de los números naturales y la fundamentación de la aritmética. Wittgenstein cuenta que las matemáticas y la lógica eran el tema de conversación casi exclusivo con Frege. Si se intentaba hablar de algún otro tema, Frege solía cortar cortésmente la conversación para volver a conversar sobre lógica y matemática.

Frege culmina su programa de trabajo de muchos años con la publicación, en dos volúmenes, de su obra *Las leyes básicas de la aritmética*. Resulta, sin embargo, que a poco tiempo de publicarse el segundo volumen, Bertrand Russell descubre en ella una importante contradicción, la que comunica de inmediato a Frege. Este alcanzó a añadir un epílogo al volumen por publicarse, reconociendo este problema. En él señala: «Nada más triste puede suceder a un escritor científico que ver cómo, después de terminado su trabajo, una de las bases de su construcción se tambalea». Frege no buscó defender su posición. Por el contrario, reconoció de inmediato su error y concentró sus esfuerzos en buscar cómo solucionarlo. Russell afirmará, posteriormente, que Frege:

> «*reaccionó con placer intelectual, reprimiendo todo sentimiento de decepción personal. Era algo casi sobrehumano y un índice de lo que los hombres son capaces cuando están dedicados al trabajo creador y al conocimiento, y no al crudo afán por dominar y hacerse famosos*»[13].

1. La naturaleza del número

Una de las preocupaciones centrales de Frege consistirá en determinar la naturaleza del número. Su posición se define en

---

[13] En Gottlob Frege, *Estudios de semántica*» Ariel, Barcelona. 1971, pág.9.

buena medida por su oposición al conjunto de las concepciones entonces predominantes que, según su criterio, tenían el defecto de no satisfacer las exigencias de objetividad y certeza, planteadas por Platón. Según Frege, las teorías formalistas fallaban en la exigencia de objetividad, las teorías empíricas, en la exigencia de certeza y, por último, las teorías psicológicas fallaban en ambas exigencias.

Las teorías psicológicas ponían énfasis en el origen y proceso que conducen a la figura mental del número como procedimiento para explicar su naturaleza. Por lo tanto, referían el número a las impresiones sensoriales o a desarrollos psicológicos e históricos. Para Frege ello implica desconocer la naturaleza propia del número. Es fundamental en las matemáticas determinar si la prueba ofrecida a un particular teorema es válida. Esto, que es inherente a lo que el número es, no puede ser respondido desde el enfoque psicológico. «Una proposición puede ser pensada y puede, por otro lado, ser verdadera. No confundamos nunca ambas cosas», señala Frege. Demostrar cómo algo pudo ser pensado no resuelve el problema de su validez.

Las teorías formalistas suponían que las matemáticas eran meras marcas en el papel. Ello también es puesto en duda por Frege, quien sostiene que las marcas que los matemáticos manipulan son signos de entidades reales y, por lo tanto, tal manipulación expresa la naturaleza real de entidades reales. Las matemáticas son pensamientos que poseen existencia propia y se comportan como Dios, capaces de crear por su palabra lo que desean. Los hombres no las conducen donde ellos quieran llevarlas, sino sólo donde ellas permiten ser conducidas.

Por último, las teorías empíricas concebían a las matemáticas como expresión de entidades reales en el sentido de ser propiedades perceptibles de objetos perceptibles. Esta concepción no genera problemas si nos limitamos, por ejemplo, a los integrales positivos. Pero no logra dar cuenta de otro tipo de números, como los irracionales (ejemplo: $\sqrt{-1}$).

Para Frege, los números son objetos no perceptibles. No son una colección de convenciones, no son una determinada propiedad, ni tampoco meros productos de procesos mentales. Sostener que las expresiones 20^{15}, 2 ó $\sqrt{-1}$, son signos de entidades reales, objetivas, equivale a decir que las matemáticas son un lenguaje. Ello sugiere que la superioridad de las matemáticas como forma de conocimiento, tal como pensaba Frege, se refleja en el lenguaje que las matemáticas usan, lo que se traduce en que las matemáticas ya no sólo aparecen asociadas a la lógica, sino también al lenguaje. De allí que pueda establecerse una importante distinción entre el lenguaje formalizado, del cual las matemáticas son expresión, y el lenguaje ordinario, del cual es expresión el hablar cotidiano.

2. Lenguaje formalizado y lenguaje ordinario

Para la lógica tradicional, lo fundamental es la distinción sujeto-predicado. De ello se deduciría que existe una diferencia decisiva entre las siguientes proposiciones:

a) los griegos derrotaron a los persas en Platea,
b) los persas fueron derrotados por los griegos en Platea.

Sin embargo, desde el punto de vista de lo que Frege llama el contenido conceptual, la diferencia entre ambas proposiciones es despreciable. Lo que desde un punto de vista lógico interesa, es el contenido conceptual de lo que se afirma, pues él determina las inferencias posibles, lo que representa para Frege el objetivo primordial de la lógica. Es importante, en consecuencia, reconocer que para Frege la lógica sigue apegada a la prioridad de la dimensión asertiva, rasgo propio de la lógica tradicional.

Pues bien, Frege sostiene que en los lenguajes formalizados, como las matemáticas, lo que se expresa se restringe a lo que es necesario para la inferencia. En el lenguaje ordinario, en cambio, la forma gramatical esconde normalmente la forma lógica. De allí que puedan darse expresiones que gramaticalmente permiten muchos predicados posibles, mientras que, desde un punto de vista lógico, sólo exista uno.

¿Por qué existe esta diferencia entre el lenguaje ordinario y el lenguaje formalizado? Porque el primero es multifuncional. A través de él no sólo se efectúan aserciones (proposiciones verdaderas o falsas que interesan para los efectos de la inferencia lógica), sino que pueden efectuarse también órdenes, peticiones, sugerencias. El lenguaje ordinario puede pretender, asimismo, entretener, distraer, seducir, etcétera. Aunque Frege será uno de los primeros en reconocer que el lenguaje realiza otras funciones, además de la asertiva, entiende que el análisis lógico puede y debe prescindir de ellas. Será sólo a partir de la segunda filosofía de Wittgenstein que estas dimensiones no asertivas del lenguaje serán colocadas en el primer plano de la discusión filosófica.

En consecuencia, en el lenguaje ordinario las aserciones contienen muchos elementos que son completamente irrelevantes a su función asertiva. Si se desea entender la estructura lógica de las aserciones, es necesario concentrarse en lo que Frege llama las instancias asertivas puras, tal como ellas se presentan en las matemáticas. Las matemáticas, en cuanto lenguaje que se limita a la aserción, sirven de paradigma de lenguaje formalizado. Por su parte, al analizar las matemáticas, la lógica no puede sino acometer la puesta en cuestión del predominio de la matriz predicativa que caracterizara a la lógica tradicional.

3. Hacia la sustitución de la matriz predicativa

a) Funciones y argumentos

Examinando el carácter de una función matemática del tipo «$2x^5 + x$», Frege sostiene la necesidad de distinguir en ella lo que es la función del argumento. Toda función es una expresión tal que contiene elementos perfectamente determinados, como sucede en el ejemplo anterior con el número 2, el exponente 5 y el signo +. La función también contiene elementos indeterminados, como x en nuestro ejemplo. Argumento es el nombre que Frege le asigna a aquellos valores que permiten determinar estos elementos indeterminados. Por lo tanto, toda función contiene algunos espacios vacíos que se llenan con un argumento. Esta primera distinción permite, a su vez, distinguir entre expresiones saturadas y no saturadas. Las primeras son aquellas que han sido completadas llenando los espacios de indeterminación con los correspondientes argumentos. Las expresiones no suturadas, en cambio, mantienen vigentes sus espacios de indeterminación.

b) Los valores de verdad

Definir, en consecuencia, el valor de una función para un argumento, equivale a completar dicha función. En el caso de nuestra expresión «$2x^5 + x$», 3 es el valor de la función para el argumento 1. Ahora, ¿cuáles son los valores de una función del tipo «$x^2 = 1$» para argumentos distintos? Reemplacemos sucesivamente a x por los argumentos -1, 0, 1 y 2. Los resultados son los siguientes:

i) $(-1)^2 = 1$
ii) $(\ 0)^2 = 1$
iii) $(\ 1)^2 = 1$
iv) $(\ 2)^2 = 1$

De estos resultados, se comprueba que el primero y el tercero son verdaderos, y que el segundo y el cuarto son falsos. Siguiendo a Frege, afirmaremos que el valor de la función es un «valor de verdad» y pueden distinguirse los valores de verdad verdaderos y los falsos.

En consecuencia, tal como se estableciera previamente, el valor de la función «$x^2 = 1$» es siempre uno de los dos valores de verdad (Verdadero o Falso). Si para un argumento particular, por ejemplo -1, el valor de la función es Verdadero, ello puede expresarse de la siguiente manera: «el número -1 tiene la propiedad de que su cuadrado es 1»; o «-1 es una raíz cuadrada de 1»; o «-1 corresponde al concepto: raíz cuadrada de 1». Por el contrario, si el valor de una función «$x^2 = 1$» para un determinado argumento (ejemplo: 2) es Falso, ello puede expresarse así: «2 no es la raíz cuadrada de 1»; o «2 no corresponde al concepto: raíz cuadrada de 1». De ello, concluye Frege, puede comprobarse que lo que la lógica define como un concepto se relaciona directamente con lo que llamamos en matemáticas una función.

c) Conceptos y objetos

Una función es como un concepto: posee un espacio vacío que requiere ser llenado para completarse. Un argumento es como un objeto que cae bajo un concepto, completándolo. Al efectuar esta relación, es posible extender las nociones de función y argumento al lenguaje no matemático.

Frege propone tratar las proposiciones como el lenguaje matemático trata a las ecuaciones, a las desigualdades u otras expresiones matemáticas. Ello implica hacer una distinción al interior de la proposición y separarla en dos partes: una que es completa en sí misma y otra no saturada, que requiere ser suplementada. Tomemos la proposición «César conquistó las Galias». Desde la perspectiva desarrollada a la luz de las funciones matemáticas, podemos desagregar la proposición, por un lado, en la expresión «x conquistó las Galias», lo que en lenguaje matemático sería una función y en lenguaje no matemático un concepto, y, por otro lado, «César», que en lenguaje matemático sería un argumento y en lenguaje no matemático un objeto.

De acuerdo a las distinciones propias de la filosofía tradicional, la primera expresión es un universal, mientras que la segunda, es un particular. Uno de los méritos de la lógica de Frege consiste precisamente en haber sometido el debate sobre los universales y los particulares a un tratamiento lingüístico.

Esta distinción entre conceptos y objetos permite, a su vez, corregir el papel que el lenguaje ordinario le asigna a los nombres propios. Palabras normalmente consideradas nombres propios y por lo tanto como objetos, demuestran que pueden ser tanto objeto como concepto según su lugar en una aserción o según funcionen como expresiones saturadas o no saturadas. Considérese la siguiente proposición: «la estrella matutina es Venus». Tanto «estrella matutina» como «Venus» son nombres propios. «Venus», sin embargo, es en la proposición la expresión resumida de «no otro sino Venus». En la medida en que ésta última opera en la proposición como concepto, «Venus» demuestra ser un concepto. El reconocimiento de que una expresión está determinada por la función que ella ocupa en la proposición, le permite afirmar a Frege: «nunca pregunte por el significado de una palabra aislada, sino en el contexto de una proposición».

Lo anterior, por ejemplo, permite hacer la pregunta ¿qué significa «significado»? La respuesta será muy diferente de acuerdo al tipo de proposiciones en las que encontremos dicho término. El mismo término «significado» puede ser usado de manera muy distinta, como en los siguientes casos:

— ¿Qué significa esa cara?
— Ella significa mucho para mí.
—¿Cuál es el significado de la vida?
— ¿Qué significa «el significado de la vida»?
— Good significa bueno en inglés.
— ¿Qué significa bueno?, etcétera.

Muchos de estos significados del vocablo «significar» reflejan objetivos sociales y resultan, según Frege, irrelevantes desde un punto de vista estrictamente cognitivo. Veremos más adelante cómo esta posición será corregida por Wittgenstein. A su vez, la pregunta por el vocablo «significar» está directamente relacionada con la pregunta por el vocablo «ser». Reconocer, en consecuencia, que el término «significado» posee múltiples significados es poner, a la vez, en tela de juicio que el vocablo «es» tenga como función fundamental el hacer de cópula al interior de una matriz predicativa o, lo que es lo mismo, cumplir con la función de predicación.

El ejemplo examinado pone de manifiesto otro aspecto de interés. En los diferentes casos en que el término «significar» fue usado, pueden distinguirse aquellos en que se apunta por el sentido de lo afirmado, de aquellos otros en que se apunta por lo que la expresión nombra, denota o se refiere. Esta distinción será central en el planteamiento de Frege.

d) Sentido y referencia

Tomemos estas dos expresiones matemáticas: «2^4» y «4^2». Ambas dan como resultado 16, o son iguales a 16. Siendo ambas iguales a 16 podría sostenerse que ellas son iguales entre sí. La distinción introducida por Frege entre sentido y referencia permite precisamente separar aquello en lo que son iguales de aquello en lo que son diferentes. Son iguales en su referencia (16) y diferentes en su sentido, en la manera como cada una se refiere a 16. Esta distinción entre sentido y referencia es válida para todo signo. «A través de un signo expresamos un sentido y designamos su referencia».

La distinción entre sentido y referencia posee la gran ventaja de permitirnos separar aquellas proposiciones de identidad que no poseen contenido informativo de aquellas que lo poseen. Sostener que «16 = 16» es una tautología y, como tal, no genera conocimiento adicional. En cambio, afirmar que «2^4 = 4^2» aporta conocimiento adicional. Ello es igualmente válido para el lenguaje ordinario. Sostener que Venus es igual a Venus es una tautología, en cambio afirmar que Venus es la estrella matutina, no es lo mismo. En este último caso, la referencia es la misma, pero el sentido es diferente.

La importancia de esta distinción, como puede apreciarse, consiste en su capacidad de calificar el principio de identidad de la lógica tradicional. Este último no es objetado en su validez, como lo hiciera la dialéctica. Por el contrario, Frege acepta la validez del principio de identidad, pero al distinguir sentido de referencia, corrige su aplicación.

e) **Condiciones de verdad**

Al examinarse el problema del significado en términos de sentido y referencia, es posible reconocer que hay expresiones que poseen significado (tienen sentido) y, sin embargo, no son ni verdaderas ni falsas (no tienen referencia). En la medida en que Frege adopta una posición fundada en la prioridad de la dimensión asertiva de las proposiciones, considera que lo anterior representa una de las principales deficiencias del lenguaje ordinario. En un lenguaje ideal, como en cierta medida lo son los lenguajes formalizados, esa posibilidad de confusión no podría aceptarse y, por lo tanto, las expresiones que no posean referencia y que, en consecuencia, no pudieran ser ni verdaderas ni falsas, serían eliminadas.

En la medida en que Frege se interesa en la verdad, dado que sólo las proposiciones pueden ser verdaderas o falsas, —no los nombres propios—, resultaba importante establecer los criterios que permiten distinguir las proposiciones que poseen referencia, dado que referencia pueden tener tanto las proposiciones como los nombres propios. Hasta el momento sólo se han considerado las referencias de los nombres propios.

Toda proposición declarativa contiene un pensamiento. ¿Es este pensamiento su sentido o su referencia? En la medida en que para una proposición que posea referencia, la sustitución de uno de sus nombres propios por otro de igual referencia, no puede modificar la referencia de la proposición, modificando, en cambio, el pensamiento que ella contiene, puede deducirse que el pensamiento contenido en dicha proposición corresponde al sentido de la misma y no a su referencia. Cabe preguntarse si es posible que una proposición tenga sentido y carezca de referencia. Frege responde afirmativamente. Es el caso de aquellas proposiciones que contienen nombres propios que no poseen referencia. En esta situación la proposición tampoco tiene referencia. Afirmar, por ejemplo, que «Ulises fue dejado en Itaca profundamente dormido» es una proposición con sentido, pero en la medida en que Ulises no posee referencia por tratarse de un personaje legendario, la proposición tampoco posee referencia. Por lo tanto, la búsqueda de la verdad supone desplazarse desde el sentido hacia la referencia.

El valor de verdad de una proposición está determinado por su referencia. Por valor de verdad se entiende, nuevamente, la circunstancia de que ella pueda ser verdadera o falsa. Por lo tanto, todas las proposiciones verdaderas tienen la misma referencia y lo mismo acontece con todas las proposiciones falsas. En consecuencia, en la referencia de una proposición se prescinde de todo lo que a ésta le es específico. Nunca estamos preocupados de manera exclusiva por la referencia de una proposición. Pero preocuparse sólo por el pensamiento contenido en ella no puede asegurarnos conocimiento. El conocimiento se alcanza en la relación del pensamiento con su referencia o, lo que es lo mismo, con su valor de verdad.

Dada la prioridad que Frege le confiere a la dimensión asertiva de las proposiciones, pone un fuerte énfasis en la referencia de los nombres propios y las proposiciones. De allí que afirme que:

> *«un lenguaje lógicamente perfecto debe satisfacer las condiciones de que toda expresión gramaticalmente bien construida, a partir de signos ya introducidos, debe designar de hecho un objeto, y que ningún nuevo signo debe ser introducido como nombre propio sin que se le asegure una referencia»*[14].

---

[14] P. Geach & M.Black (eds.), *Translations from the Philosophical Writings of Gottlob Frege,* Philosophical Library, N.Y., 1952, pág.70.

De allí que Frege advierta de los peligros de aquellos nombres propios que no tienen referencia o son de referencia ambigua. Uno de los ejemplos colocados por Frege a este respecto es el de la expresión «la voluntad popular», cuya ambigua referencia permite su abuso demagógico. Expresiones como éstas, debieran ser, según Frege, eliminadas al menos del lenguaje científico, pues ellas son fuente de errores.

La historia de las matemáticas proporciona diferentes ejemplos de errores que se producen por la presencia de expresiones de referencia discutible. Pero, para que ello sea reconocido, es necesario aceptar con Frege que los números tienen como referencia objetos no perceptibles. Una vez que ello se acepta, las matemáticas se nos presentan como el más perfecto de los lenguajes y como ejemplo para el lenguaje ordinario.

CAPITULO XII

LA FILOSOFIA ANALITICA

BERTRAND RUSSELL

Luego de una fuerte identificación con la filosofía hegeliana durante su juventud, Bertrand Russell (1872-1970) acusa un giro filosófico muy profundo. Su filosofía se caracterizará por ser, como él mismo lo señala, una búsqueda apasionada de la certeza desde posiciones manifiestamente escépticas. Para ello, se apoyará en una inclinación muy temprana hacia las matemáticas que culminará con la publicación de los *Principia Matematica* (1910, 1912, 1913), obra realizada conjuntamente con A.N. Whitehead, en la que se persigue establecer la fundamentación lógica de las matemáticas.

Ejercerá una fuerte influencia en el pensamiento de Russell su primer contacto en 1900 con Guiseppe Peano (1858-1932) y con sus indagaciones en la lógica-matemática así como, algo más tarde, su descubrimiento de la contribución en este mismo campo por parte de Frege. De vasta obra filosófica, entre sus escritos destacan *Nuestro conocimiento del mundo externo* (1915), *Introducción a la filosofía matemática* (1930), *Investigación sobre el significado y la verdad* (1940), *Mi desarrollo filosófico* (1959), etcétera.

Siguiendo la tradición inaugurada por el empirismo anglosajón, Russell sostiene la necesidad de distinguir entre aquellas entidades sobre cuya existencia estamos absolutamente seguros y aquellas de las que estamos menos seguros y cuya existencia afirmamos como resultado de una inferencia. A las primeras las llama «**hard data**» y las considera fundadas en la propia experiencia («**knowledge by acquaintance**»). A las segunda las llama «**soft data**» y su garantía se restringe a la inferencia que las produce («**knowledge by description**»).

De la misma manera, Russell asume una posición marcadamente pluralista a través de la cual se afirma que la realidad es una colección de entidades independientes y discretas. El pluralismo de Russell lo coloca contra el monismo de los dialécticos. Este pluralismo, sin embargo, al adoptar Russell la máxima propuesta por Guillermo de Occam, conocida como la navaja de Occam, que sostiene la conveniencia de no multiplicar innecesariamente las entidades («**entia non sunt multiplicanda praeter necessitatem**») equivale a buscar siempre el mínimo de elementos posibles para proveer una prueba o explicación.

El método a través del cual es posible conocer las entidades atómicas postuladas por Russell es el análisis, vale decir, el procedimiento de progresivas desagregaciones hasta alcanzar las unidades más simples. De allí que esta opción filosófica adopte el nombre de filosofía analítica. Ella representa lo opuesto a la dialéctica hegeliana que definía la verdad como el proceso que conduce a la aprehensión de la totalidad. La filosofía analítica reivindica precisamente el proceso opuesto. Se trata, por lo demás, de la aplicación de los criterios propios del método de análisis propuesto por Descartes. Recordemos que éste planteaba la necesidad de «dividir cada una de las dificultades (…) en tantas partes como fuese posible», para luego conducir el pensamiento «comenzando por los objetos más simples (…) para ir ascendiendo (…) hasta el conocimiento de los más compuestos».

La filosofía analítica, sin embargo, se apoya fuertemente en los desarrollos de la lógica moderna y en la necesidad de determinar la forma lógica que se esconde tras las formas engañosas del lenguaje ordinario. De ello resulta que haga del análisis lógico su principal herramienta. Su tesis central puede ser resumida en el título de una conferencia rendida por Russell en Boston en 1914: «La lógica es la esencia de la filosofía».

Desde esta postura, tal como se reiterará más adelante, se adopta una posición marcadamente antimetafísica. Para Russell, «todo problema filosófico cuando se le somete al análisis y purificación necesarios, demuestra no ser realmente filosófico y tratarse de un problema lógico». No debe extrañar, por lo tanto, que los grandes temas de su filosofía sean temas directamente lógicos o deducidos de las conclusiones proporcionadas por el análisis lógico.

1. La teoría de los tipos lógicos

Siguiendo de cerca el tipo de pensamiento desarrollado por Frege, Russell considera que todas las matemáticas puras tradicionales representan proposiciones sobre los números naturales. A su vez, toda teoría de los números naturales puede derivarse, según Russell, de un pequeño número de ideas y proposiciones primitivas. En la medida en que ellas puedan definirse y demostrarse por referencia a las otras, así también lo pueden todas las matemáticas puras. Las ideas primitivas son sólo tres: la idea de 0, de número y de sucesor. A su vez, ellas son definibles en términos de las nociones de clase, de pertenencia a una clase y de similitud, las que concibe como nociones lógicas puras. Es interesante señalar que ya Peano había presentado gran parte de las matemáticas tradicionales como un sistema organizado deductivamente, derivado por entero de cinco axiomas sobre el concepto de número.

Estimamos conveniente mostrar cómo procede Russell a definir uno de sus términos primitivos, la idea de número:

«Muchos filósofos, cuando procuran definir el número, se ponen a definir la pluralidad, que es algo completamente diferente. Número *es lo que caracteriza a los números, así como hombre es lo que caracteriza a los hombres. Una pluralidad no es una instancia del número, sino de un número particular. Un trío de hombres, por ejemplo, es una instancia del número 3, y el número 3 es una instancia del número; pero el trío no es una instancia del número. (...)*

«El número es la manera de juntar ciertas colecciones; vale decir, aquellas que poseen un número dado de términos. Podemos suponer que todas las parejas están en un mismo paquete, todos los tríos en otro, y así sucesivamente. De esta manera obtenemos varios paquetes de colecciones y cada paquete consiste en la totalidad de las colecciones que poseen un cierto número de términos. Cada paquete es una clase cuyos miembros son colecciones, vale decir, clases; por lo tanto, cada uno es una clase de clases. (...)

«Dos clases son llamadas 'similares' cuando existe entre ellas una relación de uno a uno, que correlaciona cada término de una clase con un término de la otra. (...)

«Podemos, por lo tanto, hacer uso de la noción de 'similaridad' para decidir cuando dos colecciones pertenecen a un mismo paquete. (...) Queremos que un paquete contenga la clase que no tiene miembros: éste corresponderá al número 0. Luego un paquete de todas las clases que poseen un sólo miembro: éste corresponderá al número 1, (...) y así sucesivamente. Dada ahora cualquier colección, podemos definir el paquete a que pertenece, correspondiendo a la clase de todas aquellas colecciones que son 'similares' a ella. (...)

«Tendemos a pensar que la clase de las parejas, por ejemplo, es algo diferente del número 2. Pero no existe duda sobre la clase de las parejas: ella es indubitable y no hay dificultad en definirla, mientras que el número 2, en cualquier otro sentido, es una entidad metafísica (...) que será siempre elusiva. En consecuencia, establecemos la siguiente definición:

«El número de una clase es la clase de todas las clases que son similares a ella. *(...)*

«A través de este recurso algo extraño, la definición ofrecida asegura un carácter claro a indubitable y no es difícil demostrar que los números así definidos poseen todas las propiedades que esperamos de ellos»[15].

Al definir el número como «la clase de todas las clases», Russell sostiene que el número es una clase. Pues bien, si se consideran las clases cabe reconocer que hay algunas clases que son miembros de sí mismas. Por ejemplo, precisamente la clase de todas las clases que, al ser clase, es miembro de la clase de todas las clases. Otras clases, sin embargo, no son miembros de sí mismas. Por ejemplo, la clase de todos los hombres que, al no ser ella misma un hombre, no es miembro de sí misma. Ello permite dividir el conjunto de todas las clases en dos clases (a y b): a) la clase de las clases que son miembros de sí mismas, y b) la clase de las clases que no son miembros de sí mismas.

Habiendo efectuado esta distinción, cabe preguntarse si **b**, la clase de las clases que no son miembros de sí mismas, es o no es miembro de sí misma. La respuesta a esta pregunta da lugar a la célebre paradoja de Russell. Cualquier forma como se responda genera una contradicción. Si se responde que es miembro de sí misma, por ser **b** la clase de las clases que no son miembros de sí mismas, debe concluirse que no es miembro de sí misma. A la inversa, si se contesta que no es miembro de sí misma, pertenece a la clase **a**, aquella clase de las clases que son miembros de sí mismas y, por lo tanto, es miembro de sí misma.

Esta misma paradoja había aparecido, bajo otras formas, varias veces en la historia de la filosofía. Una de sus versiones era la de Epiménides de Creta que afirmaba: «Ningún cretense dice nunca la verdad». Dado que el propio Epiménides es cretense, no es posible determinar si lo que afirma es verdadero o falso sin

---

[15] B.Russell, Introduc*tion to Mathematical Philosophy,* Macmillan, N.Y., 1930, págs. 11 y 14-18

caer en una contradicción. Si miente, confirma que es verdad lo que dice. Si lo que dice es cierto, el mismo hecho que lo sea lo desmiente.

¿Qué habría hecho Hegel frente a esta situación? Russell considera que Hegel muy posiblemente habría considerado que ella confirmaba su posición de que existen contradicciones reales, reforzando su planteamiento. Para Russell, en cambio, esta situación pone de manifiesto la existencia de un problema que exige de una solución, sin la cual queda comprometida la posibilidad misma de conferirle fundamento lógico a las matemáticas. La solución propuesta por Russell a este problema descansa en la noción de una jerarquía de los tipos.

Tal solución consiste en afirmar que existen distintos tipos de proposiciones. Primero, la proposición que contiene la aserción simple de algo («s»). Luego, podemos reconocer un segundo nivel en el cual se efectúa una aserción sobre «s» («s es verdadero»). Podemos luego reconocer un tercer nivel, en el que se efectúa una aserción sobre la aserción que se refería a «s» («s es verdadero es verdadero»). Y así sucesivamente, al infinito.

Según Russell, se producen paradojas cuando no se distinguen estos niveles. Por lo tanto, la proposición que hace una aserción sobre una clase de aserciones no se incluye en esa clase de aserciones. La regla es la siguiente: «lo que comprende toda una colección no es de la colección». Desde esta perspectiva, el problema de la relación finito-infinito queda colocada sobre otras bases. Russell afirma que el que una clase compuesta de individuos pertenezca a un tipo lógico diferente del de una clase compuesta de clases de individuos, es simple sentido común. Desgraciadamente, señala, casi toda la filosofía consiste en un intento por olvidarlo.

Esta solución representa para Russell la expresión paradigmática de cómo es preciso disolver a través de la lógica los problemas aparentes que la filosofía se precipita por resolver a través de la metafísica.

2. La teoría de las descripciones

El problema básico que suscita el plantemiento de Russell en torno a este punto es la pregunta por el objeto de nuestro pensamiento cuando afirmamos que:

— no existen las ilusiones,
— no hay cuadrados redondos, o
— no existe el actual rey de Francia.

Para encarar este problema, Russell se planteó aquel más general de las frases denotativas o descripciones, del tipo:
— un hombre,
— algún hombre,
— todo hombre,
— todos los hombres,
— el actual rey de España,
— el actual rey de Francia,
— el centro de la masa del sistema solar en el primer instante del siglo XX,
— el cuadrado redondo.

Para entonces, existían fundamentalmente dos posiciones explicativas para estas frases denotativas. Por un lado, la de Alexis Meinong (1853-1921) que sostenía que tales frases apuntaban a objetos que, si bien no subsisten, son objetos. El problema que resulta de esta posición es que choca con el principio de contradicción de la lógica en la medida, por ejemplo, que implica sostener que el actual rey de Francia existe y no existe. Para Russell esta violación del principio de contradicción es inaceptable.

La otra posición era la de Frege que, como se vio, distinguía en la frase denotativa sentido y referencia. Según Russell, esa posición no presenta problemas cuando se afirma, por ejemplo, «el actual rey de España es alto». Pero cuando se afirma que «el actual rey de Francia es alto», se debe reconocer que siendo una afirmación con sentido (al igual que la anterior y por paridad de forma), no posee referencia. De ello se debe concluir que se trata de una afirmación carente de significado. Pero no es así: se trata de una afirmación falsa.

¿Cuál es la solución ofrecida por Russell? Este procura demostrar que gracias al análisis lógico, cabe la posibilidad de descomponer las frases denotativas en dos o más proposiciones (basándose en la aplicación a la lógica de las funciones matemáticas) a través de lo cual se comprueba que las frases denotativas en realidad no denotan. Se trata, como puede apreciarse, de la aplicación del análisis lógico. Tómese el ejemplo «el autor de Waverley fue un hombre». Siguiendo el procedimiento propuesto por Russell, ello se convierte en «una y sólo una entidad escribió Waverley, y esa entidad fue un hombre».

Volviendo a examinar las proposiciones del tipo «el actual rey de Francia no es alto», Russell establece la necesidad de determinar la ocurrencia primaria o secundaria de la frase denotativa. Ello obedece a que en la proposición anterior existen dos posibilidades lógicas de significado: a) «el actual rey de Francia es (no alto)», y b) «no (el actual rey de Francia es alto)». La primera es falsa, la segunda verdadera.

A partir de lo anterior, Russell examina aquellas proposiciones de existencia que desde Platón y Aristóteles, pasando por Anselmo, Descartes y Kant, han preocupado a los metafísicos. La proposición más característica a este respecto era la de «Dios existe», asociada como se ha visto, al célebre argumento ontológico. Pero para el caso de la argumentación de Russell, se trata de una proposición equivalente a «el autor de Waverley existe». Por lo tanto, ella se analiza (se descompone) en: «1) al menos una persona escribió Waverley, 2) a lo máximo una persona escribió Waverley».

De la misma manera, la proposición «el cuadrado redondo no existe» se convierte en «no hay entidad alguna que sea a un tiempo redonda y cuadrada». Con ellos, según Russell, se afirma lo mismo que en la proposición de existencia (el contenido conceptual es el mismo) pero desaparece el problema que generaba el verbo existir, dado que se consideraba falsamente que sostener «x existe» era equivalente a afirmar «el león ruge». Mientras que el rugir puede considerarse como una propiedad del león, el existir, según Russell, no puede considerarse como una propiedad del autor de Waverley.

La teoría de las descripciones pone de manifiesto, para Russell, que aunque gramaticalmente ciertas proposiciones parezcan semejantes, no lo son desde el punto de vista de su forma lógica. Ello le permite concluir que:

> «*la existencia, en el sentido que se le adscribe a entidades individuales, queda excluida de la lista de fundamentales. El argumento ontológico y buena parte de sus refutaciones demuestran depender de errores de gramática*»[16].

3. Crítica a la metafísica

El enfoque adoptado por Russell lo conduce a criticar y clarificar el uso acrítico de nociones consideradas normalmente como fundamentales en la filosofía. Entre ellas, las nociones de mente, materia, conciencia, conocimiento, experiencia, causalidad, voluntad, tiempo, etcétera. Todas ellas son acusadas de ser inexactas, aproximadas, esencialmente infectadas de vaguedad e incapaces de formar parte de una ciencia rigurosa.

Parte importante de los problemas asociados con estas nociones han sido, según Russell, el resultado de la gravitación que ejercía sobre la lógica tradicional la matriz sujeto-predicado, en la medida en que conducía a la metafísica de la substancia, al atributo. Esta misma restricción lógica llevaba a los filósofos a negar o equivocar la realidad del tiempo y el espacio. Ello porque las relaciones espaciales (por ejemplo, arriba o abajo) y las relaciones temporales (antes y después) son transitivas y no permiten su reducción a relaciones sujeto-predicado.

---

[16] Bertrand Russell, «Logical Atomism», en J.H.Muirhead (ed.), *Contemporary British Philosophy,* Macmillan, N.Y., 1924, pág.365.

Sin embargo, según Russell el mayor de los ofensores entre los filósofos es Hegel. Resulta interesante transcribir una de las crítica específicas que Russell dirige a Hegel:

«El argumento de Hegel (...) depende por entero en confundir el «es» de predicación, como en «Sócrates es mortal», con el «es» de identidad, como en «Sócrates es el filósofo que bebió la cicuta». Debido a esta confusión, él cree que Sócrates y mortal deben ser idénticos. Viendo que son diferentes, él no infiere, como otros probablemente lo habrían hecho, que hay un error en alguna parte, sino que ello exhibe «identidad en la diferencia». Por otro lado, «Sócrates» es particular; «mortal» es universal. Por lo tanto, sostiene, en la medida en que Sócrates es mortal se deduce que el particular es el universal, tomando al «es» sólo como expresivo de identidad. Pero decir que «el particular es el universal» es afirmar una contradicción. Nuevamente Hegel no sospecha que pueda existir un error, sino que procede a establecer la «síntesis» del particular y del universal en el individuo, definido como universal concreto. «Este es un ejemplo de cómo, por falta de rigor desde el inicio, vastos sistemas de filosofía están construidos en confusiones estúpidas y triviales, las que, sólo por el hecho increíble de no ser intencionales, uno estaría tentado de caracterizar como simples juegos de palabras»[17].

El análisis posterior de Russell lo lleva a cuestionar los dos términos que conforman la matriz ontológica básica de la lógica tradicional: los conceptos de sujeto y objeto. Según su enfoque, es posible prescindir de ambos. Del sujeto por cuanto representa una ficción lógica creada por el lenguaje. Del objeto, en cuanto predicado, por cuanto no es otra cosa que una colección de cualidades.

---

[17] B.Russell, *Our Knowledge of the External World*, George Allen & Unwin, Londres, 1949, págs.48-49.

Al estar el proyecto filosófico de Russell orientado hacia la búsqueda de la certeza, éste debe reconocer que su concepción no logra conferirle un fundamento sólido a la teoría del conocimiento. El proyecto de Russell, como sucediera en su época con el de Hume, termina en una nueva forma de escepticismo. Ello es compensado, en parte, por la reorientación del interés de Russell hacia la ética y la política, desde la cual se transforma en un combativo pacifista y en un apasionado defensor de la tolerancia como principio fundamental de la convivencia humana.

LA PRIMERA FILOSOFIA DE WITTGENSTEIN

Ludwig Wittgenstein (1889-1951) es uno de los filósofos más atractivos del siglo XX. Uno de sus rasgos más sobresalientes reside en el hecho de habernos legado no una, sino dos concepciones filosóficas diferentes. No se trata, como en muchos otros pensadores, de reconocer algunas transformaciones importantes durante su desarrollo intelectual y, por lo tanto, de reconocer orientaciones distintas al interior de su filosofía. En el caso de Wittgenstein, se trata de dos concepciones filosóficas claramente diferenciables, dentro de las cuales la segunda se desarrolla en manifiesta crítica y oposición con la primera.

Nacido en Viena, Wittgenstein participa de aquella destacada generación de artistas, científicos e intelectuales que les correspondió vivir el derrumbe del imperio austro-húngaro y cuyas obras influirían tan poderosamente en la cultura del siglo XX. Desde los comienzos de este siglo hasta fines de la Primera Guerra Mundial, emerge en Viena, a espaldas de la cultura oficial cortesana y de los espacios públicos consagrados por el Imperio, una generación de intelectuales que asumen todo el desgarramiento interno de ese mundo social, las restricciones e hipocresía de la moral predominante y que invoca exigencias de integridad y autenticidad desde las cuales orientar tanto la existencia individual como la vida social. Mientras resuena en los salones y parques la música segura de la monarquía más antigua de la Europa, una generación vive esa misma época como una experiencia de profundo desgarramiento ético a partir del cual inventarán buena parte de la forma como miraremos el mundo en lo que resta del siglo.

No siempre se vincula a Wittgenstein con sus raíces austríacas y se le hace partícipe de la generación intelectual recientemente aludida. Ello es un error y compromete una cabal comprensión de su pensamiento. La omisión, sin embargo, se explica por el hecho de que gran parte de su obra filosófica Wittgenstein la realiza en Inglaterra, a través de sus actividades académicas en Cambridge, y fuertemente ligado a las orientaciones logicistas de la filosofía analítica. Luego de haber terminado sus estudios de ingeniería, Wittgenstein se traslada a Inglaterra y se dedica al estudio de la filosofía bajo la tutela de Russell.

De entre las obras de Wittgenstein, merecen ser destacadas particularmente dos de ellas, pues contienen la expresión más acabada de cada una de sus concepciones filosóficas respectivamente. La primera de ellas es el *Tractatus Logico-Philosophicus,* publicado en 1922, luego de varios y vanos esfuerzos realizados por Wittgenstein para encontrar un editor. Al final, gracias a una gestión personal de Russell, el libro logra publicarse con un prólogo del mismo Russell. Es importante destacar que dicho prólogo no satisfizo a Wittgenstein por la interpretación que en él se hacía del contenido del texto.

La segunda obra de importancia de Wittgenstein son sus Investigaciones *Filosóficas*, publicada póstumamente en 1953 y sobre la cual nos referiremos en otro capítulo. En la medida en que lo que ahora nos interesa es la primera filosofía de Wittgenstein, nos concentraremos en el análisis del *Tractatus.*

Escrito en buena parte durante la Primera Guerra, —mientras Wittgenstein servía en el ejército austríaco llevaba en su mochila el *Tractatus*—, éste posee una estructura aforística, basada en lo que Wittgenstein llama el cálculo proposicional. Se trata de ceñirse lo más fielmente al tipo de lenguaje formalizado de las matemáticas de manera que pueda manifestarse en lo que se afirma la forma lógica de las aserciones. Desde un punto de vista formal, el *Tractatus* está constituido por siete proposiciones, las que suelen desagregarse en proposiciones subordinadas que analizan el contenido conceptual de las anteriores, las que dan lugar a nuevas proposiciones subordinadas, y así sucesivamente. La proposición con la que se abre el texto es la siguiente: «1. El mundo es todo lo que es el caso».

El objetivo del *Tractatus* es establecer los límites del lenguaje, los límites de lo que puede decirse con significado. En este sentido, su objetivo es comparable con el que Kant emprendiera en su época al proponerse establecer los límites del conocimiento. Según Wittgenstein, el *Tractatus* representa la culminación de la opción filosófica fundada por la lógica, lo que se expresa en el hecho de que dice todo cuanto a la filosofía le es posible decir. Una vez dicho, la filosofía no tendría nada más que decir: su tarea está cumplida.

Interpretado desde la tradición filosófica analítica, la lectura del *Tractatus* privilegia su orientación lógica y el dominio que queda delimitado por lo que puede ser dicho. Apoyándose en algunas afirmaciones del propio Wittgenstein, se ha descubierto la posibilidad de hacer una lectura completamente diferente de esta obra. Una lectura que, en vez de privilegiar la lógica, privilegia la ética y desde la cual se remite a Wittgenstein a sus raíces austríacas. En efecto, el mismo Wittgenstein, en carta a von Ficker, escribe:

«El punto central de mi libro es ético (...) Mi trabajo consta de dos partes: la expuesta en él más todo lo que no he escrito. Y es esa segunda parte precisamente lo que es importante. Mi libro traza los límites de la esfera de lo ético desde dentro, por así

decirlo, y estoy convencido de que ésta es la única manera rigurosa de trazar esos límites»[18].

Veremos enseguida cómo, dentro del contexto de la obra, esta afirmación se hace perfectamente comprensible.

Antes de entrar en el análisis de su contenido, es importante señalar que el *Tractatus* tiene un curioso desenlace. A partir de lo que en él se afirma, debe reconocerse que lo que dice demuestra quedar fuera de los límites de lo decible. De allí que Wittgenstein deba sostener que una vez que se asciende en la lectura de su obra, se ha subido como en una escalera que, una vez que se llega arriba, es necesario arrojar. La posición asumida en el *Tractatus* se vuelca contra sí misma.

Entrando a examinar el contenido de esta obra, es importante destacar que para Wittgenstein el lenguaje es una figura (**Abbildung**) de la realidad. Entre lenguaje y realidad existe una relación de similitud estructural, de correspondencia. Evidentemente lenguaje y realidad son dos planos diferentes. Pero si el lenguaje logra dar cuenta de lo real es debido al hecho de que, de una u otra forma, «mapea» lo real, logra establecer una correspondencia entre el plano de lo real y el plano lingüístico. De allí que pueda hablarse de una similitud estructural.

La tesis central del libro es que «lo que puede ser dicho, puede ser dicho con toda claridad y sobre lo que no se puede hablar se debe guardar silencio». Lo que interesa, por lo tanto, es determinar qué es lo que puede ser dicho. Ello implica determinar qué es lo real y cuál es la relación que el lenguaje mantiene con lo real. Tal como se señaló anteriormente, el *Tractatus* se inicia afirmando que «el mundo es todo lo que es el caso» y lo que es el caso son los hechos. De ahí que el mundo sea «la totalidad de los hechos, no de las cosas».

A su vez, «lo que es el caso, el hecho, es la existencia de hechos atómicos». Un hecho atómico es aquel que no consta a

---

[18] Allan Janik & Stephen Toulmin, *La Viena de Wittgenstein*, Taurus, Madrid, 1983, pág. 243.

su vez de hechos, que resulta no desagregable en otros y que, por lo tanto, representa el límite del análisis. Un hecho atómico es una combinación simple de cosas u objetos. La diversidad de los hechos depende de las posibles combinaciones diferentes de objetos.

El lenguaje, por tanto, es una figura o modelo de los hechos. A través del lenguaje se nombran objetos y se figuran (hacen figuras) de hechos. Para figurar un hecho, los objetos han de ser nombrados. Es importante destacar que en el *Tractatus* Wittgenstein aparece suscribiendo lo que más tarde él mismo llamará «una teoría nominalista del lenguaje» («**a name theory of language**»).

El lenguaje consta de proposiciones y las proposiciones que figuran hechos atómicos son proposiciones elementales. Decir que una proposición elemental es el modelo o la figura de un hecho atómico equivale a decir que el hecho atómico existe. De ahí que toda proposición sea un enunciado susceptible de verdad o de falsedad. Una proposición elemental es verdadera si el hecho atómico del que viene a ser su figura existe. De no existir, es falsa. Lo que hace que la figuración lingüística sea una figura de lo figurado es la similitud estructural. Tal similitud estructural puede reconocerse en la forma lógica de lo que se afirma. El lenguaje ordinario adopta formas aparentes a través de las cuales se disfraza su forma lógica. De allí la necesidad del análisis lógico.

Es importante distinguir entre lo que puede ser dicho y lo que sólo puede ser mostrado. La proposición nada puede decir acerca de su forma lógica. Ella sólo puede ser mostrada. La filosofía debe analizar de tal manera la forma lógica de forma que ella resalte de manera inmediata. Que algo carezca de sentido no equivale a que sea incomprensible, sino que no es verdadero ni falso. Ello implica que no es ninguna figura, que no figura nada y, en consecuencia, que no dice nada.

Toda proposición que no sea una proposición elemental es una función veritativa: proposiciones cuyo valor de verdad depende del valor de verdad de las proposiciones elementales. Por lo tanto, todas las funciones veritativas constan de proposiciones elementales. La verdad de éstas debe decidirse por vía empírica. Esta afirmación de Wittgenstein dará lugar a la particular interpretación que, de su filosofía, harán los representantes del Círculo de Viena.

El valor de verdad de todas las funciones veritativas debe decidirse empíricamente, a menos que se trate de tautologías o de contradicciones. Las tautologías son aquellas funciones veritativas a las que no puede corresponder el valor de verdad «falso». Son verdaderas por necesidad lógica. Tómese el ejemplo «llueve o no llueve». Una función veritativa que sólo puede ser falsa es una contradicción. Por ejemplo, «llueve y no llueve». Tanto las tautologías como las contradicciones nada dicen acerca de la realidad.

Que los hechos atómicos tienen una determinada estructura lógica, no se debe a necesidad lógica alguna. Por lo tanto, ello no es lógicamente demostrable, sino tan sólo constatable. La estructura lógica del lenguaje nos muestra la estructura lógica de la realidad.

Todo lo que puede ser pensado puede ser formulado lingüísticamente. Por lo tanto, el viejo problema de encontrar las condiciones y límites del pensamiento (Kant), se convierte en dar con las condiciones y límites de lo que puede ser pensado. La investigación de la estructura lógica del pensamiento y del conocimiento se identifica con la de la estructura lógica del lenguaje. Esta afirmación representa un importante giro en la reflexión filosófica, en la medida en que significa el paso de la epistemología a la filosofía del lenguaje.

Según Wittgenstein no cabe discutir la existencia de algo sobre la sola y única base de la lógica del lenguaje. Ello implica intentar decir algo que no puede ser dicho. El argumento ontológico, por lo tanto, se extralimita en lo que puede hacer el lenguaje. De la misma manera, nada puede decirse del mundo como un todo y por consiguiente de aquella Totalidad, como la invocada por Hegel. Afirma Wittgenstein que en la medida en que el mundo es la totalidad de los hechos, se incurre en una paradoja (referencia a Russell) al afirmar que el conjunto de todos los hechos (el mundo) es un hecho. Por otro lado, hablar de la totalidad del mundo equivale a trazar una línea de demarcación cuyo lado de allá no puede ser pensado. Y si una de las zonas demarcadas no puede ser pensada, difícilmente puede trazarse la línea en cuestión.

Este argumento, como puede apreciarse, invierte por completo aquel ofrecido por Hegel sobre la separación entre lo finito y lo infinito. No hay, en consecuencia, lugar para un pensamiento acerca del mundo como un todo. El motivo por el cual no es posible satisfacer el deseo metafísico del conocimiento del mundo como un todo es la estructura lógica del lenguaje.

Lo místico representa todo aquello acerca de lo cual carece de sentido manifestarse. Es algo que no puede ser descrito, ni pensado, porque desborda las posibilidades lógicas del lenguaje. Siguiendo la concepción de Tolstoy sobre la novela, lo místico pertenece al ámbito de lo que se puede mostrar, pero no decir.

A medida en que se avanza en la lectura del Tractatus, los temas propiamente lógicos son progresivamente sustituidos por temas éticos. Sin embargo, gran parte de los problemas éticos que se plantea Wittgenstein deben ser colocados fuera de los límites de lo decible. Apoyado en su concepción, Wittgenstein debe concluir en la afirmación de «la imposibilidad de las proposiciones éticas», o bien, «la ética es inexpresable».

Lo mismo sucede con la pregunta sobre el sentido del mundo: «el sentido del mundo queda fuera del mundo», o bien, «lo místico es que el mundo exista». Igual suerte corre la pregunta por el significado de la vida. Recordemos que Frege señalaba ya en su oportunidad que se trataba de un tipo de enunciado que no merecía formar parte de un lenguaje riguroso. La conclusión de Wittgenstein es la misma: «la solución del problema de la vida está en la desaparición de este problema». Pero a diferencia de Frege, ello no deja satisfecho a Wittgenstein.

Inmediatamente después de haber afirmado lo anterior, Wittgenstein se pregunta:

> «¿No es ésta la razón de que los hombres que han llegado a ver claro el sentido de la vida, después de mucho dudar, no sepan decir en qué consiste este sentido?»[19].

Las preguntas sobre el sentido del mundo, de la vida, las profundas interrogaciones éticas, apuntan hacia aquello que resulta más significativo para el hombre. No es sino con resignación que Wittgenstein debe concluir el *Tractatus* con la proposición siguiente: «7. Aquello de lo cual no se puede hablar hay que callarlo». No es sino a través del reconocimiento del profundo desgarramiento ético de Wittgenstein que puede reconocerse que una lectura de su obra desde una perspectiva exclusivamente lógica, como lo hiciera Russell en el prólogo a su primera edición, prescinde de una dimensión fundamental de su pensamiento. Lo más importante del *Tractatus* se halla, como nos lo advierte el propio Wittgenstein, en lo que se debe callar, en un dominio al que el lenguaje no puede acceder, en el dominio del silencio.

Es interesante el hecho de que, luego de la publicación de esta obra, Wittgenstein decide abandonar la filosofía. De vuelta en Austria, se dedica a la enseñanza de los niños, incursiona en la arquitectura, se interesa por la jardinería. Consideraba que el *Tractatus* decía todo lo que le era posible decir a la filosofía y había llegado a la conclusión de que ello distaba mucho en contribuir a resolver los problemas más profundos que se plantean los hombres. Afortunadamente para la filosofía, el retiro de Wittgenstein no será definitivo.

---

[19] Ludwig Wittgenstein, *Tractatus Logico-Philosophicus,* Alianza Universidad, Madrid, 1981, pág.203.

CAPITULO XIII

NUEVOS DESARROLLOS EN LA CIENCIA Y LA FILOSOFIA

ALBERT EINSTEIN

Hasta fines del siglo XIX, se aceptaba sin reparos la concepción mecánica del universo propuesta por Newton. En ella, el universo era considerado como compuesto por cuerpos materiales, de propiedades medibles y situados en un tiempo y un espacio considerados absolutos y autónomos. Estos cuerpos provocaban el movimiento debido al impacto y la gravitación entre ellos, de acuerdo a un esquema inmutable de estrictas leyes causales. Al acercarse la vuelta del siglo, se comenzaba a sospechar, sin embargo, que la explicación mecánica tradicional era insatisfactoria.

Es importante señalar que las conclusiones alcanzadas por J.C. Maxwell predecían la propagación de la radiación electromagnética en el vacío. Sin embargo, apegados como estaban los físicos a la concepción newtoniana, supusieron que, para que las ondas magnéticas de Maxwell se propagaran, debía existir en el espacio un medio, que llamaron éter, que proporcionaba la substancia necesaria para la oscilación de las ondas. La física fue fuertemente sacudida como resultado del experimento realizado por Michelson y Morley en 1887, que demostraba empíricamento la inexistencia del éter.

Luego que Einstein (1879-1955) planteara sus teorías de la relatividad, la teoría especial en 1905 y la general en 1916 (año de publicación de su obra principal, *Teoría general de la relatividad*), los conceptos newtonianos de un tiempo y un espacio absolutos resultaron insostenibles. Habiendo estudiado la filosofía de Hume, el punto de arranque de Einstein es haberse preguntado por el fundamento del concepto de «simultaneidad» que resultaba del sistema de Newton, a partir del entendido de que tiempo y espacio son absolutos. La conclusión de Einstein es que el concepto de simultaneidad no tiene fundamento alguno, ni empírico, ni racional.

En efecto, para medir la velocidad y la aceleración, debemos ser capaces de establecer cuándo dos eventos son simultáneos. Pero, cuando se trata de eventos muy distanciados espacialmente, lo que resulta simultáneo para un observador, no lo es necesariamente para todos los observadores. De allí que Einstein concluya que «todo cuerpo de referencia (o sistema de coordenadas) posee su propio tiempo particular; a menos que se nos señale el cuerpo de referencia al cual se refiere el enunciado de tiempo, tal enunciado de tiempo de un evento no tiene significado alguno». De la misma manera, la distancia (espacio) es también un concepto relativo, en la medida que todo cuerpo de referencia se encuentra en estado de movimiento y, por tanto, relativo a otros cuerpos.

Newton había descrito el comportamiento gravitacional de los cuerpos como un hecho bruto, sin haberse preocupado de explicarlo. Einstein procuró establecer la configuración geométrica del espacio. Al hacerlo, llega a la conclusión que éste no es euclidiano, sino, por el contrario, que el tipo de geometría requerida es aquella desarrollada previamente por Riemann.

La concepción de Einstein sobre la naturaleza del espacio fue confirmada en 1919 por la expedición científica que encabezara Sir Arthur Eddington. La teoría de la relatividad conducía a la conclusión de que la luz debía ser atraída por los cuerpos pesados. Einstein sostuvo que, si ello era efectivo, entonces la luz que proviene de las estrellas, al pasar cerca del sol, debía ser atraída por la fuerza gravitacional de éste. Durante el día no podemos ver esas estrellas debido a la propia luz del sol. Pero si pudiéramos, la inclinación de sus rayos debería hacer que las viéramos en posiciones que no son aquellas que se espera que ellas ocupen. Estas predicciones pudieron ser contrastadas empíricamente por Eddington cuando, el 29 de mayo de 1919, se trasladó a Africa, a un lugar en el que se esperaba un eclipse de sol, el que permitía que las estrellas pudiesen ser vistas y fotografiadas. Lo observado demostró ser plenamente consistente con las predicciones realizadas por Einstein.

Una alumna de Einstein, que lo acompañaba en el momento que éste recibe la noticia de la confirmación experimental de su teoría, cuenta que al enterarse, Einstein habría comentado sin mayor emoción, «Yo ya sabía que la teoría es correcta». Al preguntársele como hubiese reaccionado si sus predicciones no se hubiesen confirmado, Einstein habría replicado, «Lo habría lamentado mucho por el buen Dios: la teoría es correcta».

Un rasgo importante de la concepción de Einstein es el hecho de que éste minimiza el papel de la inducción en el proceso de generación de la teoría. No es necesario, sostiene Einstein, apoyarse en un procedimiento inductivo que demuestre que lo que la teoría afirma es el resultado de una derivación de los hechos. Ello no elude la necesidad de la confrontación de la teoría con los hechos, de su verificación. Pero resulta necesario reconocer la importancia de una determinada dosis de intuición para lograr una verdad científica. Para ello, es importante afirmar, según Einstein, el papel que en la elaboración teórica le cabe a «la libre creatividad de la mente».

EL POSITIVISMO LOGICO DEL CIRCULO DE VIENA

A comienzos de los años 20, un grupo de intelectuales vieneses se empieza a reunir semanalmente bajo el liderazgo de Moritz Schlick (1892-1936), recientemente nombrado profesor de filosofía de las ciencias inductivas en la Universidad de Viena. Entre ellos se incluían matemáticos, físicos, sociólogos, economistas, etcétera. El grupo, que desarrolló un fuerte sentido de misión e identidad, se autodenominó el Círculo de Viena. Su influencia se extendió luego por Europa y Estados Unidos y sus concepciones fueron también conocidas bajo los nombres de empirismo lógico, empirismo científico y positivismo lógico.

Sus miembros no eran ni escépticos, ni relativistas. Por el contrario, se caracterizaban por una postura de confiada afirmación de la ciencia, desde la cual asumían una posición fuertemente antimetafísica y una tajante oposición contra todo lo que invocaba dimensiones sobrenaturales. Otro de sus rasgos era su profunda fe en el progreso. Sus miembros acusaban el impacto de los recientes desarrollos registrados en torno a la teoría de la relatividad por Einstein y en relación al problema del éter por Michelson y Morley. De allí que cuando invocaban la ciencia, la física era considerada como su expresión paradigmática.

El núcleo de la posición asumida por los positivistas lógicos era la común aceptación del llamado principio de verificación. Este sostenía que «el significado de una proposición es su modo de verificación». Se entiende por modo de verificación la manera como se demuestra que ella es verdadera. Las proposiciones que no se apoyan en un modo efectivo de verificación, carecen de sentido. Ellas requieren ser verdaderas o falsas. Una proposición que carece de condiciones de verificación, no puede ser ni lo uno ni lo otro. Sólo las proposiciones empíricas son, por lo tanto, auténticas proposiciones: sólo ellas pueden ser verificadas.

Para los positivistas lógicos, las proposiciones matemáticas o lógicas son tautologías. Ellas pueden ser probadas (por referencia a otras proposiciones), no verificadas. Si son probadas, demuestran ser válidas. Las proposiciones filosóficas, en cambio, no son ni empíricas, ni tautológicas: simplemente carecen de significado. No pueden ser ni probadas, ni verificadas. Si pudieran ser probadas, no serían materia de discusión. La disputa sobre ellas se resolvería de una vez. Si pudieran ser verificadas, no serían filosofía, serían ciencia.

Un rasgo no menos importante del Círculo de Viena es su apoyo en el análisis lógico. Las discusiones que sus miembros emprenden se caracterizarán por su rigor lógico, por el propósito de eludir toda ambigüedad. Siguiendo la tradición inaugurada por la filosofía analítica, excluían del universo de las proposiciones significativas todas las proposiciones de existencia. Todo enunciado debía reducirse a sus unidades lógicas más simples, como exigencia de claridad. Para estos mismos efectos, recurrirían también al cálculo proposicional.

Dentro del ideario sustentado por el positivismo lógico, hay que mencionar también la afirmación del supuesto de la unidad de la ciencia. La ciencia es una sola y tal unidad estaba garantizada por la validez para todo quehacer científico del método científico. La unidad de la ciencia se asegura por la unidad de su método, que es común a todas sus disciplinas particulares. Sin embargo, dentro de estas disciplinas particulares, a la física se le asigna un papel especial, pues ella proporciona el lenguaje universal de la ciencia. La distinción entre disciplinas diferentes, pudiendo ser útil por motivos prácticos, no se justifica desde el punto de vista de diferenciaciones inherentes del conocimiento. En un sentido riguroso, no existirían diversos dominios y objetos científicos.

A partir de las posiciones asumidas por los positivistas lógicos, se comprende el gran entusiasmo que muchos de ellos profesaron ante la publicación del *Tractatus* de Wittgenstein. Esta obra parecía confirmar, desde una perspectiva sistemática, el principio de verificación que ellos proclamaban. Recordemos que Wittgenstein sostenía que las proposiciones elementales debían resolver empíricamente su valor de verdad. Ello evidentemente remitía a los modos de verificación. Les atraía también en Wittgenstein su rigor lógico, su perspectiva analítica, su cálculo proposicional y la afirmación de que el lenguaje correctamente analizado es isomórfico con el mundo (supuesto de la similitud estructural del lenguaje con el mundo).

En 1921, de hecho, se había invitado a Wittgenstein, cuyas ideas comenzaban a conocerse, a varias reuniones del Círculo de Viena. Estas reuniones no dejarán satisfecho a Wittgenstein, quién reconocerá que los positivistas lógicos poseen temperamentos y estilos muy diferentes de los suyos. Wittgenstein quedaba con la sensación de que, en la apropiación que se hacía de su concepción, esta era simplificada en aspectos muy importantes. No había entre los positivistas lógicos una mínima acogida a los problemas éticos que preocupaban a Wittgenstein y una vez que ellos aceptaban que tales problemas quedaban fuera de los límites de lo decible, afirmaban que lo indecible simplemente debía ignorarse. Para Wittgenstein, en cambio, lo inexpresable podía ser sentido e incluso comprendido. Su posición al respecto era vulnerable y el rechazo que sobre ella manifestaban los positivistas lógicos, no estaba exento de justificación.

La influencia del Círculo de Viena será importante. Posteriormente, con el advenimiento del nazismo y, más adelante, con la Segunda Guerra Mundial, muchos de sus miembros se verán obligados u optarán por emigrar y serán acogidos por diversas universidades norteamericanas o británicas. La influencia ya no se ejercerá desde Viena, pero el positivismo lógico llegará a nuevos círculos. Entre sus figuras más destacadas puede mencionarse a Otto Neurath (1882-1945) y Rudolf Carnap (1891-1970).

Es importante mencionar, sin embargo, que el principio de verificación comienza, con el tiempo, a exhibir y acumular problemas. El reconocimiento de tales problemas resultará importante para reorientar la discusión sobre el conocimiento hacia nuevas direcciones.

Uno de los problemas que se perciben apunta al hecho que si las proposiciones remiten a sus componentes elementales (que son siempre particulares concretos), pues en ellos reside su valor de verdad, se tiende a excluir a las leyes de la naturaleza. El fantasma del problema de la inducción planteado por Hume vuelve a hacerse presente. Ello implicaba que las leyes universales se transforman en frases que informan situaciones particulares, con lo que dejan de ser universales, o se las considera en su plena universalidad, con lo que se problematiza su relación con el mundo empírico. Esto último se traducía en transformar las leyes universales sólo en «direcciones para la construcción de proposiciones» (en un horizonte para la ciencia). A partir de estos primeros problemas, los positivistas lógicos introducen un principio correctivo, un principio de tolerancia. A través de él afirman: «no corresponde establecer prohibiciones, sino alcanzar convenciones».

De la misma manera, pronto se reconoce que, para las ciencias, no existe un lenguaje básico. Ello abre la posibilidad de diversos lenguajes que pueden ser, según el caso, más o menos «expeditos». La ciencia, por lo tanto, no sólo está sometida a convenciones, sino también a exigencias de conveniencia. Ello no implica dejar de exigir que cada uno de los lenguajes científicos deba estar lógicamente fundado. El lenguaje de la ciencia no es el lenguaje ordinario. Ello abre una importante reorientación en las posiciones de los positivistas lógicos que comienzan a preocuparse de manera especial por las reglas de la sintaxis, insistiéndose en que el lenguaje está formado por palabras, no por objetos. De esta manera, adoptando una posición nominalista, no hay que suponer la existencia de universales. Se trata, por lo tanto, de transferir el énfasis del modo de lenguaje material al formal. Así, se define que hay palabras objetos, palabras-números, palabras-propiedades, etcétera.

Desde esta perspectiva, se vuelve al principio de verificación. Se descubre que toda verificación se realiza siempre por referencia a otras proposiciones que, a su vez, exigen de otras y éstas de otras, y así sucesivamente. Si, por otro lado, se acepta que es el significado de la proposición lo que requiere ser verificado, se debe concluir que significado y modo de verificación no pueden ser lo mismo.

Por último, cabe mencionar que al preguntarse por el status del principio de verificación se generan nuevos problemas que comprometen su validez. Según el planteamiento de los positivistas lógicos, las proposiciones pueden ser tautologías o hipótesis empíricas. Cabe entonces preguntarse, ¿a cuál de ellas pertenece el principio de verificación? Ninguna de las respuestas posibles satisfacen a los positivistas lógicos.

Si se responde que se trata de una tautología, se debe concluir que el principio no dice nada acerca del mundo y resulta irrelevante como exigencia para determinar el significado. Si se responde que se trata de una hipótesis empírica, significa que el principio de verificación requiere de su propia verificación, lo que evidentemente resulta problemático. En efecto, ¿cómo podemos determinar que el principio de verificación es verdadero? ¿Cuál es su modo de verificación? Todos estos problemas terminan socavando los cimientos del positivismo lógico.

KURT GÖDEL

En este contexto de creciente problematización es importante hacer alguna referencia a Kurt Gödel, nacido en 1906. Este se propone demostrar la plena consistencia de los Principia Mathematica de Russell y Whitehead. Partiendo del supuesto de que los Principia son un sistema consistente y completo, en 1931 Gödel llega a la conclusión contraria a través de la formulación de su célebre teorema de la incompletitud, llamado también la prueba de Gödel.

Gödel concluye que todo sistema formalizado que sea a lo menos tan complejo como la aritmética es inherentemente defectuoso. Ello implica que tal sistema debe ser necesariamente incompleto o inconsistente. Para ser completo, el sistema debe ser capaz de probar que cualquier proposición expresada en su lenguaje (como lo son, por ejemplo, las ecuaciones matemáticas o las proposiciones de la lógica simbólica) es verdadera o falsa. Ninguna proposición de este tipo puede quedar sin resolverse. Para ser consistente, no debe contener contradicciones. Pues bien, Gödel demuestra que, para las condiciones señaladas, la capacidad del sistema de tener simultáneamente las características de ser completo y de ser consistente, representa una imposibilidad lógica. Ambas características se excluyen mutuamente.

Lo que el teorema afirma es lo siguiente: «No puede formalizarse una prueba de consistencia para todo sistema bien definido de axiomas sobre la base de tales axiomas». En otras palabras, si un sistema lógico es completo, es necesariamente inconsistente, y si es consistente, es necesariamente incompleto. Como puede apreciarse, se trata de un golpe mortal a la pretensión de certeza que acompañara al programa filosófico de la filosofía analítica.

Gödel demuestra su teorema al probar que los diferentes sistemas de las matemáticas y de la lógica poseen la habilidad de hablar sobre sí mismos. Debido a esta capacidad de autorreferencia, emergen paradojas que comprometen la confiabilidad de estos sistemas. De manera específica, Gödel probó que para todo sistema formal suficientemente complejo, existe una proposición que señala «esta proposición no es demostrable». Si la proposición es verdadera, el sistema es incompleto (existe a lo menos una proposición que el sistema no es capaz de demostrar). Si la proposición es falsa, ello significa que ella es demostrable (lo que implica que podemos demostrar que es indemostrable). El sistema, por lo tanto, se contradice a sí mismo.

En consecuencia, la prueba de Gödel establece que ningún sistema lógico (formalizado) razonablemente complejo puede autovalidarse. La validación se obtiene en un dominio fuera del sistema y la validación de tal dominio se halla, a su vez, fuera de él, y así sucesivamente. Siempre existe a lo menos una proposición del sistema que no se decide en su interior. Se tiene la sensación de que la paradoja que Russell procuró resolver, obtiene al final su venganza. La demostración de Gödel es compleja y descansa en la aritmetización de la sintaxis.

CAPITULO XIV

KARL POPPER

Karl R. Popper, nacido a comienzos de siglo, en 1902, es el más influyente filósofo de la ciencia del siglo XX. Fundador de una importante escuela de pensamiento, sus concepciones se impondrán de manera preponderante en la forma cómo los científicos darán cuenta de su quehacer específico. A partir de Popper, una parte importante de la comunidad científica entenderá que hacer ciencia consiste en lo que Popper entiende por actividad científica. La importancia de Popper reside también en el hecho de que gran parte de las concepciones alternativas sobre la teoría de la ciencia arrancan de problemas planteados por él o suscitados por sus posiciones.

Popper nace en Viena. Ello le permitió tener contacto con las actividades y los miembros del Círculo de Viena, al punto que su primer libro, *La lógica de la investigación científica* (1934), apareció en la serie de publicaciones del Círculo. Aunque Popper se verá atraído por la actitud «científica» de los positivistas lógicos, va a diferir fuertemente de ellos en cuestiones fundamentales. Popper se opondrá al criterio de verificación defendido por los positivistas lógicos como, asimismo, a la conexión establecida por éstos entre verificación y significado.

En 1935 y como consecuencia del clima de hostilidades antisemitas que se desarrolla en Austria antes de la guerra, Popper emigra a Inglaterra y luego, en 1937, a Nueva Zelandia, donde ejerce actividades universitarias hasta 1945. Regresa a Inglaterra y desde 1949 enseña en el London School of Economics de la Universidad de Londres.

Cabe destacar la fuerte amistad y la gran afinidad de ideas que, en múltiples planos, Popper mantiene con el eminente economista austríaco Friedrich A. von Hayek (1899-1992). Formado en la tradición de la Escuela económica austríaca, Hayek había emigrado a Inglaterra en 1931 donde asume, hasta 1950, una cátedra en el London School of Economics. Es gracias a las gestiones de Hayek que Popper logra abandonar Austria.

Fuente significativa de inspiración de las posiciones de Popper será la contribución de Einstein y el nuevo escenario que se configura al interior de las ciencias físicas. Pero no sólo tendrá una importante influencia en Popper la contribución sustantiva de Einstein, sino también la posición adoptada por éste en relación al carácter del quehacer científico y la escasa importancia que le confiere a la forma como la ciencia deba iniciarse y, por tanto, a su punto de partida.

Entre las obras principales de Popper cabe destacar *La lógica de la investigación científica* (1959), *La sociedad abierta y sus enemigos* (1945), *La miseria del historicismo* (1944-45), *El desarrollo del conocimiento científico: Conjeturas y refutaciones* (*1962) *y Conocimiento objetivo: un enfoque evolucionista* (1972).

1. El método científico

A partir de la contribución científica de Einstein, Popper vuelve a plantearse el viejo problema de la inducción presentado por Hume. Es más, una de las reivindicaciones importantes de Popper es el haberlo resuelto en forma clara y definitiva. Recordemos que el problema de la inducción consistía en afirmar la imposibilidad de fundar leyes generales y universales a partir de la acumulación de observaciones y, por lo tanto, mediante el procedimiento de la inducción. Ningún número de observaciones particulares permiten, según Hume, obtener como conclusión una proposición universal.

Aunque constatamos que el Sol se levanta todos los días, no podemos concluir que el Sol se levantará necesariamente al día siguiente de nuestra última observación. Nada impide que una observación futura contradiga lo que han constatado todas las observaciones pasadas. Según Hume, la conclusión universal es el resultado de una expectativa psicológica, avalada por la conveniencia práctica de hacerla. Pero no podemos afirmar que tal conclusión universal sea verdadera.

Popper concuerda con Hume. Está de acuerdo en que no hay nada que nos permita eludir el hecho de que la experiencia no es capaz de asegurarnos la verdad; nada, por lo tanto que nos permita fundar empíricamente la verdad. Popper estima, sin embargo, que no todo está perdido y que lo empírico puede propocionarnos una determinada e importante certeza.

Su argumento descansa en el reconocimiento de lo que llama una *asimetría lógica entre verificación y falsabilidad*. Popper señala que, si bien ningún número de observaciones nos permite alcanzar una proposición universal y, por lo tanto, ellas no nos permiten verificar tal proposición, basta con una observación que señale lo contrario para concluir (no que la realidad es dialéctica sino) que tal proposición es falsa. En consecuencia, la única proposición verdadera es la falsa. Lo falso es lo único que puede aspirar a la verdad.

Con este argumento, Popper se distancia definitivamente de los positivistas lógicos y declara, con Hume, la imposibilidad del principio de verificación empírica. Pero, a la vez, Popper acomete una importante inversión en relación con el problema de la inducción. Este surge por cuanto colocamos a lo empírico como punto de partida de nuestro conocimiento; porque pretendemos que lo que la ciencia afirma se encuentra empíricamente fundado. Ello, según Popper, evidentemente no es posible. Las proposiciones universales de la ciencia, y que la ciencia sin duda las hace, no se fundan en lo empírico, ni pueden fundarse en ello.

Popper sostiene que la ciencia parte de proposiciones universales, sin que haya que cuestionarse de donde provienen tales proposiciones. Eso no interesa. Da exactamente lo mismo cual es su origen. No se trata, ni pueden ser proposiciones fundadas. El que una proposición pueda haber surgido de un sueño, por ejemplo, en nada la desmerece en su capacidad de convertirse en una proposición científica. Recordemos, por lo demás, que Kekulé resuelve el problema de la estructura de la molécula del benceno como resultado de un sueño luego de una noche de borrachera. Lo que sí importa, en cambio, es el papel de la observación en relación a una proposición de este tipo. Lo que interesa es el hecho de que tal proposición universal sea o no falsada por la observación empírica.

Con respecto a la falsabilidad, Popper distingue entre dos situaciones diferentes: una que involucra un aspecto lógico y otra que compromete un aspecto metodológico. Desde un punto de vista lógico, una ley científica puede ser falsada, pero no puede ser verificada. Desde un punto de vista metodológico, una proposición siempre puede ser puesta en duda, como también puede dudarse de las implicancias metodológicas de una determinada observación. Así, por ejemplo, pueden existir errores en la observación.

De la argumentación ofrecida por Popper resulta, por lo tanto, que la idea generalizada de que las ciencias son cuerpos de hechos demostrados, establecidos o verdaderos, es falsa. Nada en la ciencia es permanente, inalterable. Es más, la ciencia cambia todo el tiempo, pero no lo hace mediante la acumulación de certidumbres.

La ciencia representa, según Popper, «lo mejor de nuestro conocimiento» y para los efectos prácticos puede asumirse provisionalmente como verdadera por cuanto ella representa la posición menos insegura. Pero no puede perderse de vista el hecho de que, en cualquier momento, la experiencia puede demostrarla falsa. Para Popper, en consecuencia, la verdad no se alcanza jamás, aunque tengamos elementos para afirmar que estamos más cerca de ella.

El quehacer científico, por lo tanto, no consiste en probar la verdad de algo. Por el contrario, consiste en tratar incesantemente de probar que ese algo es falso, o que no logramos probar que ello sea falso. Las afirmaciones científicas están respaldadas por las observaciones hasta entonces conducidas y exhiben una mayor capacidad predictiva que cualquier alternativa conocida. No obstante, ello no impide que puedan ser sustituidas por una teoría mejor.

Si la teoría de Newton no es un cuerpo de verdades sobre el mundo, derivadas inductivamente de la realidad por el hombre, ¿de dónde proviene? De Newton, responde Popper. Se trata de un conjunto de hipótesis construidas por Newton, que se adecuaban a todos los hechos conocidos en esa época. De ellas, los científicos procedieron a deducir consecuencias, hasta que alcanzaron dificultades insuperables. La creación científica representa, según Popper, uno de los logros más sorprendentes de la mente humana. Pero ella no es libre, de la manera como puede serlo la creación artística. Tiene que sobrevivir una confrontación permanente con la experiencia.

A Popper no le interesa la psicología de los practicantes de la ciencia. No le interesa qué hechos pudieron conducir a Newton a levantar sus hipótesis. Lo que le importa, en cambio, es la lógica y la historia de la ciencia como cuerpos impersonales de conocimiento.

Cuando un científico publica una teoría, lo que interesa a la ciencia no son los problemas relacionados con su subjetividad, sino con la objetividad de tal teoría. Al respecto es posible hacer tres afirmaciones. Primero, la forma como el científico llegó a esa teoría no tiene ningún interés para su status lógico o científico. Segundo, las observaciones y experimentos no son los que generan la teoría, sino que son, por el contrario, derivados de ella. Están diseñados para testearla, para probarla (no para comprobarla). Tercero, la inducción queda fuera del quehacer científico. El problema de la inducción de Hume no es problema: no hay inducción. No la hay, en el sentido de que nuestras proposiciones generales y universales no requieren de la inducción para ser afirmadas.

La idea general de que pensamos desde los hechos para llegar a las ideas (de la observación a la teoría) es equivocada y requiere ser reemplazada. La inducción es un concepto del cual se debe prescindir: no existe. La teoría es inventada. Es más, la observación no es previa a la teoría, en la medida en que se presupone la teoría en cualquier observación. No entender lo anterior representa para Popper el principal defecto de la tradición empirista.

2. El criterio de demarcación de la ciencia

Es importante dentro de lo que se propone Popper, poder establecer con claridad lo que distingue la ciencia de la no-ciencia. Este problema es el que Popper denomina el criterio de demarcación de la ciencia. De acuerdo a lo señalado, es evidente que ya no sirve el criterio tradicional que apuntaba a la inducción como aquello específico de la ciencia.

Según el punto de vista tradicional, se consideraba también que lo que los científicos buscan son proposiciones sobre el mundo que tengan el máximo grado de probabilidad, dada la evidencia disponible. Popper también se opondrá a ello. Considérese la proposición «lloverá». Su probabilidad de que ocurra, alguna vez, es máxima porque su contenido informativo es mínimo. Las tautologías, según Popper, son proposiciones de contenido informativo mínimo (0) y de probabilidad máxima (1).

Las proposiciones que interesan a la ciencia son aquellas con un alto contenido informativo. A mayor contenido informativo, mayor es la probabilidad de que ella pueda ser falsa. Lo que interesa son proposiciones de alto contenido informativo y baja probabilidad porque, en la medida que son altamente falsables, son altamente contrastables (**tested**). Un contenido informativo que está en proporción inversa a su probabilidad, está en proporción directa a su contrastabilidad (**testability**).

La baja probabilidad que tales proposiciones poseen, apunta al hecho, aceptado por Popper, de que la ciencia penetra las apariencias, las cuestiona, y revela un orden no directamente perceptible, un mundo de entidades no observadas y de fuerzas invisibles. Ello es lo que ha acontecido, por ejemplo, con las teorías que nos hablan de las células, de las ondas, de partículas, de átomos, etcétera. Este mismo reconocimiento llevaba a Hegel y a Marx a un planteamiento radicalmente diferente.

Las hipótesis científicas, por lo tanto, se presentan tendiendo a ser más bien falsas que verdaderas. La creencia equivocada de que la ciencia conduce a la certidumbre de una explicación definitiva, conlleva e implica que es un delito científico grave el publicar alguna hipótesis que sea falsada. Ello ha traído consigo, según Popper, el que los científicos se resistan a admitir la falsabilidad de sus hipótesis y se desgasten muchas veces en defender lo indefendible. Para Popper, en cambio, la falsabilidad es el destino anticipado e ineludible de todas las hipótesis. Todas las hipótesis terminan siendo sustituidas por nuevas hipótesis de mayor capacidad explicativa.

Una teoría, según Popper, debe: 1) proporcionar una solución a un problema de interés, 2) ser compatible con las observaciones registradas, y 3) contener las teorías anteriores como primeras aproximaciones, contradiciéndolas en sus puntos de fracaso y dando cuenta de tales fracasos.

Si en una determinada situación-problema se ofrecen diferentes teorías que cumplen con estas condiciones, es necesario poder decidir entre ellas. El procedimiento que debe utilizarse es el de deducir de cada una de ellas aquellas proposiciones contrastables que las diferencian. Si las proposiciones deducidas son contrastadas con éxito (sin que logremos probarlas falsas), deberíamos inclinarnos por aquella teoría con mayor contenido informativo. Ello nos hace decidir por la teoría con un mayor grado de corroboración.

Para Popper es condición de la ciencia que la formulación de sus teorías sea lo más directa posible, de manera de exponerlas con la menor ambigüedad a la refutación. En su nivel metodológico, no se debe evadir sistemáticamente la refutación a través de la reformulación constante de la teoría o del reexamen de las evidencias, procurando evitar la refutación de la teoría.

Este ha sido, según Popper, el recurso permanente tanto del marxismo como del psicoanálisis. En ambos casos, se elude sistemáticamente la exigencia de la refutación, a través de una permanente readecuación de la teoría. Ellas sustituyen el dogmatismo por la ciencia, a la vez que siguen proclamándose como científicas.

Una teoría científica no es la que explica todo lo que es posible que pase. Por el contrario, ella excluye gran parte del campo de lo posible y, por lo tanto, ella queda excluida si lo que se excluye sucede. Esto permite concluir que una teoría genuinamente científica se coloca a sí misma permanentemente en peligro, se expone a una situación de alto riesgo de ser probada falsa. La falsabilidad es, para Popper, el criterio de demarcación entre la ciencia y la no-ciencia.

Si todas las situaciones posibles tienen cabida en una determinada teoría, entonces ninguna situación posible puede ser invocada para respaldarla, para ser considerada como evidencia en su favor. En tal caso, no hay diferencia observable entre el hecho de que ella pueda ser invocada como válida o falsa. Por lo tanto, tal teoría no entrega información científica. Sólo si existe la posibilidad de que alguna observación la refute, ella es contrastable (**testable**), y sólo si es contrastable, ella es científica.

Popper se impresionó fuertemente por la forma como la teoría de la relatividad se exponía a la refutación, prediciendo eventos observables que nadie se hubiese imaginado que podían ocurrir. Recordemos el episodio de las predicciones sobre la posición de las estrellas efectuadas por Einstein y corroboradas por las observaciones de Eddington en 1919.

Esta situación contrastaba, por ejemplo, con las teorías de Freud para las cuales, según Popper, ninguna observación podía contradecirlas. Una vez que ellas se encontraban con una observación que ponía en duda lo afirmado por la teoría, se desarrollaba una nueva variante explicativa para asimilar cualquier observación amenazante. Esta capacidad de explicarlo todo, que para muchos representa el factor que hace más atractivas estas teorías, era precisamente lo que tenían de más débil y ponían de manifiesto el hecho de que algo funcionaba mal en relación a su cualidad de teorías científicas.

El caso del marxismo era algo diferente. De él podían desprenderse varias predicciones falsables. El problema residía en que un número considerable de tales predicciones habían demostrado ser falsas, no obstante lo cual, los marxistas, según Popper, se negaban una y otra vez a aceptar las consecuencias y procedían a una reformulación constante de la teoría (en el mejor de los casos) de manera de eludir cualquier posible refutación.

El atractivo psicológico de estas teorías reside en su habilidad para explicarlo todo. Ello concede a quienes las aceptan, la falsa idea de dominio intelectual y un considerable sentido emocional de orientación segura en el mundo. No importa lo que pase, todo lo confirma. Según Popper, un marxista no logra abrir el diario sin sentir que cada página confirma su interpretación de la historia. Ya sea debido a lo que el diario dice, por la particular forma como lo dice, por lo que no dice, etcétera.

Lo anterior no significa que necesariamente todo lo que estas teorías sostienen sea inútil o que no tenga sentido. La demarcación propuesta por Popper no es entre el sentido y el sinsentido, sino entre la ciencia y la no-ciencia. En este último campo, Popper sitúa a la metafísica. Sin embargo, ello no significa que se pueda prescindir de la metafísica. Popper cree, por ejemplo, en las regularidades de la naturaleza y tal afirmación no puede ser refutada.

3. La estructura del quehacer científico

La concepción tradicional, sostiene Popper, considera que la actividad científica pasa, de manera sucesiva, por las fases siguientes:

1. Observación y experimento.
2. Generalización inductiva.
3. Construcción de hipótesis.
4. Intento de verificación de las hipótesis.
5. Prueba o rechazo.
6. Conocimiento.

Para Popper, la estructura efectiva es la siguiente:

1. Problema.
2. Solución propuesta: nueva teoría.
3. Deducción de proposiciones contrastables (**testable**) de la nueva teoría.
4. Tests: intentos de refutación a través de la observación y el experimento, entre otros.
5. Preferencia entre teorías que compiten entre sí.

Esta misma estructura puede simplificarse, de manera que el desarrollo científico se revela apegado al siguiente patrón:

$$P_1 \longrightarrow SE \longrightarrow EE \longrightarrow P_2$$

Donde, P_1 : problema inicial
SE : solución por ensayo
EE : eliminación por error
P_2 : nuevos problemas

Las instancias básicas del quehacer científico son la existencia de problemas, el ensayo y el error. En último término, lo que la ciencia realiza no es sino la aplicación de manera sistemática del antiguo método de ensayo y error. Ello, sobre el trasfondo de problemas que requieren ser resueltos. La humanidad tiende a la solución de problemas y el primero de todos ellos es el de la sobrevivencia.

Popper insiste en la importancia de reconocer la existencia de los problemas. Siempre las teorías remiten a problemas. De allí que toda teoría, o incluso toda filosofía, debe procurar ser entendida a la luz de los problemas que pretende resolver. Ello se contrapone a aquellos intentos que procuran saber qué se dice, sin preocuparse por saber por qué se lo dice. Ninguna teoría, sostiene Popper, parte de cero. Siempre heredamos un campo de problemas y soluciones. En relación con esta posición, cabe notar que Popper se acercará, como se apreciará más adelante, a algunas de las afirmaciones centrales de la filosofía heideggeriana.

Para Popper, el conocimiento científico es objetivo y forma parte de lo que llama un Mundo 3. Es diferente del mundo externo de las cosas (Mundo 1) y es también distinto del mundo subjetivo y privado de la mente (Mundo 2). El conocimiento científico es de dominio público. Es evidente que la concepción de Popper sobre el quehacer científico le genera algunos problemas con el dualismo. La ciencia, según su opinión, no encuentra una caracterización adecuada ni en uno ni en otro de los términos del dualismo. La solución planteada por Popper consiste, sin embargo, en inventarle a la ciencia su propio mundo: un mundo tercero. Ello no involucra, sin embargo, una superación efectiva de la matriz dual. La solución de Popper sólo la elude.

La filosofía popperiana no se limita a los problemas relacionados con el quehacer científico. A partir de ellos, Popper desarrollará también una concepción sobre la sociedad, la historia y el carácter de los cambios sociales. Popper será un apasionado defensor de una concepción liberal a partir de la cual aboga por lo que llama una «sociedad abierta», fundada en la libertad, la tolerancia y la democracia. De la misma manera, será un fuerte detractor de las concepciones «historicistas», que afirman la posibilidad de la predicción histórica, del detectar leyes, patrones o tendencias del desarrollo histórico y, por lo tanto, conciben la posibilidad de develar el «sentido» de la historia. Popper rechaza tales pretensiones.

Popper es un declarado indeterminista. Cree que el cambio en la historia es el resultado de nuestros múltiples intentos por resolver nuestros problemas, los que involucran la imaginación, nuestra capacidad de escoger, la suerte, etcétera. El futuro estará determinado por lo que serán nuestros nuevos descubrimientos y conocimientos. Pues bien, señala Popper, no podemos predecir nuestros conocimientos futuros. Si pudiéramos hacerlo, ya dispondríamos de ellos en el presente y no serían conocimientos o descubrimientos futuros.

CAPITULO XV

LA FENOMENOLOGIA DE LA CONCIENCIA DE HUSSERL

Luego de la gran contribución de Kant, efectuada hacia fines del siglo XVIII, emergen tres grandes corrientes que, junto con la influencia vigente de la filosofía crítica, van a plasmar el escenario filosófico. De estas tres, ya se han examinado dos de ellas: las tradiciones dialéctica y analítica. Resta por examinar la tradición fenomenológica, propósito de este capítulo.

Es importante destacar que estas tres tradiciones filosóficas, la dialéctica, la filosofía analítica y la fenomenología, postulan una visión del mundo radicalmente diferente y afirman concepciones sobre el conocimiento (epistemologías) opuestas. Sin embargo, a pesar de tales diferencias, es interesante notar que, de una u otra forma, cada una de ellas reivindicará a la ciencia en su favor. Como es de esperar, por lo tanto, las diferencias que estas tradiciones mantienen entre sí se trasladarán al propio concepto de ciencia invocado por cada una. De allí que resulte conveniente insistir en el hecho de que al hablarse de ciencia no siempre se alude a lo mismo, dependiendo del tipo de tradición filosófica desde la cual se realicen las afirmaciones correspondientes.

Pero si bien sus conceptos de ciencia son distintos, donde se hacen más patentes las diferencias es en el uso que cada una de ellas le confiere al término sentido. Si se toma, por ejemplo, la pregunta ¿cuál es o dónde reside el sentido de lo real?, se comprobará que el tipo de respuesta que cada una de estas tradiciones ofrece es radicalmente diferente.

En el caso de la dialéctica hegeliana, la referencia al sentido aparece en varios contextos. Por un lado, en la afirmación de que la historia tiene un sentido, una dirección, y, por lo tanto, en su compromiso historicista y teleológico. En un plano diferente se señala que el sentido de lo real no remite a su objetividad, sino a la conciencia que lo constituye. Por otro lado, al sostenerse que el sentido se establece en la unidad de la apariencia y la esencia, luego de suscribirse una posición que le atribuye a lo real un nivel oculto, interno y profundo desde el cual lo fenoménico requiere ser explicado. Por último, se establece que el sentido de lo real se alcanza en su relación con la totalidad.

¿Dónde sitúa la filosofía analítica el debate por el sentido? En primer lugar, en una operación de reducción de todo enunciado a su forma lógica. En seguida, en la distinción que en ella se hace de sentido y referencia. Con Wittgenstein, se apuntará al rigor general del lenguaje y se aludirá, por un lado, al sentido de lo que puede ser expresado y de lo cual hay que hablar claramente y, por otro lado, al sentido situado más allá de los límites del lenguaje, que apunta al silencio y al dominio de lo místico. Para los positivistas lógicos, en cambio, el sentido remite a la posibilidad de verificar empíricamente lo que se afirma: el sentido es un rasgo de la objetividad de lo real.

Sin embargo, a pesar de estas diferencias, es importante reconocer que estas tres tradiciones comparten algunos rasgos de importancia. Entre ellos, cabe mencionar que las tres se conciben orientadas hacia el objetivo de alcanzar la certeza. ¿Qué significa esta unidad de propósitos? Por sobre todo, que ellas objetan la posición kantiana de que no pueda conocerse las cosas-en-sí, los noumenos. Por otro lado, implica que entienden que el conocimiento de la realidad no es una construcción de la conciencia. En el caso de Hegel, de aparente constructivismo total, ello se resuelve al establecerse la identidad entre conciencia y realidad.

A partir de este compromiso conjunto, las tres tradiciones nuevamente difieren. Para los filósofos analíticos, por ejemplo, esta búsqueda de la certeza se realiza apelando al empirismo de Hume y sosteniendo que la conciencia es neutra y transparente. Ello permite fijar la atención y el debate directamente en los objetos de un mundo exterior. Más adelante, la filosofía analítica llega a afirmar que las proposiciones sobre «estados internos» pueden simplemente ser eliminadas, sin que ello signifique una pérdida de sentido.

Los fenomenólogos, en cambio, se apoyarán en el tipo de camino abierto por Hegel, que le confería prioridad a la conciencia. Para la fenomenología, sin embargo, Hegel ha equivocado muy pronto el camino. Este aparecía reflejado en el tipo de desarrollo propuesto en La fenomenología del espíritu. De allí que los fenomenólogos entiendan que una adecuada y certera fenomenología de la conciencia estaba todavía por hacerse. En cuanto asumen este desafío, adoptan el nombre de fenomenología para denominar su proyecto filosófico.

En oposición a los analíticos, que afirmaban la autonomía de las entidades de las que el mundo está formado, los fenomenólogos, apoyándose nuevamente en la tradición hegeliana, destacan la interconexión de las cosas. La experiencia, para ellos es un río, no una colección de datos sensoriales «sueltos y separados».

En un plano diferente, aunque los analíticos aceptaban que la relación entre el mundo revelado por la física y el mundo de la percepción ordinaria era compleja y requería de diversas dilucidaciones, confiaban, sin embargo, que ella podía clarificarse gracias a la aplicación del análisis lógico al lenguaje y manteniendo a distancia las emociones. Todo juicio de valor debía ser excluido de la tarea de conocimiento. Los fenomenólogos no aceptan el desechar por subjetivo el mundo de las experiencias del tipo amor, odio, lo añorado, etcétera. Por el contrario, rechazan la bifurcación de la naturaleza que el modelo de la física imponía sobre la cultura moderna. De allí que le den una especial importancia a los fenómenos asociados a la experiencia cotiadiana de los hombres.

Por último, resulta necesario referirse al papel que estas dos tradiciones le confieren al lenguaje. Ambas, reconocían la existencia de una barrera entre nuestras mentes y las cosas. Para los analíticos, la superación de tal barrera exigía evitar todo lenguaje que no fuera lógicamente riguroso. Los fenomenólogos, en cambio, colocan inicialmente el énfasis en el papel que en ello jugaban nuestras preconcepciones. La barrera se superaba, según ellos, procurando mirar las cosas lo más directamente posible, eludiendo la mirada que descansa en anteojos filosóficos.

Es importante advertir que esta posición inicial será luego modificada y las preconcepciones serán revaloradas positivamente. Dentro de esta perspectiva, en vez de podar el lenguaje tras el intento de develar su forma lógica, estimulan que éste florezca. De allí que se asocie a la experiencia de la mirada directa la emergencia de un lenguaje muchas veces complejo, elaborado, exuberante e, incluso, esotérico, que ha provocado una fuerte reacción en contra de parte de los analíticos.

***

Edmund Husserl (1859-1938) nace en Moravia, hoy Estado Checo, entonces parte del imperio austríaco. Husserl es de ascendecia judía. Cuando joven, estudia matemáticas con Weierstrass, física y astronomía en las universidades de Leipzig, Berlín y Viena. En esta última, se inclina por la filosofía y sigue las clases ofrecidas por Brentano.

Franz Brentano (1838-1917) era un ex sacerdote católico, de influencia neotomista, que se concentra en lo que llama «psicología descriptiva». Sostiene que la conciencia no consiste en «ideas» o «representaciones», sino que es de naturaleza intencional. La conciencia, por lo tanto, no sería un estado, sino una dirección: un dirigirse hacia un objeto. Estar consciente de esta mesa, por ejemplo, no consiste en contemplar una representación interior y privada de la mesa, sino dirigirse hacia ella. Ello implica intencionalidad. Cabe notar que esta concepción significa una actualización del viejo Aristóteles.

Entre las obras más importantes de Husserl cabe mencionar las *Investigaciones lógicas* (1900), *Ideas relativas a una fenomenología pura y una filosofía fenomenológica* (1913,1929), *La fenomenología de la conciencia del tiempo inmanente* (1929), *Meditaciones Cartesianas* (1931) y *La filosofía y la crisis del hombre europeo* (1936,1954).

Según Husserl, el hombre europeo ha alcanzado una profunda crisis que se expresa en la desconfianza progresiva en la certeza racional. Se halla afectado de la enfermedad del escepticismo. Husserl se opone muy fuertemente a lo que define como la inundación del positivismo y del pragmatismo. Valorando la actitud de los positivistas, los acusa por la parcialidad de sus principios. También se opone a las corrientes historicistas, románticas y relativistas que rechazan la creencia en una filosofía absoluta.

Al afirmar su objetivo de búsqueda de la certeza, Husserl entiende que lo que está haciendo es extendiendo de modo consecuente el positivismo para fundar un positivismo total. El positivismo ha identificado la racionalidad con lo que Husserl llama el «naturalismo» o la «perspectiva natural». Ella supone que sólo existe lo objetivo, lo fáctico. Sin embargo, al prescindirse de lo subjetivo, la propia actividad científica deja de comprenderse. Apoyadas en una racionalidad estrecha y en una modalidad de conocimiento estrecha, como lo es el procedimiento hipotético-deductivo, las ciencias naturales devienen acríticas de los presupuestos que ellas mismas introducen. Ello se expresa, por ejemplo, en la presunción de que el mundo físico es independiente de la conciencia.

La misma psicología, según Husserl, luego de efectuar una separación tajante y equivocada entre lo corporal y lo mental, comete el error adicional de tratar lo mental como si fuera algo corporal, dado que se apoya en un concepto de ciencia que toma como modelo a la física. Una psicología objetivista no puede estudiar lo mental en lo que le es esencial: en cuanto remite a un yo (un ego) que actúa y sobre el cual se actúa. De allí que Husserl proponga una reforma completa de la psicología que eluda una perspectiva de análisis exterior y que se concentre en el análisis del quehacer interno desde la conciencia, desde la subjetividad.

Frente a la prioridad que el naturalismo le confiere al problema de la objetividad (la filosofía analítica participa de esta posición), la fenomenología reacciona efectuando la opción opuesta y destacando la prioridad de la conciencia y la subjetividad. Es importante destacar cómo los términos mismos de la confrontación siguen atrapados por el dualismo inherente a la filosofía moderna.

El mundo, según Husserl, no está constituido sólo por hechos y eventos. También lo integran valores, bienes, etcétera. Se trata de un mundo práctico, con elementos bellos y feos, agradables y desagradables, etcétera. Por lo tanto, es necesario situarse más allá de lo fáctico. Pasar del mundo de los hechos (fundado en la experiencia) al mundo de la vida (fundado en las vivencias). Ello implica pasar de la perspectiva natural a la perspectiva fenomenológica.

1. La perspectiva fenomenológica

¿En qué consiste la perspectiva fenomenológica? Fundamentalmente, en eliminar todo lo que no sea inmediato y originario. Eliminar todo lo que se ha insertado subrepticiamente en la conciencia como forma de explicación, de especulación o de suposición. De allí que el recurso fenomenológico por excelencia sea lo que Husserl llama la **epojé**, haciendo uso de un vocablo griego que significa desconexión, no-compromiso, suspensión de juicio. Se trata de una forma de «poner entre paréntesis» y, por consiguiente, de una forma de duda.

A través del recurso de la epojé, es posible, primero, una reducción trascendental que abre camino hacia la intuición inmediata que, según Husserl, es la única garantía para alcanzar la certeza. El tránsito de lo trascendental a lo inmanente permite acceder a las vivencias puras, a los actos intencionales. Luego, se logra una reducción eidética que se caracteriza por la aprehensión de esencias universalmente válidas (**eidos**). A través de la intuición eidética se logra una experiencia directa (vivencia) de los universales.

Tal como lo hiciera Hegel, Husserl critica la teoría empirista de la abstracción, la que se basa en generalizar, separar, prescindir de aspectos de los objetos. Señala, en oposición a ella, que mediante la aplicación progresiva y rigurosa de su proposición de aplicar el recurso reductivo, se alcanza al final la absoluta subjetividad, base para una efectiva objetividad absoluta. Con ello se accede a la conciencia pura como «residuo fenomenológico» que representa una síntesis en la que no se pierde contenido. Todo permanece, sólo que ahora todo es diferente.

La subjetividad absoluta abre el camino hacia una fenomenología trascendental en la que se alcanza la descripción de la conciencia pura, por sí misma, en su estructura y esencia de su ser (tal como lo pretendiera Kant) en cuanto absoluto y último. Este trayecto es para Husserl el único que efectivamente permite el desarrollo de una ciencia sin presupuestos, tal como se lo propone el pensamiento moderno. La fenomenología, por lo tanto, representa una ciencia del ser (como lo pretendiera Hegel) pero fundada en la reducción trascendental de la conciencia.

En cuanto ciencia del ser, la fenomenología no se preocupa de las cosas-en-sí, sino de las cosas-para- la- conciencia. Desde esta perspectiva, se revela otro tipo de categorías de aquellas utilizadas tanto por Kant, como por Hegel. Lo que la fenomenología revela son intencionalidades, pertenencias, modos de apariencia, procesos subjetivos, horizontes, flujos de multiplicidades, síntesis unitarias en la conciencia y aquellas esencias propias de la perspectiva fenomenológica (eidéticas).

2. La fenomenología frente a la enfermedad del escepticismo

Husserl propone su programa fenomenológico como la única alternativa que permite superar el escepticismo en el que, de manera recurrente, cae inevitablemente la perspectiva naturalista. El camino de tal superación es el de la intuición inmediata que requiere de la reducción trascendental como primera operación para avanzar hacia la certeza. Pero no se trata de la certeza analítica. La fenomenología no puede proveer la garantía de la certeza que anuncia. A la intuición que es su fundamento se puede acceder, como no acceder. Ello es importante pues es precisamente en el acto de la intuición que la certeza fenomenológica se alcanza. Ella no se obtiene en el discurso.

Husserl acepta que el hecho de que una búsqueda sea rigurosa implica que pueda ser comunicada. Pero la descripción no puede reemplazar a la experiencia personal. La descripción cualitativa no pretende ser «ciencia rigurosa». En consecuencia, aunque el contenido último del conocimiento no es comunicable, la comunicación es de gran importancia.

Es necesario destacar que el movimiento intencional de la conciencia no sólo identifica a los objetos, sino que también los constituye, los dota de sentido. No podemos pensar algo que no está siendo pensado. Una vez que hablamos de algo, lo constituimos como objeto de un juicio. Por lo tanto, sostener que algo es «independiente de la conciencia» es un concepto autocontradictorio. Toda forma de realismo es obligadamente autocontradictoria. Si suprimimos la conciencia, suprimimos el mundo. Sólo la conciencia puede tener una existencia autofundante. La perspectiva naturalista en la medida en que prescinde del movimiento intencional de la conciencia, no puede fundar la objetividad que persigue. El escepticismo es la consecuencia lógica de sus presupuestos.

La intuición tiene en Husserl los rasgos básicos de una experiencia mística y es tan incomunicable como ella. La certeza es accesible en la inmanencia. La perfecta transparencia del objeto se alcanza sólo cuando se logra la identidad sujeto-objeto, identidad cuyo modelo es la experiencia mística.

Todo lo que entra en el campo de la comunicación humana destruye la inmediatez que constituye su valor y, por lo tanto, destruye la certeza. Todo lo que entra en el campo de la comunicación humana es inevitablemente incierto, siempre precario, cuestionable, frágil, provisional y mortal.

Evaluando el proyecto fenomenológico de Husserl, Kolakowski señala que éste no parece haber contribuido a hacer más rigurosas las investigaciones en ciencias humanas, campo en el que busca establecer una influencia considerable. Por el contrario, hizo en cambio más fácil la libre especulación. Para Kolakowski, la disyuntiva que deja abierta la fenomenología husserliana es, por un lado, la de un empirismo coherente, condenado a resultados siempre relativos y a una postura escéptica frente al conocimiento y, por otro lado, la de un dogmatismo trascendentalista, que no puede justificarse a sí mismo y que queda, al final, como una decisión arbitraria. Desde esta perspectiva, resulta difícil aceptar que la empresa fenomenológica de Husserl haya sido capaz de proporcionar un camino claro y plenamente convincente hacia la certeza.

CAPITULO XVI

LA HERMENEUTICA

Para una adecuada comprensión de la filosofía de Heidegger, tema que se abordará en el próximo capítulo, es necesario volver atrás, y dar cuenta de los desarrollos de la tradición hermenéutica. Es importante reconocer que entre la hermenéutica y la fenomenología se producen importantes intersecciones, al punto que algunos autores definen a Dilthey como fenomenólogo y pocos disputarían la contribución de Heidegger al pensamiento hermenéutico. De hecho, en Heidegger influyen muy significativamente tanto la fenomenología de Husserl, como la hermenéutica de Dilthey. Pero para abordar la tradición hermenéutica es necesario volver nuevamente al pasado.

Aunque el término «hermenéutica» data del siglo XVII (quien primero lo usó en un título de un libro fue J.C. Dannhauer, en 1654), con él se designa una tradición que se remonta a la Antigüedad. Las propias raíces del término hermenéutica nos remiten a los vocablos griegos **herméneuein** y **hermeneia**, que se refieren al acto de la interpretación. En ellos se reconoce, sin embargo, la referencia al dios Hermes a quien los griegos le asignaban el descubrimiento del lenguaje y la escritura, las herramientas requeridas por el entendimiento humano para desentrañar el sentido y comunicarlo a otros. Es importante recordar que a Hermes se le atribuía la función de transmutar lo que se halla más allá del entendimiento humano en una forma accesible a la comprensión de los hombres. Hermes era considerado un intermediario entre Dios y los hombres.

Pero la tradición hermenéutica, de dar cuenta de las operaciones de exégesis de textos y de las teorías de la interpretación, es incluso mucho más antigua. Ella remite a las prácticas de exégesis bíblica que se desarrollaron en los tiempos del Antiguo Testamento, en las que se fijaban determinados cánones para la adecuada interpretación del Torah.

En la Edad Media, la exégesis había representado una de las opciones predominantes para determinar la verdad. En la medida en que se consideraba que determinados textos como la Biblia, los escritos de los Padres de la Iglesia y más adelante los tratados filosóficos de Aristóteles y Tomás de Aquino, eran portadores de la verdad, resultaba fundamental asegurar procedimientos capaces de generar seguras interpretaciones sobre el sentido de lo afirmado en ellos. No olvidemos que para la cosmovisión medieval era esencial trazar una clara demarcación entre las interpretaciones aceptadas por la ortodoxia y aquellas que caían en el dominio de la heterodoxia o incluso de la herejía.

Antes de entrar de lleno en la filosofía, la hermenéutica, por lo tanto, recogía una importante tradición en el campo de la teología. Sin embargo, ésta no era la única tradición de la cual ella se nutría. Lo mismo sucedía con los campos de la interpretación literaria, del análisis jurídico e incluso de la filología clásica. En todos ellos resultaba esencial establecer procedimientos que permitieran interpretar adecuadamente el sentido de un texto, o el sentido de la palabra.

En la edad moderna, la hermenéutica va a representar una importante reacción contra el realismo filosófico fundado en el supuesto de que lo que se conoce o comprende se encuentra allí fuera, en el mundo exterior, siendo independiente de quién lo percibe. Vale decir, la hermenéutica contendrá un primer cuestionamiento al dualismo filosófico que para dar cuenta del conocimiento establece la separación entre sujeto y objeto. Las ciencias naturales se habían desarrollado aceptando los términos del dualismo, proponiéndose un conocimiento objetivo, ajeno a toda perspectiva histórica y fuertemente apegado al análisis. La hermenéutica representará una opción diferente.

Sin embargo, cuando el objeto de conocimiento no era un objeto natural, sino un texto, la matriz ontológica sujeto-objeto generaba algunos problemas. El texto, como objeto, asumía ciertas peculiaridades que lo distinguían de los objetos naturales. El objeto resultaba ser una creación del hombre, una obra. Comprender una obra, implica descifrar la huella humana de la que ella es portadora y revelar su sentido. Como tal, el texto demostraba tener voz propia, a través de la cual su sentido se comunicaba. Su entendimiento demostraba tener bastante más afinidad con el acto de «escuchar», que con el de «ver» u «observar», a través del cual las ciencias naturales caracterizaban su quehacer. Desde la perspectiva hermenéutica se reconocía, en cambio, que **sensus non est inferendus, sed eferendus**.

La hermenéutica representará, por lo tanto, el estudio de la interpretación y el entendimiento de las obras humanas. El lenguaje y el fenómeno de la comunicación estarán en el centro de su preocupación. El entendimiento se verá asociado a los actos de expresar, de explicar, de traducir y, por lo tanto, de hacer comprensible el sentido que algo tiene para un otro. La hermenéutica corresponde siempre en una situación dialogística, que compromete a lo menos a dos sujetos (distinguiéndose de la relación sujeto-objeto). Como fenómeno de comunicación, ella se constituye en la fusión de dos horizontes de sentido: aquel horizonte de entendimiento del intérprete y el horizonte del cual es portador el texto, la obra o simplemente el otro que se expresa.

F.E.D. SCHLEIERMACHER

Freidrich Ernst Daniel Schleiermacher (1768-1834), contemporáneo de Hegel, nace en Breslau y es educado en una comunidad de la secta protestante morava de los «hernhutianos».

Estudia teología y ejerce como predicador desde 1796 a 1802, época en la que se relaciona con el círculo romántico. Ejerce luego como profesor de teología y filosofía en Halle, para luego, en 1809, volver a la predicación en Berlín. Su filosofía lo vincula a la escuela romántica de pensamiento.

Desde temprano, Schleiermacher se opuso a Kant por estimar que éste no le concedía la suficiente importancia a la individualidad del sujeto ni al medio histórico en el que éste se mueve. Entre sus escritos destacan *Sobre la religión: discurso a los hombres ilustrados que la desprecian* (1799), *Sobre revelación y mitología* (1799), y varias publicaciones póstumas, como *La vida de Jesús*, y sus escritos de exégesis y hermenéutica del Nuevo Testamento.

El pensamiento de Schleiermacher se concentra en la filosofía de la religión. Sostiene que la religión representa el sentimiento de dependencia de lo limitado a lo ilimitado, de lo finito a lo infinito. En ella los hombres encuentran la ausencia de contradicciones, la identidad de los contrarios. A través de la religión, los hombres se sienten partícipes de lo infinito. En oposición al voluntarismo, que reduce la religión a la moral (Kant), y al racionalismo que la convierte en metafísica o en religión de la razón (Hegel), Schleiermacher destaca la importancia del sentimiento y de la vivencia íntima de la religiosidad. Dios se hace accesible solamente por la vía de la mística.

Desde su preocupación por la religión, Schleiermacher se plantea la necesidad de constituir una hermenéutica general, considerada como el arte del entendimiento, y capaz de superar los desarrollos parciales de la hermenéutica en campos específicos (teológico, legal, filológico, etcétera). Toda hermenéutica, sostiene Schleiermacher, remite a un mismo acto fundacional: el acto de entendimiento. Esto implica que ella debe orientarse hacia el proceso concreto del entendimiento que se gesta en todo diálogo. Este es el punto de partida desde el cual la hermenéutica debe desarrollarse. Cuando la atención se concentra en las condiciones propias del diálogo, se evitan los riesgos de caer en el racionalismo, la metafísica y la moralidad.

Es importante distinguir, para Schleiermacher, el arte de la explicación del arte del entendimiento. La explicación está relacionada con la presentación, con el arte de la formulación retórica. Es necesario distinguir, en un diálogo, la operación de formular algo y convertirlo en discurso, de la operación de entender lo que se dice.

El verdadero punto de partida de la hermenéutica, según Schleiermacher, arranca de la pregunta ¿cómo una expresión, sea ésta escrita o hablada, es entendida? La situación propia del entendimiento es la de una relación dialogal, donde hay alguien que habla, que construye una frase para expresar un sentido, y donde hay alguien que escucha. Este último recibe un conjunto de palabras para, súbitamente, a través de un misterioso proceso, adivinar su sentido.

Para Schleiermacher, entender implica reconstruir el proceso mental que registrara el autor del texto. Entender involucra, por lo tanto, el proceso inverso a la composición, iniciándose desde la obra ya realizada y retrocediendo a la actividad mental que la produjo.

De igual forma, el entendimiento es definido como una operación fundamentalmente referencial: sólo podemos entender algo nuevo a través de la comparación con algo que ya conocemos. Esta afirmación representa uno de los aspectos más sobresalientes de la concepción de Schleiermacher y apunta a lo que se denomina el círculo hermenéutico. Lo que entendemos forma un sistema o círculo hecho de partes. El círculo como un todo define sus partes y las partes en conjunto forman el círculo. Una frase, por ejemplo, es una unidad. Entendemos el sentido de una palabra al referirla a la frase en su conjunto y, recíprocamente, el sentido de la frase depende de las palabras que la componen. De la misma manera, un concepto particular extrae su sentido del contexto u horizonte del cual forma parte y el horizonte está constituido de los elementos a los cuales confiere sentido.

El círculo hermenéutico desafía la lógica tradicional por cuanto establece la necesidad de aprehender la totalidad como condición para el entendimiento de las partes. Schleiermacher procura dar cuenta de este fenómeno señalando que el entendimiento requiere de un componente comparativo y de otro de carácter intuitivo.

Por otro lado, el círculo hermenéutico apunta a un área de entendimiento compartido. Dado que la comunicación es una relación dialógica, se presupone desde el inicio una comunidad de sentido compartido entre el que habla y el que escucha. Sólo en la medida en que se comparte un entendimiento, es posible producir nuevos entendimientos. Ello genera nuevos problemas a la lógica tradicional por cuanto ello implica, de alguna forma, que aquello que logra entenderse supone que se le conoce de antemano. El entendimiento requiere de algún conocimiento previo de lo que se discute.

Según Schleiermacher, tanto quien habla como quien escucha debe compartir el lenguaje y el tema del discurso. Todo entendimiento, para ser posible, requiere de un preentendimiento tanto en lo que se refiere al medio (lenguaje), como a la materia del discurso. El reconocimiento de que el entendimiento requiere de un preentendimiento (de un entendimiento previo compartido) es uno de los rasgos fundamentales del círculo hermenéutico.

Uno de los méritos principales de Schleiermacher fue su propósito de trascender el apego de la tradición hermenéutica anterior por establecer «reglas» que faciliten el entendimiento. Lo que se propone Schleiermacher es la constitución de una hermenéutica general, definida como ciencia sistemática que, en vez de reglas, sea capaz de establecer las leyes generales del entendimiento.

En sus primeros escritos, Schleiermacher desarrolla una concepción de la hermenéutica centrada fundamentalmente en el lenguaje. De allí, por ejemplo, que señale que «todo lo que la hermenéutica presupone es lenguaje, como asimismo todo lo que puede encontrase en ella».

Sin embargo, en sus escritos posteriores, Schleiermacher se desplaza hacia una hermenéutica orientada hacia lo psicológico. Desde una posición de clara resonancia hegeliana, postula una discrepancia entre la esencia interna e ideal y la apariencia exterior. De allí que proceda a definir la tarea de la hermenéutica como un esfuerzo por trascender el lenguaje para acceder a una realidad interior. Desde esta posición, el lenguaje ya no es considerado equivalente al pensamiento, aunque acepta que para acceder al pensamiento es necesario hacerlo a través del lenguaje. Sólo desde un punto de vista esencial e interno, afirma Schleiermacher, el pensamiento y su expresión son lo mismo.

Este giro en la posición sustentada en sus escritos tardíos se explica no sólo por el carácter idealista de su metafísica, sino también por haber sostenido que el objetivo de la hermenéutica es la reconstrucción del proceso mental del autor. Este es un factor importante que lo lleva a distanciarse de sus primeras concepciones centradas en el lenguaje, para asumir una orientación psicológica.

A partir de Schleiermacher la hermenéutica deja de ser vista como procedimientos de interpretación específicos utilizados en la teología, la literatura o el derecho, sino que es reconocida como el arte de entender cualquier expresión en el lenguaje. Para Schleiermacher el problema de la interpretación remite al entendimiento de quien escucha. Ello permitía superar la ilusión de que el texto posee un sentido independiente, separable de la situación que produce el entendimiento. Tal concepción presuponía ingenuamente la transparencia y ahistoricidad del entendimiento y, por lo tanto, que podemos acceder al sentido de un texto prescindiendo del tiempo y de la historia. Tales presupuestos fueron puestos en tela de juicio por Schleiermacher. De allí que sea considerado el padre de la hermenéutica moderna, entendida ésta como disciplina general.

WILHELM DILTHEY

Nacido en Biebrich am Rheim, Wilhelm Dilthey (1833-1911) enseña en Basilea, Kiel, Breslau y, por último, a partir de 1882, en la Universidad de Berlín. Entre sus escritos destacan una *Vida de Schleiermacher* (1867-1870), *Ideas para una psicología descriptiva y analítica* (1894), *Origen de la hermenéutica* (1900), *Estudios sobre fundamentación de las ciencias del espíritu* (1905), *La esencia de la filosofía* (1907) y *La estructura del mundo histórico en las ciencias del espíritu* (1910).

Si bien Dilthey coincide con el positivismo y el neokantismo en su negación de la posibilidad de un conocimiento metafísico, se diferencia de ellos en su oposición al naturalismo triunfante de su época. En este terreno, rechaza la tendencia de fundar un conocimiento sobre lo humano siguiendo los procedimientos de las ciencias naturales.

Para Dilthey, la experiencia concreta y no la especulación representa el único punto de partida admisible para desarrollar lo que llama las ciencias del espíritu o del hombre (**Geisteswissenschaften**). El pensamiento no puede ir más allá de la vida, sostendrá. Su filosofía de la vida coloca a Dilthey en clara afinidad con la filosofía de Nietzsche y Bergson, contemporáneos suyos. Dilthey es considerado el fundador de la corriente psicológica llamada descriptiva o de la comprensión. Ella se opone a la idea de una psicología «explicativa».

Dilthey recibe una importante influencia de la escuela romántica, a través de autores como Goethe, Novalis y el propio Schleiermacher, que reivindicaban un retorno a la vida y un deseo por acceder a lo inmediato y a la totalidad. Simultáneamente con ello, sin embargo, Dilthey va a profesar el ideal desarrollado desde las ciencias naturales por alcanzar un conocimiento que sea objetivamente válido.

Desde otra perspectiva, Dilthey puede considerarse como un continuador del idealismo crítico de Kant. Aceptando la tarea acometida por Kant en su *Crítica de la Razón Pura para la* determinación de las categorías relevantes de las ciencias naturales, Dilthey se propone en 1883 realizar una «crítica de la razón histórica». Esta obra completaría la contribución de Kant al establecer los fundamentos epistemológicos para los estudios del hombre.

El gran objetivo de Dilthey consiste, precisamente, en desarrollar una metodología apropiada para el entendimiento de las obras humanas, que eluda el reduccionismo y mecaniscismo de las ciencias naturales. La vida debe ser entendida a partir de la propia experiencia de la vida. Las ciencias humanas no pueden pretender la comprensión de la vida a través de categorías externas a ella, sino a través de categorías intrínsecas, derivadas de ella misma. «Por las venas del 'sujeto cognoscitivo' construido por Locke, Hume y Kant, no corre sangre verdadera», señala Dilthey.

Dilthey enfrenta dicha tarea entendiendo que se trata de un problema que no es metafísico, sino epistemológico; que requiere la profundización de nuestra conciencia histórica, y que requiere, por sobre todo, concentrarse en las expresiones (obras) que resultan de la propia vida. Para Dilthey, la metafísica es a la vez imposible e inevitable. Los hombres no pueden permanecer en un relativismo absoluto, ni negar la condicionalidad histórica de cada uno de sus productos culturales. Ello se expresa en la antinomia entre la pretensión de validez absoluta del pensar humano, por un lado, y la condición histórica del pensar efectivo, por el otro.

Por su interés en la historia y las ciencias del espíritu, la filosofía de Dilthey presenta también una cierta afinidad con la tradición hegeliana. Hegel procuraba entender la vida desde la propia vida, pero recurría para ello a la metafísica. Dilthey adopta un enfoque más cercano a la fenomenología, ceñida a las experiencias concretas de los hombres. Dilthey comparte la afirmación de Hegel de que la vida es «histórica», pero concibe la historia no como una manifestación de un espíritu absoluto, sino, por el contrario, como expresión de la propia vida. La vida para Dilthey es relativa y se manifiesta de múltiples maneras; en la experiencia humana la vida no es nunca un absoluto.

Es central en la concepción planteada por Dilthey la distinción entre las ciencias naturales y las ciencias del espíritu. Mientras las primeras descansan en el concepto de fuerza propuesto por la física y en las matemáticas, las ciencias humanas se apoyan en el concepto de «sentido» y en la historia. Los estudios sobre lo humano disponen de algo que está ausente en las ciencias naturales: la posibilidad de entender la experiencia interior de un otro a través de un misterioso proceso de transferencia mental. Dilthey, siguiendo a Schleiermacher, concibe esta transposición como una reconstrucción de la experiencia interior del otro. Lo que interesa a Dilthey, sin embargo, no es el entendimiento de la otra persona, sino del mundo que a través de ello se revela.

El concepto clave en las ciencias del espíritu es el del entendimiento o la comprensión (**Verstehen**). Las ciencias naturales generan conocimiento a través de la explicación de la naturaleza; los estudios del hombre (las ciencias del espíritu) lo hacen a través de la comprensión de las expresiones de la vida. La comprensión permite acceder al conocimiento de la entidad individual; las ciencias naturales sólo se preocupan de lo individual como un medio para llegar a lo general, al tipo. Es más, las ciencias del espíritu, según Dilthey, son epistemológicamente anteriores a las de la naturaleza, a las que, por lo demás, abarcan, pues toda ciencia natural es también un producto histórico.

La fórmula hermenéutica de Dilthey pone el énfasis en tres conceptos claves: la experiencia, la expresión y la comprensión (o entendimiento).

El concepto de experiencia propuesto por Dilthey anticipa uno de los aspectos centrales de la filosofía posterior de Heidegger. No en vano este último reconoce el acierto de Dilthey. En efecto, la experiencia para Dilthey no es el contenido de un acto reflexivo de la conciencia. Es más bien el propio acto de la conciencia. No es algo que se halla fuera de conciencia y que ésta aprehende. La experiencia a la que alude Dilthey es algo mucho más fundamental, algo que existe antes de que el pensamiento reflexivo acometa la separación entre sujeto y objeto. Representa una experiencia vivida en su inmediatez, un ámbito previo al pensamiento reflexivo. Al distinguir de esta forma pensamiento y vida (experiencia), Dilthey coloca los cimientos a partir de los cuales se desarrollará la fenomenología en el siglo XX.

De lo anterior se deduce que representa un error considerar a la experiencia invocada por Dilthey como una realidad subjetiva. La experiencia aludida apunta a aquella realidad que se me presenta antes de convertirse en experiencia objetiva y, por lo tanto, antes de que lo subjetivo también se constituya. La experiencia representa un ámbito anterior, previo, a la separación sujeto- objeto, un ámbito en el cual el mundo y nuestra experiencia de él se hallan todavía unidos. En él tampoco se separan nuestras sensaciones y sentimientos del contexto total de las relaciones mantenidas juntas en la unidad de la experiencia.

Otro aspecto importante es el énfasis que pone Dilthey en la «temporalidad» del «contexto de relaciones» dado en la experiencia. Esta no es estática. Por el contrario, la experiencia, en su unidad de sentido, integra tanto el recuerdo que proviene del pasado, como la anticipación del futuro. El sentido sólo puede ser concebido en términos de lo que se espera del futuro y a partir de los materiales proporcionados por el pasado. Este contexto temporal es el horizonte inescapable dentro del cual es interpretada toda percepción del presente.

Dilthey insiste en señalar que la temporalidad de la experiencia no es algo impuesto reflexivamente por la conciencia (como lo afirmara Kant al sostener que la conciencia es el agente activo que organiza e impone unidad en la percepción), sino que ya se encuentra en la experiencia que se nos es dada.

Al destacar la importancia de la temporalidad, Dilthey introduce una dimensión que será central para la tradición hermenéutica posterior. Permite reconocer que la experiencia es intrínsecamente temporal (histórica) y que, por lo tanto, la comprensión de la experiencia debe realizarse en categorías de pensamiento temporales (históricas). Ello significa que sólo entendemos el presente en el horizonte de pasado y futuro. No se trata del resultado de un esfuerzo consciente, sino que pertenece a la propia estructura de la experiencia.

El segundo término clave de la fórmula hermenéutica de Dilthey es el de la expresión. Por ella se entiende cualquier cosa que refleja la huella de la vida interior del hombre. Se trata de las «objetivaciones» de la vida humana. Para Dilthey la hermenéutica debe concentrarse en estas expresiones objetivadas de la experiencia por cuanto le permiten al entendimiento dirigirse a elementos fijos, objetivos, y eludir así el intento de capturar la experiencia a través del esquivo procedimiento de la introspección. No olvidemos, por lo demás, que Dilthey busca alcanzar un conocimiento objetivamente válido. La introspección es descartada por cuanto genera una intuición que no puede comunicarse, o bien, una conceptualización de ella que es, ella misma, una expresión objetivada de la vida interior.

Las ciencias del espíritu, por lo tanto, deben dirigirse hacia las «expresiones de la vida». Al hacerlo, al concentrarse en las objetivaciones de la vida (obras), ellas no pueden sino ser hermenéuticas. Se orientarán centralmente a descifrar el sentido de la vida de que ellas son portadores.

> *«Todo aquello en lo que se ha objetivado el espíritu humano pertenece al campo de las* **Geisteswissenschaften.** *Su circunferencia es tan ancha como el entendimiento, y el entendimiento tiene su verdadero objeto en la propia objetivación de la vida»*[20].

Dilthey clasifica las distintas manifestaciones de la experiencia humana interior en: las manifestaciones de la vida (que

---

[20] En Richard E. Palmer, *Hermeneutics,* Northwestern University Press, Evanston, 1969, pág.112.

incluye ideas y acciones) y las expresiones de la experiencia vivida. Estas últimas son para Dilthey las más importantes dado que la experiencia humana interior alcanza en ellas su más plena expresión. Dentro de ellas, el papel preponderante lo tienen las obras de arte, en la medida en que en ellas no sólo se manifiesta su autor, sino la vida misma, como sucede, por ejemplo, con las obras literarias. De allí que, para Dilthey, la hermenéutica no comprende sólo la teoría de la interpretación de los textos, sino de cómo la vida se manifiesta y expresa en obras.

El tercer término de la fórmula hermenéutica propuesta por Dilthey es el de la comprensión o el entendimiento (**Verstehen**). A la naturaleza, la explicamos; al hombre, señala Dilthey, lo comprendemos. Llevamos a cabo la explicación a través de procesos puramente intelectuales; pero para comprender es necesaria la actividad combinada de todos los poderes mentales de la aprehensión. La inteligencia, señala Dilthey, existe como realidad en los actos vitales de los hombres, todos los cuales poseen también los aspectos de la voluntad y de los sentimientos, por lo cual (la inteligencia) existe como realidad sólo dentro de la totalidad de la naturaleza humana. La comprensión no es, por lo tanto, sólo un acto del pensamiento; es la transposición y vuelta a experimentar el mundo tal como otra persona lo enfrenta en una experiencia de vida. Por lo tanto, la comprensión supone una transposición prerreflexiva de uno en un otro. Ello implica el redescubrimiento de uno en el otro.

Uno de los puntos esenciales de la concepción de Dilthey es su insistencia en la historicidad del hombre. De ello se deducen varios aspectos. En primer lugar, dado que el hombre se comprende a sí mismo, no mediante la introspección, sino a través de las objetivaciones de la vida, ello implica que su autocomprensión es indirecta. Es necesario realizar una desviación hermenéutica, a través de sus expresiones fijas, que nos proporciona el pasado.

En segundo lugar, la historicidad del hombre representa para Dilthey el reconocimiento de que la naturaleza humana no es una esencia fija. En este punto, Dilthey concuerda con Nietzsche, en el sentido de que el hombre es el animal no-todavía-determinado, el animal que todavía no ha determinado lo que es. Lo que sea dependerá de sus decisiones históricas. En la medida en que el hombre tiene la capacidad de modificar su propia naturaleza, puede sostenerse que tiene la capacidad de modificar la vida misma.

A partir de su afirmación de que la totalidad de la naturaleza humana es sólo historia, Dilthey asume una posición de relativismo histórico. La historia es concebida como una serie de visiones de mundo y no se dispone de criterios de juicio para determinar la superioridad de una visión de mundo sobre otra. La conciencia trascendental de la filosofía se resuelve, por lo tanto, en la conciencia histórica. Lo que evita en Dilthey un relativismo absoluto es el reconocimiento de que, ante la ruina de los sistemas, permanece la actitud radical del hombre.

El sentido propio de la comprensión (o entendimiento) siempre se halla en un contexto de horizonte que se extiende hacia el pasado y el futuro. La historicidad y la temporalidad son dimensiones inherentes e inevitables de toda comprensión.

Dilthey insiste en la idea del círculo hermenéutico. El todo recibe su sentido de las partes y las partes sólo pueden comprenderse en relación al todo. Desde esta perspectiva, el sentido representa la capacidad de aprehensión de la interacción recíproca y esencial del todo con las partes. Pero, para Dilthey, el sentido es histórico. Se trata siempre de una relación del todo con las partes mirada desde una determinada posición, en un tiempo determinado y para una determinada combinación de partes. El sentido, por lo tanto, es contextual; es siempre parte de una determinada situación.

En la medida en que se afirma que el sentido es histórico, se sostiene que éste ha cambiado con el tiempo; que es un asunto de relación y está siempre referido a la perspectiva desde la cual se ven los acontecimientos. La interpretación siempre remite a la situación en la cual se halla el intérprete. El sentido podrá cambiar, pero será siempre una forma particular de cohesión, una fuerza de unión; será siempre un contexto.

El sentido es inherente a la textura de la vida, a nuestra participación en la experiencia vivida. En último término, es «la categoría fundamental y abarcante bajo la cual la vida logra aprehenderse». De allí que Dilthey afirme que:

> «*la vida es el evento o elemento básico que debe representar el punto de partida para la filosofía. Se la conoce desde dentro. Es aquello más allá de lo cual no podemos ir. La vida no puede hacérsela comparecer frente al tribunal de la razón*»[21].

El sentido no es subjetivo; no es una proyección del pensamiento sobre el objeto; es una percepción de una relación real dentro de un nexo anterior a la separación sujeto-objeto en el pensamiento.

La circularidad del entendimiento (círculo hermenéutico) tiene otra importante consecuencia: no existe realmente un punto de partida verdadero para el entendimiento. Ello significa que no es posible concebir un entendimiento carente de presupuestos. Todo acto de entendimiento tiene lugar al interior de un determinado contexto u horizonte. Ello es igualmente válido para las explicaciones científicas. Estas siempre requieren de un marco de referencia. Un intento interpretativo que ignore la historicidad de la experiencia vivida y que aplique categorías atemporales a objetos históricos, sólo irónicamente puede pretender ser objetiva, dado que ha distorsionado el fenómeno desde el inicio.

No existe un entendimiento carente de una posición. Entendemos sólo por referencia a nuestra experiencia. La tarea metodológica del intérprete, por lo tanto, no consiste en sumergirse completamente en su objeto, sino en encontrar maneras viables de interacción entre su propio horizonte y aquel del cual el texto es portador.

---

[21] En Richard E. Palmer, op.cit., pág.120.

La hermenéutica de Dilthey se mantendrá apegada al objetivo de producir un conocimiento objetivamente válido como, asimismo, a la idea de Schleiermacher de que la hermenéutica tiende a la reconstrucción de la experiencia del autor. A pesar de ello, su contribución será de gran importancia para las concepciones hermenéuticas posteriores, como las de Heidegger, Gadamer y Ricoeur. Uno de los principales méritos de Dilthey reside en haber colocado a la hermenéutica en el horizonte de la historicidad. Su pensamiento ejercerá una influencia significativa en pensadores como Max Weber (1864-1920) y Karl Jaspers (1883-1969). Weber, por ejemplo, insiste en que las explicaciones en las ciencias sociales o culturales no sólo deben ser causales, sino también ser capaces de revelar el sentido que se halla comprometido en la acción de los hombres.

CAPITULO XVII

LA REVOLUCION ONTOLOGICA DE HEIDEGGER

MARTIN HEIDEGGER

Consideramos a Martin Heidegger (1889-1976) el más destacado de los filósofos del siglo XX y posiblemente uno de los filósofos más sobresalientes que hayan existido jamás. De allí que estimemos necesario extendernos en ciertos rasgos de su vida y pensamiento.

Nacido en Baden, Alemania, Heidegger sigue estudios secundarios en una escuela dirigida por los jesuitas. Luego estudia en la Universidad de Friburgo, donde inicia su actividad docente. De allí pasa, luego, a enseñar en la Universidad de Marburgo. Cuando Husserl se retira, y a sugerencia de éste, es llamado nuevamente a Friburgo en 1928. En la primavera de 1933, luego que los nazis llegaran al poder, es nombrado Rector.

En ese período Heidegger manifiesta simpatías hacia el nazismo. Durante el período que fuera Rector de la Universidad de Friburgo, se le acusa de haber tenido una actitud discriminatoria o, al menos, poco solidaria con Husserl, quien sufriera acciones persecutorias por sus antecedentes judíos. Heidegger ha objetado estas acusaciones. Su entusiasmo por el nazismo declina pronto y en 1935, a partir de sus desacuerdos con diversas políticas oficiales, renuncia como Rector. Luego de la guerra, Heidegger mantiene su cargo de profesor en la

Universidad, desde donde imparte sus clases. Sin embargo, con el tiempo, llevará una vida cada vez más recluida, dedicada al trabajo filosófico.

La principal obra de Heidegger es *Ser y tiempo*, publicada en 1927. En ella se contiene lo fundamental de su ontología. Entre sus obras posteriores puede mencionarse *¿Qué es la metafísica?* (1929) y *¿Qué significa pensar?*, que recoge las clases dictadas por Heidegger entre 1951 y 1952. Es necesario mencionar también la recopilación de trabajos de su filosofía más tardía, fuertemente orientada hacia reflexión sobre el lenguaje, y publicada bajo el título de *En el camino del lenguaje* (1959).

1. La pregunta por el ser

La primera formación de Heidegger fue el tomismo, cuando se preparaba para una carrera en teología. Pero muy pronto se dedica por entero a la filosofía, formándose en la fenomenología husserliana. A diferencia de Husserl, sin embargo, los intereses de Heidegger fueron desde muy temprano metafísicos. Mientras para Husserl el objeto de estudio eran los seres, la pregunta fundamental de Heidegger será el ser. El mismo relata el impacto que le produjera en 1907 la lectura de la tesis doctoral de Brentano, «Sobre la múltiple significación del Ser en Aristóteles». Desde entonces, Heidegger inicia una reflexión profunda sobre lo afirmado por Aristóteles en la Metafísica en el sentido de que «el Ser se dice de múltiples maneras» y que «el ente se hace manifiesto en múltiples formas en relación a su ser».

La pregunta por el ser era, sin duda, muy antigua. Planteada originalmente por Aristóteles, ella había preocupado intensamente a los escolásticos medievales. Según Heidegger, todos poseemos una comprensión del ser. ¿Qué pasaría si no la tuviésemos? ¿Significaría aquello sólo que nuestro lenguaje contendría un nombre y un verbo menos? Heidegger afirma que sin una determinada comprensión del ser no habría lenguaje alguno, por cuanto revelar algo en palabras no es otra cosa que revelar su ser o algo de su ser: «nuestra esencia consiste en el poder del lenguaje. Si no fuera así, todo ente permanecería cerrado para nosotros, tanto el ente que somos nosotros mismos, como el que no somos».

Siendo ésta una pregunta muy antigua, una de las originalidades que presenta la filosofía heideggeriana es la de haber aplicado en ella el método fenomenológico. Husserl se había concentrado en alcanzar la esencia (**eidos**) de objetos diversos, procurando establecer una ciencia rigurosa, libre de presupuestos. Heidegger desplaza la perspectiva fenomenológica a la tarea de acometer una importante reforma de la metafísica. A través de la «reducción trascendental de la experiencia», afirma Heidegger, no sólo podemos liberarnos de las falsas preconcepciones de los científicos empíricos, sino también de aquellas de los metafísicos anteriores. La fenomenología es necesaria por cuanto los fenómenos, según Heidegger, siéndonos cercanos, no nos están dados. Al hablar de lo fenoménico, por lo tanto, se presupone que hay algo que develar: el fenómeno aparece entonces relacionado con lo que no se manifiesta directamente, con lo encubierto.

Para Heidegger, la historia de la humanidad es la historia del asombro frente al ser, para luego olvidarlo y posteriormente volver a asombrarnos. Sin embargo, a veces estamos tan inmersos en los acontecimientos del mundo, que no sólo dejamos de asombrarnos por el ser, sino que ni siquiera nos asombramos de nuestra falta de asombro. Es el olvido del ser (**Seinsvergessenheit**). ¿Qué puede asombrarnos con respecto al ser? ¿Cuál es la pregunta por el ser? El hecho de que haya algo; de que algo efectivamente sea. La pregunta por el ser es precisamente: «¿por qué el ser y no más bien la nada?» Es importante establecer que esta pregunta no es sobre el ser de las cosas o de los eventos particulares. No se trata de preguntarse ¿por qué hay inundaciones? A la inversa, dado que hay objetos y eventos, nos preguntamos por qué cualquier cosa es.

Aunque se trate de una pregunta que los positivistas rechazaran, Heidegger sostiene que ella ha estado presente a lo largo de toda la historia, atravesando las más diversas culturas. Para responder a esta pregunta, primero se recurrió a los mitos; en el cristianismo se apuntó a la bondad de Dios para proveer una explicación; los metafísicos, desde Aristóteles a Hegel, han dado diferentes respuestas. Se trata, en consecuencia, de una pregunta que es parte fundamental del desarrollo de la cultura.

Según Heidegger, sólo la fenomenología, como método, abre la posibilidad de responder de manera concreta a la pregunta por el sentido del ser. La metafísica, particularmente la tradición aristotélico-tomista, se refería al ser como el más alto género, el más universal y, por lo tanto, el más vacío de los conceptos. De allí que errara en sus respuestas. Por responder de manera abstracta, la filosofía llega a postular la identidad del ser y la nada, como lo reconociera Hegel, con lo que se obstruye la pregunta misma por el ser. La metafísica ha errado el camino al pretender dilucidar la pregunta por el ser, porque ha procurado dar una explicación que no está en condiciones de dar: determinar las condiciones de constitución del ser.

La respuesta ofrecida por Heidegger busca eludir una resolución abstracta (metafísica, tradicional) y procura situarse en el plano de lo concreto. Para estos efectos, la fenomenología representa una herramienta de gran utilidad. El camino escogido para responder de manera concreta a la pregunta por el ser es el del **Dasein**. En su respuesta, Heidegger se inspira en la propuesta realizada por Dilthey. Sin embargo, la posición asumida por Heidegger implica un importante desplazamiento. Mientras Dilthey enfrentaba el problema desde la epistemología, Heidegger lo hace desde la ontología.

2. La perspectiva del Dasein

No es fácil traducir el vocablo alemán **Dasein**. El alude al ser en cuanto existente (al ser ahí). De allí que Julián Marías proponga traducirlo por lo existente. Pero, ¿cuál es el significado que Heidegger le otorga al concepto? Para Heidegger, el **Dasein** apunta al particular modo de ser que es el humano. Los hombres se han preguntado innumerables veces por lo que los distingue del resto de las creaturas y han ofrecido múltiples respuestas. El **Dasein** da cuenta de la manera como Heidegger contesta dicha pregunta.

Para Heidegger, ser un hombre es tener un mundo. Hay, sin duda, en esta afirmación un apoyo en «el mundo circundante de la vida» del que hablara Husserl. Ambos filósofos comparten también la idea de que el mundo de los científicos y de muchos hombres legos, es sólo uno dentro de muchos mundos posibles y, por lo demás, uno que se basa en los presupuestos del dualismo cartesiano. Coinciden, además, en afirmar que este mundo particular que resulta del cartesianismo es deshumanizante.

Lo que propone Heidegger, por lo tanto, es «dejar de lado» los anteojos cartesianos (en términos generales, los anteojos del dualismo) y «mirar» a nuestro mundo y a nosotros mismos «directamente», frescamente. Se trata de realizar una mirada sin presupuestos metafísicos, tal como lo postula la fenomenología.

El **Dasein**, por tanto, es el modo de ser que es característicamente humano. Pero, ¿en qué consiste dicho modo de ser? En completa oposición a lo afirmado por el dualismo, Heidegger responde que el **Dasein** es *ser-en-el- mundo*. Se trata éste de un fenómeno unitario, de un dato primario, que requiere ser visto como un todo y no descompuesto en partes que luego se juntan. El ser humano (el **Dasein**) es siempre un ser-en-el-mundo. Esta es su estructura primaria, siendo todo lo demás derivativo de ella. Ello no impide, luego de afirmada esta estructura primaria, reconocer en ella diversas dimensiones particulares.

No hay, para el ser humano, un ser y un mundo, un ser que accede a un mundo o un mundo en el que emerge un ser. Lo característico del ser humano es que no existe un ser sin un mundo y no hay un mundo que no se defina en relación de un ser para el cual dicho mundo es su mundo. El no comprender lo anterior representa, según Heidegger, el error fundamental del dualismo.

Antes de entrar en el examen de algunas de las dimensiones constitutivas de la estructura del **Dasein**, es importante establecer que el **Dasein** y sólo el **Dasein** existe. Otros seres son, pero no existen. Sólo el ser humano alcanza a vislumbrar su ser y accede al problema o la pregunta por el ser. En ese vislumbrar su ser, el **Dasein** comprende que su ser es incierto, que está amenazado, que es finito e incompleto: en pocas palabras, tiene incertidumbre. De allí que pueda afirmarse con Heidegger que en el ser del **Dasein** le va su ser. En la forma de ser que es el **Dasein**, el ser no está asegurado, el **Dasein** tiene que hacerse cargo de él, sin lo cual lo pierde, «se le va». El **Dasein** no puede dejar estar su ser, sin que ello comprometa su propio ser.

¿Qué implica la existencia? En primer lugar, a diferencia de otros modos de ser, el **Dasein** se comporta hacia las cosas en su mundo. El **Dasein** no sólo reacciona, sino que responde de acuerdo con la percepción de sí mismo y de lo que interactúa con él. El **Dasein** tiene disposiciones, actitudes, hacia el mundo y tales disposiciones, tales estados de ánimo, afectan su respuesta. En segundo lugar, el **Dasein** es un modo de elegir, de enfrentar posibilidades que pueden abrirse o cerrarse. No puede evitar el tener a su ser en este modo de ser. El evitar o rechazar escoger son obligadamente formas de escoger. En tercer lugar, esta forma particular de ser implica tratar de comprender su mundo. Pero no sólo las entidades que forman parte de él. También busca entender su propio ser.

No es posible interrogar a una planta sobre su actitud con respecto al suelo en el que ella crece. Esta sólo reacciona al suelo de acuerdo a su naturaleza y a la del suelo. Pero podemos interrogar al **Dasein** sobre su ser. En la medida en que el **Dasein** se interroga sobre el ser, el ser tendrá algo que decirnos: responderá a nuestra interrogación y no sólo reaccionará a ella; entrará en diálogo con nosotros.

Uno de los rasgos más sobresalientes del **Dasein**, de nuestro ser-en-elmundo, es el hecho de que estamos arrojados en él. Nos descubrimos en un mundo que no hemos escogido, que puede agradarnos y desagradarnos, y ese hecho, ese estado deyecto, no lo podemos modificar. Corresponde a la facticidad del **Dasein**. Este rasgo define nuestro modo de ser. Es importante destacar que el planteamiento propuesto por Heidegger implica la negación de un principio originario de constitución de nuestro ser, tal como procuraba fundarlo la metafísica tradicional.

El **Dasein** no puede retroceder más allá del estado deyecto (arrojado). No se crea a sí mismo, ni tampoco al mundo en el que se encuentra. Sólo debe responsabilizarse del ser que encuentra como suyo. En este sentido es que no hay principio de constitución. Al descubrirnos arrojados en el mundo, somos-en-el-mundo de una manera radicalmente distinta a como, por ejemplo, el agua puede estar en un vaso o los zapatos en su caja.

Desde esta perspectiva, Heidegger reitera que los seres humanos estamos en el mundo en modalidades que nos son propias. El **Dasein** define el modo como encontramos las cosas en el mundo. Las cosas están para nosotros disponibles, a la mano. El estado como estamos en el mundo es el de la preocupación (de la inquietud) en relación a nuestro ser y sus formas de inserción en este mundo en el que se descubre arrojado. Esta forma de ser-en-el-mundo implica proyectarse, por lo tanto, a enfrentar un futuro que consiste en alternativas y posibilidades. Por último, estamos también arrojados a entender el mundo en que nos hallamos. Examinaremos, a continuación, estos rasgos.

Un elemento decisivo en el planteamiento de Heidegger es su cuestionamiento del enfoque cognitivista propuesto por Descartes. En este enfoque, como fuera apreciado en su oportunidad, se funda la matriz esencial del dualismo. La epistemología cartesiana se configuraba postulando sujetos pensantes (**res cogitans**) contemplando objetos (**res extensa**). Tales objetos se definían por ser substancias que estaban presentes frente al sujeto (de alguna forma «a la vista» del sujeto), y que eran consideradas directamente inteligibles por él. La relación fundamental entre sujeto y objeto es la de conocimiento de elementos presentes. Recordemos, por ejemplo, que Descartes definía la claridad (uno de los dos criterios fundamentales de la intuición verdadera) como aquello presente y manifiesto a un espíritu atento.

Heidegger objeta radicalmente este enfoque. Lo primario no son ni sujetos, ni objetos; ni presencia, ni conocimiento. Descartes le ha conferido a su particular forma de relación con el mundo (fundada en la indagación filosófica), el status de la relación ontológica constitutiva de la relación ser y mundo.

Para Heidegger, la relación originaria no es una relación cognitiva entre sujetos y objetos presentes, sino una relación de disponibilidad, de encontrarse con los objetos *a-la-mano* (no «a la vista»). Nuestra relación primaria con el mundo no es de conocimiento, sino de uso. El conocimiento es derivativo del uso. La disponibilidad implica que nos relacionamos con las cosas en cuanto las usamos o tenemos la posibilidad de hacer uso de ellas. Este tipo de relación, de trato, es el más cercano y nos remite a un tipo de preocupación (inquietud) que manipula las cosas y las utiliza.

Se trata, por lo tanto, de cosas de las que estamos equipados, que se relacionan con nosotros en calidad de utensilios, de instrumentos, en las que reconocemos potencialidades para nosotros y, en consecuencia, que nos remiten al trabajo que estamos obligados a emprender, a esta forma de «curarnos de» que nos impone nuestra particular modalidad de ser (**Dasein**). Nos encontramos con las cosas como «cosas dotadas de valor». Eso es, por ejemplo, un martillo, una mesa, un cenicero, un zapato, un árbol, una roca, una montaña, etcétera. Desde esta perspectiva, no es extraño que la concepción de Heidegger represente la primera posibilidad de iniciar una reflexión filosófica seria sobre el problema de la técnica y la tecnología.

Heidegger insiste en que los objetos y las propiedades (la matriz predicativa) no son inherentes al mundo. Ellos sólo emergen cuando se produce un quiebre en el uso que hacemos de las cosas. Mientras ellas estén *a-la-mano*, no nos percatamos necesariamente de su presencia y nos concentramos en aquello que estamos resolviendo a través de su uso. El significado le está conferido por la inserción en el tipo de actividad en la que hacemos uso de ellas.

Así, por ejemplo, cuando estamos caminando por la calle, hablando por teléfono, escribiendo a máquina, o leyendo un libro, normalmente nuestra atención no está dirigida a la calle, el teléfono, la máquina o el libro que tenemos en las manos. Todas estas cosas emergerán en nuestra conciencia al producirse un quiebre: al tropezarnos en nuestro caminar, al interrumpirse la comunicación telefónica, al acabarse la cinta de la máquina o al descubrir que el libro que leemos estaba mal compaginado. La relación sujeto-objeto es derivativa y representa una alternativa particular dentro del conjunto de las formas posibles de ser-en-elmundo. La relación primaria de ser-en-el-mundo no es la matriz ontológica sujeto-objeto.

Según Heidegger, lo que hace humano al hombre no es la inteligencia, sino la voluntad. De todos los modos de ser-en-elmundo que permite el **Dasein**, el entendimiento no es sino uno. Este no posee el status privilegiado que el sesgo intelectualista de los filósofos le confieren y a través del cual se llega incluso a postular la ecuación entre pensamiento y ser humano. Otro error de los filósofos es el hecho de identificar pensamiento con conocimiento abstracto (con entendimiento teórico). El «tratar» con el mundo y el tener una actitud hacia él son también formas de entenderlo. Dentro de todas las actividades posibles, el entendimiento teórico, la descripción, o la observación, son sólo algunas de ellas y el significado que quién describe u observa le confiere a lo descrito sólo tiene sentido dentro del quehacer específico de la descripción.

El **Dasein** puede llevar a cabo lo que hace de diferentes maneras y todas están caracterizadas por estar involucrado, comprometido, inquieto, interesado, preocupado. Preocupación (inquietud) implica cuidado y éste establece «significaciones» en su relación con los entes que forman su mundo y, por tanto, los carga de valores. El **Dasein** siente que está desamparado y que mantiene un vínculo de dependencia con el ser de los entes que le hacen frente en el mundo que le es propio. La manera en la que el **Dasein** existe es ser amenazado. De igual forma, es propio del **Dasein** la perspectiva de futuro, el vivir hacia adelante. Porque ello es parte del modo de ser que es el **Dasein**, éste no posee una naturaleza.

El **Dasein** siempre se encuentra en estados de ánimo que lo colocan «ante el 'que es' de su ahí». De allí, que esté siempre expuesto a la caída del ser. Cuando ello sucede acude muchas veces al recurso de esquivar la caída a través del «uno», del uso del término reflexivo «se». Con ello el **Dasein** se abandona a la influencia o a la guía de algo que está fuera de él. Afirmará entonces expresiones del tipo «cuando a uno le pasa que...», o «se afirma que...», etcétera. De esta manera el **Dasein** pierde su ser; cede sus posibilidades al «uno». De allí que Heidegger advierta contra lo que llama «las habladurías», «la avidez por novedades» y la «ambigüedad». En todas estas conductas, el **Dasein** deja de responsabilizarse de sí mismo.

La conducta responsable y auténtica frente al ser genera angustia. Por ello, el **Dasein** opta muchas veces por lo que Heidegger define como «la precipitación descendente», «la tentación de tranquilidad», «el extrañamiento», «el enredo de sí mismo». Con ello el **Dasein** prefiere no hacer frente a sus posibilidades; renuncia a la posibilidad de «ser él mismo»; permite que el «uno» se apodere de su ser, se enajena, inventa un «uno» como ser superior al que se subordina y somete sus posibilidades.

Si la caída es falta de autenticidad, la autenticidad es vivir en y con la angustia, en el pleno entendimiento de nuestra indeterminación, de nuestra libertad. Es aceptar y no tratar de escapar del modo de ser que es el **Dasein**. Pero, ¿qué nos trae de la falta de autenticidad a la autenticidad? El conocimiento de que vamos a morir: *la muerte*. De allí que Heidegger pueda afirmar que el tiempo es el horizonte del ser.

¿En qué se apoya la autenticidad? En el lenguaje, aunque no en toda forma de lenguaje. Para Heidegger, el lenguaje no es sólo una herramienta, una de las muchas que el hombre posee. El lenguaje abre la posibilidad de pararse en el campo abierto de lo existente. A través de él se hace posible el modo característico de ser que es el **Dasein**. Le permite al hombre tomar distancia, sorprenderse por el ser. Al permitir el distanciamiento, el lenguaje crea un mundo humano, un mundo donde el ser se entrega y se sostiene.

Señala Heidegger, «el ser de los hombres está fundado en el lenguaje. Pero ello sólo se hace actual a través de la conversación …». Conversar implica que más allá de oír, podemos escuchar. Heidegger afirma que somos una conversación. Hay y ha habido sólo una conversación y el tema central de dicha conversación es el ser. La conversación (el lenguaje) hace humanos a los seres humanos. Somos el lenguaje y «el lenguaje es la casa del ser».

Heidegger sostiene que todas las formas de nuestro quehacer, a través de las cuales hacemos inteligible el mundo y nuestras vidas, no pueden hacerse completamente explícitas. No existe una perspectiva neutral que permita liberarnos del todo de nuestras preconcepciones y desde la cual podamos observar nuestras creencias como cosas. Por el contrario, siempre estamos operando dentro de los marcos que tales preconcepciones nos proveen. Esta situación lleva a Heidegger a apoyarse en el concepto del *círculo hermenéutico*, sosteniendo que de él no es posible salir del todo y dentro del cual se lleva a cabo el arte del entendimiento. La posibilidad de un entendimiento objetivo completo está cerrada para el **Dasein**.

La perspectiva heideggeriana conduce a poner en tela de juicio una visión del conocimiento centrada en el individuo. Ello por dos razones: en primer lugar, porque el mundo del **Dasein** es un mundo socialmente poblado. Existimos socialmente y socialmente conocemos. Es más, sólo podemos conocer porque el conocer es una actividad social; en segundo lugar, porque a la vez que vivimos en un mundo socialmente poblado, vivimos también en una tradición. Es en el trasfondo de esa tradición que conferimos significado. Ello reitera la importancia del círculo hermenéutico.

Como puede apreciarse, a partir de la ontología heideggeriana, el núcleo central de toda la filosofía moderna, el dualismo, que se ha reforzado con la prioridad otorgada a la matriz sujeto-objeto, es puesto en duda muy radicalmente. Ello implica una profunda revolución ontológica.

HANS-GEORG GADAMER

Discípulo de Heidegger, Hans-Georg Gadamer, nacido en 1900, desplaza el interés de la investigación sobre el sentido del ser, a la exploración hermenéutica del ser histórico, con especial referencia al papel que le cabe a la tradición del lenguaje. Su obra principal es *Verdad y Método*, publicada en 1960.

Gadamer desarrolla una concepción hermenéutica desde las premisas de la filosofía heideggeriana, profundizando su desplazamiento de la distinción sujeto-objeto, ya iniciada por Dilthey. Pero a diferencia de éste, la hermenéutica gadameriana reconoce un claro sustrato ontológico. Siguiendo a Heidegger, Gadamer sostiene que el ser del hombre reside en su comprender y, por lo tanto, que el hombre, en el modo fundamental de ser suyo que es el comprender, no sólo se enfrenta a la historia y al devenir histórico, sino que pertenece ontológicamente (corresponde a su ser) a él.

Heidegger proporciona una concepción de la comprensión que permite concebir el conocimiento histórico como un conocimiento que efectivamente puede aspirar a una validez universal. Para Gadamer, en el conocimiento histórico, la tarea de la conciencia no es simplemente conocer o enterarse de cosas pretéritas, más o menos importantes para ella, sino ganar su propia identidad.

La autoconquista de la conciencia es su compromiso en el ser. Una conciencia tal, es una conciencia que sabe de su mediación histórica y que, además, recibe su ser de esta historia, como historia. Se trata, en el decir del propio Gadamer, de una conciencia histórico-efectual, o una conciencia expuesta a los efectos de la historia. Dado que esta conciencia construye sus rasgos en la historia y está destinada también a descifrarlos, a enfrentarse con su propia producción histórica, es al mismo tiempo una conciencia hermenéutica. La conciencia es una conciencia del sentido.

Por su parte, el sentido es el testimonio del compromiso histórico de la conciencia, que ella debe recoger y asumir en vista de su reintegración. La conciencia de la que nos habla Gadamer es, por lo tanto, muy diferente de aquella adiestrada por Descartes o aquella exaltada por Hegel.

Para Gadamer, el advenimiento de la historia a la luz de la conciencia representa una disminución de la luminosidad imperante. La conciencia sufre cierto ensombrecimiento, pues ella sabe ya su relatividad, su condicionamiento histórico. Se trata de una conciencia mediada, mediatizada temporal e históricamente. Esta mediación moviliza lo que se puede denominar el «residuo» del sentido, la «opacidad» última del sentido para la conciencia. Ello se manifiesta, por ejemplo, como la inminencia de la plenitud del sentido y de un sentido pleno que no acaba de perfeccionarse.

Mientras la conciencia desplegada por Hegel es infinita, la conciencia gadameriana tiene una filiación que, a este respecto, la remite a Kant y a Heidegger y, por lo tanto, a una ontología de la finitud. La historicidad es el dato que no se puede rebatir y, para la conciencia, significa su finitud y su distancia respecto del sentido.

Para Gadamer, es propio de la conciencia su pasividad esencial. La posible actividad de la conciencia es delegada, entregada a algo que la opera: la historia. El sentido le es dado, como algo ya producido, pero no le está dado de manera total.

Gadamer distingue la tradición, por un lado, que concibe como la reserva del sentido general, y, por otro lado, lo que llama la transmisión de sentido que acompaña a la comunicación. Ambas están en estrecha relación, vinculando un presente que todavía no se ha asumido enteramente en su producción de sentido, y el pasado, que remite a la tradición que retiene y suelta de continuo el sentido histórico total.

La concepción gadameriana le confiere una especial valoración al presente, como punto de partida del esfuerzo hermenéutico. El presente es valorado en cuanto conlleva una red de supuestos —prejuicios, preopiniones, etcétera—, que guía, aun sin que se lo sepa, el programa de la comprensión.

Gadamer critica a la hermenéutica de los románticos (como la de Schleiermacher) por cuanto ella tiende a reducir todo pasado al presente del intérprete, con lo que se olvida y oculta su esencial historicidad. La hermenéutica filológica, centrada en la interpretación de lo textos, supone la completa contemporaneidad del intérprete y del texto. Este es un objeto plenamente presente y portador de sentido pleno, el que puede ser captado luego de eludirse determinados obstáculos. Entre estos obstáculos, destaca «el círculo hermenéutico», el carácter circular de la comprensión, que para los románticos representa un defecto que puede superarse en una ecuación mística con el individuo creador o con la época.

Para Gadamer el círculo hermenéutico representa un factor positivo. El describe y se inscribe en el espacio de la distancia temporal. El sentido de un texto no pertenece exclusivamente a él, ni tampoco a la conciencia que lo comprende o que intenta comprenderlo: «copertenece» a ambos. El sentido es la copertenencia de la obra y la conciencia hermenéutica en el seno de la tradición.

El sentido no acaba nunca; se reorganiza una y otra vez; se vuelve a tejer de distinto modo. Todo ello en virtud de la movilidad de la distancia temporal, que la conciencia asume, aunque no para reducirla, sino sólo como la demora irremisible de su plenitud.

Es así como Gadamer describe el fenómeno de la comprensión:

«Quien quiere comprender un texto realiza siempre un proyectar, esboza el proyecto de un sentido del todo, tan pronto como se muestra un primer sentido en el texto. Este se muestra, por otra parte, sólo porque el texto se lee ya con ciertas expectativas de un sentido determinado. El comprender de lo que ahí está consiste en la elaboración de un tal proyecto previo que (...) es constantemente revisado en el curso de aquella elaboración, lo que se da con la creciente penetración en el sentido»[22].

Este proceso se realiza hasta que se logra fijar unívocamente la unidad del sentido.

Es sólo la experiencia del fracaso (la existencia de un quiebre, en términos heideggerianos), proporcionada por el texto mismo —sea que no arroje sentido alguno, sea que su sentido es incompatible con nuestra previa expectación—, la que nos impulsa a detenernos y a atender a la posibilidad de un uso lingüístico distinto. Ello implica reconocer que nuestras preopiniones determinan nuestra comprensión. Comprender implica proyectar mantos de sentido, fundados en nuestras preopiniones, sobre aquello que procuramos comprender.

Simultáneamente, la comprensión exige una condición de alteridad y apertura hacia el texto. No podemos sujetarnos ciegamente a nuestra propia preopinión sobre la cosa cuando procuramos comprender la opinión del otro. Comprender exige estar abierto a la opinión del otro o del texto. Tal apertura implica que la otra opinión sea puesta en relación con el todo

---

[22] Hans-Georg Gadamer, El *círculo hermenéutico y el problema de los prejuicios,* Teoría, Universidad de Chile, 1976, Pág.87.

de las opiniones propias, o que uno se relacione con aquélla.

Las opiniones son una móvil multiplicidad de posibilidades. El estar sensible a la alteridad del texto implica percatarse de la parcialidad propia. Ello le permite al texto la posibilidad de desplegar su verdad temática contra nuestras preopiniones. Fiel a la tradición hermenéutica, Gadamer reitera que todo acto de comprensión implica necesariamente la fusión de dos horizontes: el del intérprete y el del texto. La comprensión no es posible sin ambos.

Lo anterior implica reconocer lo que Gadamer llama la esencial prejuicialidad de todo comprender. El prejuicio es condición del entendimiento. De allí que Gadamer se oponga a lo que califica como el prejuicio fundamental de la Ilustración: el prejuicio contra los prejuicios. De la misma forma, Gadamer rechaza la descalificación de la tradición en la tarea del conocimiento y el vano intento del pensamiento moderno de fundar, de la nada, un punto de partida autovalidante. Sin la tradición todo intento de conocimiento es imposible. Es más, para Gadamer, el punto de partida de toda comprensión son los prejuicios. Los prejuicios del individuo, mucho más que juicios suyos, son la realidad histórica de su ser.

La autoridad, la tradición y los prejuicios, los fantasmas del pensamiento filosófico moderno, aquellos que desde sus más tempranos orígenes éste se propuso desterrar de la experiencia del conocimiento, hacen nuevamente su aparición. Se comienza a sospechar que el conocimiento no puede prescindir de ellos. Es más, pareciera que sin ellos el conocimiento no es posible.

CAPITULO XVIII

LA FILOSOFIA DEL LENGUAJE

Hemos caracterizado anteriormente los rasgos principales de la lógica tradicional. Se hizo referencia a su carácter formal, a su apoyo en los principios de identidad y de contradicción, al supuesto de la universalidad de las proposiciones predicativas y a la prioridad otorgada a la dimensión asertiva. Se examinaron, de igual forma, los dos principales intentos de superación de la lógica tradicional: primero, la dialéctica y, luego, la emergencia de una lógica moderna a partir de las contribuciones de Frege.

Recapitulando, recordemos que la dialéctica, tanto en su variante idealista como materialista, se caracteriza por objetar los primeros rasgos de la lógica tradicional. De allí que afirme el carácter material de la lógica y la existencia de contradicciones reales. En su oportunidad se examinó las implicancias que resultaban de esta afirmación de contradicciones reales, según se trate de la dialéctica en su variante idealista o materialista. Por otro lado, la dialéctica se caracterizaba por adoptar una perspectiva totalizante, lo que se manifestaba en la afirmación de identidad entre verdad y totalidad.

La filosofía analítica, desarrollada a partir de las contribuciones de Frege, sigue un camino diferente. Tras objetar vigorosamente lo realizado por los dialécticos, se reafirma el carácter formal de la lógica (lo que se expresaba en el énfasis colocado en la «forma lógica») y la plena validez de los principios de identidad y de contradicción. Por otro lado, los analíticos privilegian una perspectiva de conocimiento opuesta al enfoque totalizante de la dialéctica: el análisis.

La especificidad de la filosofía analítica, en relación a la lógica tradicional, reside, por un lado, en la profundización del principio de identidad y, por otro lado, en el reparo que se hace al supuesto de la universalidad de las proposiciones predicativas. Esto último, se realiza con apoyo en las matemáticas (uso de las figuras de «función» y «argumento» y el reconocimiento lógico de la transitividad), lo que permite descubrir la existencia de proposiciones relacionales, no predicativas.

A través de la profundización del principio de identidad, la filosofía analítica afirma que es diferente sostener «a=a» que «a=b». A este respecto, Frege establece su clásica distinción entre sentido y referencia. Si hay identidad entre **a** y **b**, la referencia es necesariamente la misma pero **a** y **b** poseen sentidos distintos. De allí que sostener que «la estrella matutina es la estrella vespertina» no sea lo mismo que sostener «Venus es Venus», aunque la referencia de los términos «estrella matutina», «estrella vespertina» y «Venus» sea la misma. La primera proposición contribuye al conocimiento, mientras que la segunda no. Simultáneamente con lo anterior, se establecen funciones diferentes para el verbo ser (vocablo «es») al interior de las proposiciones. Se distingue, por ejemplo, su función propiamente copulativa (predicativa) de su función de identidad; se indaga en sus funciones relacionales (del tipo: **a** «es» mayor que **b**).

Se ha visto también que Russell y Wittgenstein se distancian de la distinción de Frege entre sentido y referencia. Para Russell, las expresiones denotativas (descriptivas), que supuestamente poseen referencia, se convierten mediante el análisis en una articulación de proposiciones que permiten eliminar la referencia. De allí que, según Russell, la referencia aparente no representa sino una ambigüedad lógica de la que el análisis demuestra que puede prescindirse.

Para Wittgenstein (nos referimos al Wittgenstein del *Tractatus*), si bien las palabras nombran objetos, el valor de verdad de la proposición no se establece como en Frege por la relación entre sentido y referencia, sino por la capacidad de combinar las palabras en proposiciones (en último término en proposiciones elementales) que representen o «figuren» (teoría pictórica) a hechos atómicos. Es en la relación de proposiciones con hechos, y no de palabras con objetos, que se define si la proposición es verdadera o es falsa. Si en ella se figuran hechos es verdadera; si no se figuran, es falsa, independientemente de la correspondencia entre palabras y objetos.

A partir de lo anterior, interesa destacar que todos los desarrollos anteriores, todos los intentos previos de superación de las restricciones de la lógica tradicional, se mantuvieron fieles al rasgo de ésta que le confiere prioridad a la dimensión asertiva en el análisis de las proposiciones (la preocupación por determinar si ellas son verdaderas o falsas). Tanto la dialéctica, como la filosofía analítica, participaban de este supuesto central de la lógica tradicional.

Frege había reconocido el carácter multifuncional del lenguaje; el hecho de que el lenguaje no sólo cumple funciones asertivas, sino también múltiples. Sin embargo, tras este reconocimiento, no había dudado en destacar la importancia y prioridad de la dimensión asertiva (o cognoscitiva), despreocupándose de las demás.

El presente capítulo trata precisamente del desarrollo de una importante corriente filosófica, inaugurada a partir de las *Investigaciones Filosóficas* de Wittgenstein, que se caracteriza por poner en duda la prioridad asertiva en el análisis de las proposiciones. Además de Wittgenstein, y luego de algunos alcances menores sobre Strawson y Grice, se abordarán las contribuciones de J.L. Austin y J.R. Searle.

Esta corriente filosófica, asociada a la filosofía del lenguaje, se caracteriza, en términos generales, por disociar el análisis del lenguaje del análisis lógico y por hacer de la relación entre lenguaje y acción el eje de la reflexión. Ello no significa que desaparezcan problemas como los de sentido y referencia, por ejemplo. Pero ellos serán examinados desde una perspectiva radicalmente distinta.

LA SEGUNDA FILOSOFIA DE WITTGENSTEIN

Tal como se señalara previamente, luego de la publicación del *Tractatus*, Wittgenstein decide dejar la filosofía y se dedica en Austria a múltiples otras actividades. Según la posición adoptada entonces, el *Tractatus* decía todo lo que a la filosofía le era posible decir. Sin embargo, en 1929, Wittgenstein retorna a Cambridge. Para entonces, ya se habían hecho manifiestas sus diferencias con las interpretaciones que, tanto Russell como los positivistas lógicos, hacían de su obra.

Dos situaciones contribuirán a que Wittgenstein efectúe un importante giro filosófico, más allá de su molestia frente a las interpretaciones marcadamente logicistas de su pensamiento. La primera de ellas, se produce en el curso de una conversación con su amigo, el economista italiano Piero Sraffa, que se desempeñaba en Cambridge y que, como se recordará, había sido quien desarrollara una explicación de cómo las mercancías determinan sus precios, eludiendo la referencia a la teoría del valor propuesta por Marx. Pues bien, en una conversación entre Wittgenstein y Sraffa sobre la teoría del lenguaje planteada en el *Tractatus,* este último pone en duda el hecho de que toda forma de comunicación humana con significado pueda ser remitida a su «forma lógica». Realizando un gesto con la mano de uso frecuente en Italia, Sraffa le pregunta a Wittgenstein sobre la forma lógica del señalado gesto, cuyo significado preciso no escapa a los italianos. Esa pregunta hará reflexionar a Wittgenstein sobre su concepción del lenguaje.

La segunda situación, también de carácter anecdótico, que contribuirá a que Wittgenstein revise su posición previa, resulta de uno de sus paseos habituales por los parques en Cambridge.

Al observar cómo los estudiantes jugaban al cricket, Wittgenstein se abre a la posibilidad de relacionar el lenguaje con el juego. Como se apreciará más adelante, esta relación resultará central en su segunda filosofía.

Esta segunda filosofía de Wittgenstein representa un esfuerzo manifiesto por poner en tela de juicio su propia teoría figurativa (pictórica) anterior sobre el lenguaje. Esta nueva concepción se desarrolla fundamentalmente en *Investigaciones Filosóficas*, obra curiosa en su estructura, publicada póstumamente en 1953.

En la presentación que Wittgenstein hace de ella insiste en que está concebida como un álbum, un conjunto de situaciones y ejercicios diversos, por los que se pasa sin que el trayecto de uno a otro esté sustentado por una clara necesidad lógica. Es importante destacar que las clases impartidas por Wittgenstein tenían este mismo carácter y descansaban muchas veces en el planteamiento de un ejercicio y el análisis de la forma de resolución por él propuesta.

Otro de los rasgos que caracteriza a las *Investigaciones* es que en ellas no se pretende teorizar, ni explicar nada, sino sólo describir el fenómeno del lenguaje. La consigna permanente de Wittgenstein es «¡no piense!, ¡sólo mire!». Tanto esta desconfianza por la teoría, como por el pensamiento del lector resultan indicativas de la necesidad que experimenta Wittgenstein de que nuestras preconcepciones sobre el lenguaje no interfieran en la posibilidad de aceptar una interpretación radicalmente diferente.

Es ésta una situación equivalente a aquella invocada por la fenomenología, en la que se hace un llamado a dirigir una mirada fresca y sin compromisos previos sobre el fenómeno en estudio. Es lo que hace Husserl y es también la exigencia planteada por Heidegger para poder responder a la pregunta sobre el ser. En uno y otro caso, esta necesidad de asegurar una mirada no contaminada expresa el reconocimiento del autor de que su propuesta representa una novedad filosófica radical, en el sentido planteado por von Wright de que no tiene antepasados.

Las *Investigaciones* se inician poniendo en duda la concepción nominalista del lenguaje (**the name theory of language**). Para estos efectos, Wittgenstein recurre a una cita de las Confesiones de Agustín. Este cuenta que aprendió de sus mayores el lenguaje, asociando los objetos designados por éstos con las diversas palabras que iban pronunciando. A partir de este relato, Agustín creía estar caracterizando todo lenguaje: a todo término corresponde un significado y este significado es el objeto al cual el término en cuestión nombra. El lenguaje es concebido como nombre de los objetos. Ello obviamente supone la prioridad de los objetos en tal definición del lenguaje.

Segun Wittgenstein, esta es una descripción que, a un cierto nivel, tiene sentido. Aparentemente sirve para dar cuenta de situaciones en las que decimos «manzana» o «una manzana roja». Pero, demuestra Wittgenstein, la situación se nos complica si lo que decimos es «cinco manzanas rojas». En este caso, una concepción del lenguaje fundada en definiciones ostensibles, como las relatadas por Agustín, resulta difícil de sostener.

Enfrentados a esta situación, la relación entre lenguaje y juego aparece como decisiva. El lenguaje, señala Wittgenstein, comprende diferentes juegos lingüísticos. La concepción de Agustín es válida para un determinado juego lingüístico, pero no puede extenderse a todos ellos. Todo juego lingüístico se define por estar sometido a determinadas reglas y la «definición ostensible» remite a un conjunto particular de reglas, válido cuando decimos «esto es martillo».

En una de sus afirmaciones centrales, el lenguaje, nos dice Wittgenstein, se define por su uso: «el significado de una palabra es su uso en el lenguaje». Ello implica que no se puede confundir el portador de un nombre con el significado de ese nombre, pues, cuando muere «x» no puede afirmarse que muere su significado.

Conocer los nombres de un lenguaje no equivale tampoco a saber hablarlo. Sólo cuando se sabe cómo deben ser usadas las palabras para plantear cuestiones, describir objetos y procesos, hacer encargos, ruegos, investigaciones, promesas, juicios, nombrar y resolver problemas morales, etcétera, puede decirse que se habla un lenguaje. Los juegos lingüísticos de que consta un determinado lenguaje vienen a expresar la forma de vida de sus habitantes. Es difícil no percibir en esta afirmación una marcada afinidad con algunas de las posiciones sustentadas por Heidegger.

Aceptándose que las «definiciones ostensibles» puedan representar sólo uno de los juegos lingüísticos posibles, ¿no son ellas acaso el comienzo lógicamente necesario de todo aprendizaje del lenguaje? ¿No tienen, en consecuencia, un status de privilegio frente a los demás juegos lingüísticos? Wittgenstein responde que no. Las explicaciones ostensivas para que puedan funcionar, presuponen ya un cierto conocimiento del lenguaje.

El uso de un lenguaje no puede identificarse con el uso de sus nombres: nombrar equivale ya a usarlo, a situarnos dentro de las reglas del juego lingüístico de las definiciones ostensibles. Por el contrario, se aprende el significado de un término tomando nota de su uso. Una vez conocido su uso, se conoce su significado. Ello implica que lo que un término refiere no puede ser su significado: significado y referencia, según Wittgenstein, no coinciden.

En las *Investigaciones Filosóficas* al lenguaje deja de corresponderle, como función central, tal cual fuera afirmado en el *Tractatus*, la de figurar o reflejar el mundo. Deja de ser su función central la dimensión asertiva. Existen, por el contrario, innumerables juegos lingüísticos no asimilables entre sí. No sólo hay múltiples juegos lingüísticos en los que no se describe, no se informa, no se enuncia (función asertiva), sino que hay innumerables proposiciones no reducibles a la categoría de descripciones, enunciados o informaciones.

Pero, ¿qué es el lenguaje? Dicho de otra forma, ¿qué tienen en común los diversos juegos lingüísticos para poder ser efectivamente clasificados como lenguaje? Según Wittgenstein, la clase de los juegos lingüísticos (el lenguaje) carece de propiedad o característica común a la totalidad de sus miembros. Para fundar esta afirmación Wittgenstein recurre nuevamente a la relación entre lenguaje y juego. Comparemos, nos dice, los juegos lingüísticos con los juegos en general. ¿Qué poseen en común los juegos? Nada determinado, inherente a todos ellos. No hay una «esencia», no hay una «substancia» que pueda ser reconocida en cualquier juego.

Pensando en el juego del fútbol, se podría afirmar, por ejemplo, que lo propio de todo juego es la competencia. Pero inmediatamente podemos pensar en un niño que juega solo a la pelota. En este caso no hay competencia. Quizás lo que une a los dos juegos pensados es el hecho de que giran en torno a una pelota. Pero hay obviamente muchos juegos sin pelotas. Tenemos, por ejemplo, los juegos de cartas, juegos de ingenio, etcétera. No es posible, nos dice Wittgenstein, encontrar un rasgo, una propiedad, que sea común a todos los juegos. Lo que los une, lo que permite reconocerlos como juegos, es sólo el hecho de que participan de lo que Wittgenstein llama «un aire de familia» (**family resemblances**).

Unos tienen algunas características en común con otros; estos participan de otras características con terceros, y así sucesivamente. Es lo mismo que sucede con los miembros de una familia: algunos tendrán en común el mismo tipo de nariz, otros compartirán la mirada, a otros se les identifica como miembros de la familia por la forma de la calvicie, etcétera. Todos tendrán algún rasgo que comparten con otros, pero no todos poseen el mismo rasgo en común. Lo mismo, según Wittgenstein, sucede con el lenguaje. El lenguaje no nombra un fenómeno unitario. Es el nombre de la clase de un indeterminado número de miembros: los juegos lingüísticos.

Para ilustrar su posición, Wittgenstein acude a la imagen de una ciudad:

«nuestro lenguaje puede ser considerado como una ciudad antigua: un laberinto de pequeñas calles y plazas, de casas antiguas y nuevas, y de casas con adiciones correspondientes a varios períodos; y esto, rodeado por una multitud de nuevos suburbios con calles regulares y rectas y con casas uniformes»[23].

El lenguaje es incompleto. Siempre puede crecer, incorporar nuevos juegos lingüísticos, como ya lo ha hecho, según el propio Wittgenstein, con el simbolismo de la química o la notación del cálculo infinitesimal.

Dentro de este enfoque, pierde todo sentido distinguir, en general, entre proposiciones elementales y proposiciones complejas, como lo propusiera el *Tractatus*. Fuera de un juego lingüístico, es decir fuera de un determinado contexto lingüístico, no tiene sentido hablar de algo simple o compuesto. Ello depende del contexto.

El lenguaje ya no es concebido como imagen o figura de la realidad, sino al modo de un instrumento del que caben incontables usos diferentes. El lenguaje, nos dirá Wittgenstein, es una caja de herramientas. Esta referencia al uso y al carácter del lenguaje como herramienta, nuevamente posee una afinidad incuestionable con posiciones adoptadas por Heidegger. Es importante notar, sin embargo, que no existen antecedentes que permitan sostener una influencia directa del pensamiento heideggeriano sobre Wittgenstein.

¿Tiene ahora sentido hablar de una «forma lógica» correcta? ¿Representa la lógica una forma de lenguaje superior? ¿Es válida la distinción entre lenguaje formalizado y lenguaje ordinario, como lo sostuviera la filosofía analítica y, dentro de ella, el autor

---

[23] Ludwig Wittgenstein, Phi*losophical Investigations,* Macmillan, NY., 1968, pág.8 . (Traducción nuestra).

del Tractatus? Wittgenstein responde que no a todas estas preguntas. Desde su nueva concepción, el concepto de una forma correcta del lenguaje pierde todo sentido. Las proposiciones están bien como están, están en orden. Lo que ahora importa, según Wittgenstein, no es corregirlas, sino comprenderlas.

Desde el punto de vista filosófico, lo relevante es que las proposiciones puedan ser malentendidas. De no haber lugar a esos malentendidos lingüísticos, no existirían los problemas filosóficos. En este punto la posición de Wittgenstein no se modifica sustancialmente: sigue siendo marcadamente antimetafísica. Pero es diferente la forma como el problema es planteado. Se afirma ahora que la filosofía suele apoyarse en concepciones inadecuadas al tratar un juego lingüístico como análogo a otro con el que nada tiene en común. Los problemas filosóficos son considerados ahora como productos de una descontextualización; de un arrancarlos del contexto de su «uso natural». Son, en consecuencia, el resultado de un abuso del lenguaje.

La solución de los problemas filosóficos depende, pues, del análisis y penetración en los abusos y malentendidos de la lógica del lenguaje, analizando el modo como éste ha sido violentado. Según Wittgenstein, la pregunta básica a este respecto es: ¿es éste un uso de tal término que corresponde al uso que se le confiere en el juego lingüístico que es su hogar natural? Ello se traduce en un programa fundado en la necesidad de volver a colocar las palabras, desde su uso metafísico, en su uso cotidiano. Nuevamente, pero desde una perspectiva diferente de la del *Tractatus*, la filosofía es vista como sustentada en una actividad que rebasa los límites del lenguaje.

De allí que la filosofía sea definida como «una batalla contra el embrujo de nuestra inteligencia por el lenguaje». Una vez que el abuso lingüístico es localizado y rectificado, la raíz del problema filosófico queda eliminada. El problema no ha sido resuelto: ha desaparecido. Apoyándose en esta posición, Wittgenstein acomete una fuerte crítica a diversas categorías filosóficas, tales como «conocimiento», «ser», «objeto», «sujeto», «yo», «proposición», «nombre», etcétera.

A través de un procedimiento equivalente, Wittgenstein señala que la «constitución» de un mundo espiritual representa una operación que acometemos cuando afirmamos algo que no remite a un referente corporal o a actividades físicas, tales como el correr, el comer, el trabajar. Al hablarse, en cambio, del querer, el decidir, el comprender, al no encontrarles como en el caso anterior un referente físico, les «constituimos» otro tipo de referente que llamamos espiritual. Wittgenstein dirige una fuerte crítica a los llamados fenómenos internos o privados, asociados, por ejemplo, con el dolor, con una comezón, etcétera.

Dar con el significado de una expresión no es dar con aquello que describe, ni con aquello a lo que se refiere. Es dar simplemente con su uso. Uno de los desarrollos más interesantes de las *Investigaciones Filosóficas* es aquel a través del cual Wittgenstein busca analizar lo que es el fenómeno de la comprensión (**understanding**), fenómeno que normalmente es definido como un supuesto «acto de conciencia». Wittgenstein se concentra detenidamente a examinar lo que está efectivamente involucrado cuando digo, por ejemplo, «ahora te comprendo» o «ahora lo entendí». Situaciones como éstas son el material de reflexión permanente de las Investigaciones.

***

La publicación de las *Investigaciones Filosóficas*, luego de la muerte de Wittgenstein, tendrán un fuerte impacto. Sin embargo, quizás con la excepción de Austin, en esos años hubo una manifiesta falta de rigor en la forma como los filósofos utilizaban la posición de Wittgenstein sobre el uso en el lenguaje. Gran parte de la confusión surgía por no distinguirse los distintos tipos de usos posibles.

Con todo, el enfoque de Wittgenstein demostraba algunas ventajas interesantes en relación con las concepciones anteriores. Los problemas de sentido y referencia, por ejemplo, se examinaban en el contexto general de la acción y el comportamiento humanos y, por lo tanto, de sujetos hablantes, significando algo a través de algo y refiriéndose a algo al decir una determinada expresión.

En vez de examinar relaciones entre palabras y el mundo, como algo que existe en el vacío, ahora se las concebía comprendiendo acciones intencionales por oradores (sujetos hablantes), empleando dispositivos convencionales (palabras y frases), de acuerdo con un conjunto de reglas altamente abstractas para el uso de tales dispositivos.

Una vez que se considera la referencia como una acción ejecutada al emitir una expresión (**utterance**) con un sentido determinado provisto por las reglas que corresponden al uso de la expresión, es más fácil percibir que la referencia está sujeta a todos los errores a que normalmente están sometidas las acciones. De esta manera, se podía considerar que se fallaba al hacer referencia al «actual rey de Francia» por la misma razón que se fallaría si se le quisiera disparar: porque no hay tal persona. Desde esta perspectiva había bastante menos interés en tratar de identificar una referencia (una determinada acción lingüística) con la aserción de una proposición existencial (otra acción lingüística determinada), como lo hiciera Russell. De alguna forma, aunque dentro de una variante modificada, se volvía al viejo Frege.

J.L. AUSTIN

Es importante situar a John Langshaw Austin (1911-1960) en el contexto previamente descrito. A diferencia de Wittgenstein, que pertenece a la tradición académica de Cambridge, Austin estudia y enseña en Oxford, donde predomina una tradición filosófica diferente, de mayor inspiración aristotélica que platónica. Durante fines del siglo pasado y comienzos del actual, había destacado en Oxford el pensamiento de John Cook Wilson (1849-1915) que insistía en la importancia del lenguaje ordinario, el que contraponía al «lenguaje de la reflexión», que según Cook Wilson estimulaba las falacias. Este también compartía ideas propuestas por G.E. Moore (1873-1958), que se caracterizaban por su defensa del sentido común. Uno de los discípulos más sobresalientes de Cook Wilson había sido H.P. Prichard (1871-1947) el que fue, a su vez, maestro de Austin. De allí que Austin resultara ser no sólo un exponente de las influencias de Wittgenstein, sino también de la particular tradición filosófica que imperaba en Oxford.

Uno de los rasgos de la filosofía de Austin es la importancia que le confiere precisamente al lenguaje ordinario. Señala:

«(...) el lenguaje ordinario no puede pretender ser la última palabra, si es que existe tal cosa. Sin duda, lleva en sí algo mejor que la metafísica de la edad de piedra, a saber, (...) la experiencia y el ingenio heredados a través de muchas generaciones de hombres. Si una distinción sirve para los propósitos prácticos de la vida común (...) entonces podemos estar seguros de que hay algo en ella, de que señala algo; sin embargo, es muy probable que no constituirá la mejor manera de presentar las cosas si nuestros intereses son más amplios o más intelectuales que los ordinarios»[24].

Concluye más adelante Austin:

«En consecuencia, no cabe duda de que el lenguaje ordinario no es la última palabra: ... puede ser complementado, mejorado y superado. Pero recuerden: es la primera palabra»[25].

---

[24] J.L.Austin, «A Plea for Excuses», en *Philosophical Papers,* Oxford University Press, Oxford, 1979, pág.185.
[25] Ibid.

Se le propone, por lo tanto, como el punto de partida de la indagación filosófica.

No es Austin, como buena parte de sus colegas británicos, un entusiasta de los cometidos de la filosofía. Por el contrario, ve a la filosofía empantanada en callejones sin salida y en la repetición mecánica de viejas piruetas conceptuales. De allí que no extrañe su afirmación sobre la posibilidad de que:

> «*los próximos cien años puedan asistir al nacimiento (…) de una genuina ciencia del lenguaje. Entonces nos liberaremos de otra parte de la filosofía (todavía quedarán muchas) de la única manera en que es posible liberarse de ella: dándole un puntapié hacia arriba*»[26].

El gran mérito de la filosofía de Austin consistió, sin embargo, en poner en tela de juicio definitivamente el antiguo supuesto que le confería prioridad a la dimensión asertiva del lenguaje. La presuposición obstinada de que únicamente tienen interés teórico las expresiones que describen algún estado de cosas o un hecho y que monopolizan la «virtud» de ser verdaderas o falsas, fue denominada por Austin «la falacia descriptiva» (asertiva). Siguiendo una argumentación con clara afinidad con los argumentos de Wittgenstein, Austin llamó la atención sobre aquellas expresiones (**utterances**) en las que la distinción de verdad o falsedad deja de ser pertinente. Así, por ejemplo, si alguien dice «prometo que vendré», no está enunciando que está prometiendo, sino que está haciendo una promesa.

Austin llamó a este tipo de expresiones «realizativas» (**performatives**), en oposición a las expresiones «constatativas» (**constatives**), que son aquellas comprometidas en una función asertiva. Con esta distinción se introducía la primera distinción de importancia con respecto a los usos del lenguaje. Se planteaba un primer criterio de ordenamiento sobre los usos

---

[26] J.L.Austin, *Ifs and Cans*, en op.cit., pág.232.

posibles en los que el lenguaje aparecía comprometido. Esta célebre distinción efectuada por Austin, será posteriormente corregida por el mismo en su obra *Cómo hacer cosas con palabras*, publicada póstumamente en 1962 y en la que se reúne un conjunto de conferencias ofrecidas en la Universidad de Harvard, en 1955.

Tal como se observa de lo señalado, la distinción original separaba las expresiones que eran «decires» (**sayings**), tales como enunciados, juicios, descripciones, aseveraciones, proposiciones, etcétera, de aquellas que eran «haceres» (**doings**) de algún tipo, como las promesas, las apuestas, las advertencias, etcétera. Ello suponía que se trataba de una distinción entre las expresiones que son actos (las expresiones realizativas) y aquellas que no lo son (las expresiones constatativas).

En su última obra, sin embargo, Austin advierte que las expresiones constatativas son también actos de habla (**speech acts**) y, por tanto, no son menos acciones que las expresiones realizativas. Emitir un juicio o hacer una descripción es ejecutar un acto de habla tal como lo es hacer una promesa o dar una orden. En consecuencia, lo que originalmente se presentaba como un caso especial dentro del conjunto de las expresiones, las realizativas, ahora aparece absorber a los casos generales, las expresiones constatativas, convirtiéndolas en una clase particular, entre otras, dentro del conjunto de los actos de habla (las expresiones realizativas).

No se trata de una simple inversión entre un caso general y otro particular. La distinción original se caracteriza por estar planteada al interior de la matriz del dualismo, particularmente en su variante kantiana que separaba teoría y práctica, el conocer y el hacer. Las expresiones constatativas se situaban del lado de la teoría, del conocer, mientras que las expresiones realizativas se relacionaban con la práctica, con el hacer. Se trata de dos tipos diferentes de experiencias de un sujeto: por un lado, aquella de un sujeto que conoce y, por otro, la de un sujeto que actúa. La importancia del giro realizado por Austin se traduce precisamente en que elude el dualismo como matriz primaria al concebir la capacidad de dar cuenta de lo real como un tipo, entre otros, de acción posible.

Al interior de su concepción posterior, Austin hace una nueva distinción entre los actos de habla completos. Cuando alguien dice algo es necesario distinguir entre 1) el acto de decirlo, que Austin llama el acto locucionario, 2) el acto que ejecutamos al decir algo y que denomina el acto ilocucionario (prometer, afirmar, advertir, etcétera) y, por último, 3) el acto que realizamos porque decimos algo y que llama el acto perlocucionario (persuadir, asustar, entretener, asombrar, etcétera).

Mientras que la conexión entre la dimensión locucionaria (lo que decimos en cuanto acto de decirlo) y la dimensión perlocucionaria (las consecuencias que contingentemente sobrevienen porque lo hemos dicho), es una conexión causal, la relación entre la dimensión locucionaria y la dimensión ilocucionaria (lo que hacemos al decir algo) es, según Austin, una relación convencional. Así, mientras que el significado de las expresiones es parte del acto locucionario, la fuerza de ellas está incluida totalmente en el acto ilocucionario.

Es interesante destacar la gran novedad introducida por Austin al reconocer que todo hablar es un actuar. Esta afirmación tenía pocos antecedentes en la historia del pensamiento. Sin embargo, el mismo Austin sostiene que existe un campo, normalmente poco considerado en el desarrollo de este tipo de preocupaciones, en el que este reconocimiento, de una u otra forma, estaba presente. Se trata del derecho. Para el abogado, como para el jurista, no representa algo demasiado novedoso señalar el carácter constituyente de una declaración; la ley no es otra cosa. Tampoco motiva a asombro destacar la importancia práctica de un juramento, de los compromisos contraídos en un contrato, de los fenómenos de protocolización, de invocar atribuciones que no se poseen o de atribuirle a las cosas propiedades que ellas no tienen.

Al margen de las opciones filosóficas predominantes, el derecho, e incluso el sentido común en su operar social, reconocían en la práctica las implicancias prácticas de la palabra. La invocación al derecho no es la primera vez que se produce al interior de nuestro desarrollo. No sólo emerge cuando el énfasis se coloca en la acción, como lo ha hecho Austin; aparecía también en la tradición hermenéutica, como importante contribución a las prácticas de la interpretación.

Si el planteamiento de Wittgenstein había producido toda una reformulación sobre la referencia y su inserción en la acción, a partir del planteamiento de Austin se produce una discusión sobre el sentido.

El primero que interviene en este debate es H.P. Grice con un artículo titulado «Meaning», publicado en 1957 en The Philosophical Review, Grice examina el sentido (**meaning**) como la intención de producir un efecto en un oyente, mediante el reconocimiento de la intención de producir tal efecto.

P.F. Strawson interviene también, examinando hasta qué grado los actos ilocucionarios (completos) son asuntos de convención e intención respectivamente, a la luz del planteamiento de Austin de que los actos ilocucionarios son esencialmente convencionales. Según Strawson, algunos actos ilocucionarios son efectivamente convencionales en el sentido de que ellos requieren de *convenciones extralingüísticas* para su ejecución. Considérese, por ejemplo, la declaración de expulsión que realiza un árbitro en un juego de fútbol, o las declaraciones que se efectúan en un juego de bridge, o las palabras del oficial civil en una ceremonia matrimonial. Sin embargo, sostiene Strawson, el grueso de los actos ilocucionarios fundamentales (enunciados, preguntas, peticiones, etcétera) no son convencionales, sino en el sentido trivial de que son ejecutados con dispositivos convencionales y que poseen nombres convencionales.

El contraste entre ambos casos se manifiesta al comprobarse que los actos no convencionales se ejecutan con éxito si la «intención manifiesta compleja» del orador es reconocida por el oyente: esto es, si él comprende. Así y todo, el efecto que el acto de habla intentaba manifiestamente alcanzar puede no lograrse sin que ello implique pasar a llevar regla o convención alguna. Con los actos convencionales, por otro lado, cualquier fracaso del orador para alcanzar su intención manifiesta, debe atribuirse a una violación de una regla o convención.

En el caso convencional, la forma ejecutoria explícita resulta ser el nombre del propio acto ejecutado (expulsión, por ejemplo) al ejecutársele, si la intención del orador es efectiva. En el caso no convencional puede no ser el nombre de tal acto. En torno a este debate surge el planteamiento de Searle.

JOHN R. SEARLE

Discípulo de Austin y Strawson, John R. Searle publica su primera obra de importancia, *Actos de habla* en 1969. Searle sostiene que tanto Strawson como Grice equivocan su comprensión sobre la distinción de Austin entre la captación ilocucionaria y el efecto perlocucionario. Strawson y Grice supondrían, según Searle, que la intención manifiesta del orador en el caso no-convencional es provocar alguna respuesta o efecto en el oyente del tipo de hacerlo creer algo (intención manifiesta de las aserciones) o que haga algo (intención manifiesta de una petición).

Searle sostiene que ello no es así. El efecto intencionado del significado (**meaning**) de algo es que el oyente conozca 1) la fuerza ilocucional y 2) el contenido proposicional de la expresión (**utterance**) y no que responda o se comporte de tal o cual manera. Por lo tanto, Searle sostiene que el efecto intencionado del significado (**meaning**) es la comprensión, la cual es un efecto ilocucionario y no perlocucionario. El efecto perlocucionario, en consecuencia, es posterior al ilocucionario.

Se trata de introducir una nueva distinción y de hacer una aclaración importante. Según Searle, el mismo contenido proposicional puede efectuarse con fuerzas ilocucionales distintas. Es el caso, por ejemplo, entre una pregunta educada y una orden, como en el caso de «¿podrías cerrar la puerta?» y «¡cierra la puerta!».

Pero mucho más importante que la aclaración anterior ha resultado la propuesta de Searle de una taxonomía (clasificación) de los actos ilocucionarios. Originalmente Austin había efectuado también una proposición equivalente. Sin embargo, aquella que propusiera Searle representa una adecuada corrección de la anterior. Según Searle, todos los actos de habla, sean estos actos ilocucionarios o actos perlocucionarios en su fase ilocucional, son expresiones de lo que llama cinco puntos ilocucionarios (**illocucionary points**) posibles. Ellos, sin embargo, para Searle, no se definen necesariamente por el carácter de los respectivos verbos ejecutores como en «yo prometo ...», «yo declaro ...», o «yo pido...». También es una promesa, por ejemplo, el expresar «estaré allí».

Las cinco categorías de actos de habla o expresiones completas son las siguientes:

1. Las representativas que comprenden las aserciones y en las que el orador se compromete en diversos grados a que algo es del caso, vale decir, a la verdad de la proposición expresada.

2. Las directivas, en las que el orador procura, en diversos grados, que el oyente haga algo. Estas incluyen tanto preguntas, que procuran que el oyente haga un acto de habla representativo, y órdenes, que procuran que el oyente lleve a cabo un acto lingüístico o no lingüístico.

3. Las comisivas, que comprometen al orador, en diversos grados, a algún curso de acción futura.

4. Las expresivas, que manifiestan un determinado estado psicológico sobre una determinada situación. Entre ellas se incluyen, por ejemplo, actos de habla como el disculparse o la alabanza.

5. Las declarativas, que establecen una correspondencia entre el contenido proposicional del acto de habla y la realidad. Estas poseen en modo manifiesto el rasgo de constituir la realidad como sucede, por ejemplo, cuando el oficial civil expresa «os declaro marido y mujer», o cuando el árbitro expresa «doy por terminado el partido», o el juez señala «el veredicto es 'inocente'», etcétera.

Searle distingue dos direcciones fundamentales de correspondencia (**directions of fit**) entre las palabras y el mundo. Por un lado, lo que llama, la dirección «from word to world» (de palabra a mundo), donde las expresiones deben corresponder con el mundo, como en el caso de las expresiones representativas. Por otro lado, la dirección «from world to word», en las que existe una petición o promesa de modificar el mundo de acuerdo a lo expresado, como por ejemplo, en las expresiones comisivas o directivas.

Reconociendo que cada lenguaje particular puede representar formas propias de expresar los diferentes tipos de actos de habla (como resulta de las diferencias culturales), lo importante de la taxonomía propuesta por Searle es el hecho de que sostiene que, más allá de estas diferencias, existe una estructura de base universal, válida para toda forma de existencia humana en el lenguaje. En consecuencia, más allá de cualquier diferenciación cultural (las diferencias lingüísticas incluidas), los hombres realizan necesariamente determinados tipos de actos de habla y se ven involucrados en un número restringido de acciones lingüísticas posibles.

Lo anterior permite a Searle poner en duda la afirmación de Wittgenstein en el sentido de que existe un número infinito de juegos lingüísticos o de usos del lenguaje. Adoptando la perspectiva utilizada en su análisis sobre los puntos ilocucionarios, se descubre que con el lenguaje sólo es posible hacer un número limitado de cosas: le decimos a otros cómo son las cosas, procuramos que hagan cosas, nos comprometemos a hacer cosas, expresamos nuestros sentimientos y actitudes y acometemos cambios mediante nuestras expresiones.

A partir de lo anterior, Searle busca establecer lo que define como la estructura formal de condiciones de adecuación de sus categorías de actos de habla. Siendo las expresiones lingüísticas formas determinadas de acción de los hombres, cabe plantearse si determinadas formas de expresarse (y, por lo tanto, de actuar a través del lenguaje) representan un actuar adecuado.

Las condiciones de adecuación de los actos de habla se recogen en lo que se llama su forma canónica. De esta manera, por ejemplo, pueden establecerse los elementos que aseguran que una promesa esté bien hecha, para que cumpla, desde el punto de vista de la acción, con lo que se propone. Aquello que se propone es, antes que nada, de acuerdo a lo señalado previamente, que sea adecuadamente comprendida como una promesa y que, como tal, ella incluya todos los elementos necesarios para realizar adecuadamente una promesa. En el caso particular de una promesa, por ejemplo, es necesario que lo que se exprese identifique sin ambigüedad quién se compromete, ante quién lo hace, cuál es la acción futura que compromete, cuáles son las condiciones que especifican el hecho de que la acción sea satisfactoria y en qué tiempo se debe cumplir el compromiso.

Es importante destacar la importancia del desplazamiento que se ha producido en la tradición filosófica analítica. Al moverse del campo que enfatizaba la relación de la lógica con el lenguaje, a un campo en el que lo que más importa es la relación del lenguaje con la acción, se ha provocado un desplazamiento simultáneo que sustituye el énfasis colocado en la «forma lógica» por aquel puesto en la «forma canónica». Con ello, se ha provocado un importante giro desde la prioridad conferida a la dimensión asertiva de las proposiciones, a la prioridad otorgada a la dimensión efectiva del actuar de los hombres a través del lenguaje. El interés es precisamente el de la competencia de los hombres en la acción por medio del lenguaje.

CAPITULO XIX

LA TEORIA DE SISTEMAS

Uno de los rasgos predominantes del pensamiento moderno ha sido su orientación analítica, el fundar el conocimiento en operaciones de desagregación progresivas hasta descomponer el objeto estudiado en sus unidades más simples. Esta opción, como fuera examinada en su oportunidad, remite a Descartes cuyo método recomendaba «dividir cada una de las dificultades en tantas partes como fuese posible». A través del conocimiento de las partes se lograba el conocimiento del objeto de estudio. Esta orientación analítica había predominado no sólo en el desarrollo de las principales corrientes filosóficas, sino, por sobre todo, había sido la orientación predominante en el desarrollo de la ciencia.

La física, disciplina que desde muy temprano servía de paradigma del conocimiento científico, había seguido con éxito este camino. El mundo físico demostraba responder a relaciones causales directas entre un número reducido de entidades simples. Los fenómenos aparentemente más complejos lograban explicarse mediante su reducción analítica, su descomposición en las partes que lo integran. El análisis exhibía tal fuerza, que muchas veces se identificaba, como si fuesen sinónimos, el conocer y el analizar.

La dialéctica, comprometida en un interés declarado por comprender los fenómenos históricos, había intentado poner en tela de juicio este enfoque. Había insistido en que él representaba una visión reduccionista que terminaba por sacrificar, a través del procedimiento de la desagregación, el objeto de estudio. Su propuesta había sido la contraria. La dialéctica afirmaba que era necesario, no la reducción del objeto en sus partes componentes, sino el establecer su relación con los demás objetos, con todo lo que el objeto no es. Por lo tanto, mientras la orientación analítica privilegiaba su capacidad de acceder a las partes, la dialéctica enfatizaba la referencia a la totalidad. Para la dialéctica, el conocimiento implicaba un proceso de progresivas síntesis parciales hasta alcanzar el todo; la verdad se identificaba con la totalidad.

En sus variantes tanto idealista como materialista, la dialéctica se verá atrapada, sin embargo, en sus propias contradicciones. Demostrará haber acometido una inadecuada resolución de los problemas asociados al dualismo filosófico y se verá comprometida en un discutible intento de superación de las restricciones de la lógica tradicional.

Frente a las deficiencias de la dialéctica, el pensamiento analítico saldrá reforzado. La influencia de la filosofía analítica será manifiesta. Las orientaciones filosóficas que invocan una perspectiva de totalidad serán relegadas a los dominios de la ambigüedad, de las disciplinas poco rigurosas, a las ciencias humanas, al análisis literario o artístico, al campo de las experiencias místicas. El rigor pareciera coincidir con el análisis, sea éste lógico, teórico o empírico. Las ciencias humanas no tendrán el peso o la solvencia para corregir, sino en sus propios reductos, la influencia del análisis.

Cuando la dialéctica insistía en la necesidad de reconocer que el todo no es la mera suma de sus partes, acudía, por ejemplo, a la debatible explicación fundada en un supuesto tránsito de cantidad en calidad. La explicación daba cuenta del fenómeno recurriendo a un misterioso salto lógico, que generaba, como arte de magia, una situación diferente. Lo que resultaba necesario explicar se trocaba en la explicación propuesta. Sin embargo, la dialéctica representará una primera forma de dar cuenta de ciertos problemas que la perspectiva analítica no era capaz de reconocer. Pero sus explicaciones se verán comprometidas por un nivel de desarrollo insuficiente tanto en las matemáticas como en la lógica.

Desde entonces, los desarrollos de las matemáticas proveerían herramientas de conocimiento capaces de sustentar explicaciones muy diferentes de los fenómenos reconocidos por la dialéctica. Hoy, por ejemplo, se reconoce que tales fenómenos son propios de sistemas dinámicos altamente complejos. Anteriormente, las matemáticas sólo resultaban adecuadas para la descripción de los sistemas dinámicos simples, como los abordados por la física de la época.

Los cambios en los sistemas dinámicos altamente complejos eran difícilmente explicados y criterios tales como el paso de la cantidad a la calidad, aparecían como una alternativa explicativa válida, aunque ello sólo descansara en la ausencia de otras explicaciones disponibles. Sin embargo, con el desarrollo posterior de las mismas matemáticas, surgieron nuevos instrumentos de estudio que llenarían este vacío, ofreciendo a la vez una capacidad explicativa muy superior a la exhibida por la dialéctica.

Considérese, por ejemplo, un sistema dinámico complejo descrito por un conjunto de ecuaciones diferenciales. Al cambiarse los parámetros de las ecuaciones, el comportamiento del sistema cambiará gradualmente. Si, por ejemplo, el comportamiento comienza a oscilar, el período y la amplitud de la oscilación va a cambiar en forma gradual. Pero si seguimos modificando los parámetros, se suele alcanzar lo que se llama un punto de bifurcación, a partir del cual el comportamiento cambia dramáticamente. Por ejemplo, el sistema puede dejar de oscilar para crecer exponencialmente. Por lo tanto, un pequeño cambio cuantitativo aparenta producir un cambio «cualitativo». Pero ahora ya no se requiere invocar un principio de tránsito de cantidad a calidad.

Sin embargo, serán fundamentalmente los desarrollos registrados en dos campos diferentes los que, a través de la acumulación creciente de problemas, terminarán por enjuiciar a la perspectiva analítica. Se trata de los campos de la biología y la ingeniería.

En el caso específico de la biología, resultaba cada vez más evidente que el esquema reduccionista impedía una adecuada explicación de los fenómenos biológicos. Los biólogos tendían progresivamente a aceptar la idea de que la clave para explicar la materia viva es el reconocimiento de su nivel de organización. Descubrirían también que en la medida en que ella era desagregada en sus componentes químicos y físicos más simples, no era posible dar cuenta del fenómeno propiamente biológico. Lo biológico no negaba la plena validez de la física o de la química, pero parecía constituirse en un nivel diferente, al interior de una jerarquía de niveles de complejidad. La existencia de la emergencia de nuevos problemas a niveles superiores de complejidad resultaba ser un problema mayor para la ciencia y uno que el método analítico reduccionista no era capaz de resolver. La biología, por lo tanto, había comenzado a desarrollar modalidades de pensamiento capaces de estudiar el comportamiento de unidades complejas.

Esta situación desafiaba a los presupuestos analíticos. Se descubría que el proceso de desagregación efectivamente distorsionaba el fenómeno estudiado. El supuesto de que el análisis de los componentes de un todo era equivalente al estudio del todo en cuanto unidad, tendía a desplomarse. Es en este contexto que hace su aparición la teoría de sistemas.

LUDWIG VON BERTALANFFY

Uno de lo pioneros en este campo fue el biólogo austríaco-canadiense Ludwig von Bertalanffy, nacido en 1901. Su principal contribución fue el haber planteado la posibilidad de generalizar estas modalidades de pensamiento desarrolladas en la biología, para tratar múltiples unidades complejas diferentes. Bertalanffy reconoce que las restricciones del análisis no se manifiestan sólo en la biología. Ellas se evidencian también en la psicología, en las ciencias sociales, en los comportamientos de gestión y administración, pero también en muchas áreas asociadas directamente a las ciencias físicas. Por lo tanto, a mediados de la década de los 40, Bertalanffy generaliza el pensamiento sistémico que la biología ha desarrollado para explicar los organismos, y propone lo que llama una teoría general de sistemas. Su objeto de estudio gira alrededor del concepto de complejidad organizada.

El modelo que desarrolla esta nueva perspectiva para dar cuenta de la complejidad organizada supone la existencia de una jerarquía de niveles de organización, cada uno más complejo que el anterior, definiéndose cada nivel por la emergencia de propiedades que no existen en el nivel previo. Tales propiedades emergentes no tienen sentido en el lenguaje apropiado para dar cuenta del nivel inferior. Los conceptos fundamentales de dicho modelo son, por lo tanto, los de jerarquía y emergencia. Al hablarse de jerarquía se apunta a las diferencias fundamentales entre distintos niveles de complejidad.

Estos nuevos conceptos permiten reconocer la existencia de unidades orgánicas que dan cuenta de diferentes niveles de descripción, los que a su vez corresponden a diferentes niveles de la realidad. Russell, al desarrollar su «teoría de los tipos lógicos», había abierto las puertas hacia una epistemología estructurada jerárquicamente; sin embargo, Russell propugnaba simultáneamente una perspectiva analítica, sin plantearse la posibilidad de que la realidad pudiera concebirse jerarquizada. Los desarrollos en la teoría de sistemas ponen nuevamente de manifiesto las estrechas relaciones que mantienen entre sí la lógica, la epistemología y la ontología.

Lo anterior abre una nueva posibilidad para el tratamiento de las unidades complejas o totalidades. Una totalidad es definida como una síntesis o unidad de partes que, en cuanto unidad, afecta el comportamiento y las interacciones de las partes involucradas. Toda unidad de este tipo es una totalidad estructurada, en la que las funciones independientes de cada una de sus partes se relacionan y combinan. Desde esta perspectiva resulta fundamental establecer la posición de cada una de las partes en la estructura. Este tipo de explicación ha resultado decisiva, por ejemplo, para explicar diversos tipos de determinaciones genéticas. Se ha establecido que determinados rasgos o condiciones en los organismos vivos no son el resultado de la mera presencia de un gen particular, sino de la secuencia de genes diferentes. Tales efectos, por lo tanto, simplemente no logran explicarse al examinarse cada uno de los genes individualmente y por separado.

Bertalanffy estableció una importante distinción entre sistemas abiertos a su entorno (o medio) y sistemas cerrados. Un sistema abierto establece un intercambio con su medio, el que puede significar la entrada (**input**) o salida (**output**) de materias, energía e información. Los sistemas cerrados se caracterizan porque sus componentes estables alcanzan un estado de equilibrio. Los sistemas abiertos, como el caso de los organismos vivos, requieren alcanzar el estado que les asegura su mantención, el que depende del continuo intercambio con el medio. Mientras los sistemas cerrados sólo pueden evolucionar hacia una mayor entropía (hacia un creciente desorden), los sistemas abiertos se caracterizan por su capacidad de crear o mantener un elevado nivel de orden.

En sistemas altamente complejos, a su vez, constituidos por una jerarquía de sistemas (como la representada por la secuencia de la célula al organismo multicelular), la mantención de la jerarquía exige de una serie de procesos en los cuales se produce una comunicación de información para los efectos de la regulación o el control. Es así como la biología, por ejemplo, da cuenta de los procesos de desarrollo genético, los que son concebidos en términos de «mensajes» químicos, portadores de intrucciones, capaces de activar o inhibir determinadas reacciones y que se transforman en los procesos de control que dirigen el desarrollo del organismo.

NORBERT WIENER

Estos nuevos conceptos de la teoría de sistemas (comunicación, información y control) serán desarrollados desde una vertiente distinta, más ligada con las matemáticas y la ingeniería. Ella está relacionada con la cibernética, término acuñado por Norbert Wiener (1894-1964) en 1947. En griego, **kybernétiké**, designa la ciencia del timón o del piloto (**kybernétès**), vale decir, de quien dirige un barco. Wiener era un destacado matemático norteamericano. Fue considerado un niño prodigio por sus excepcionales aptitudes. A los siete años estudiaba a Darwin, a los catorce completaba su educación secundaria, a los 17 obtenía su licenciatura en la Universidad de Cornell y a los 18 su doctorado de la Universidad de Harvard. Más adelante estudiará en Cambridge, con Russell, y en Gotinga con Hilbert.

Durante la guerra, a Wiener le corresponde estudiar problemas relacionados con el perfeccionamiento de la artillería antiaérea. Se trataba de incorporar mecanismos adicionales de control para asegurar que los misiles disparados sobre objetivos en desplazamiento dieran en el blanco. Ello implicaba perfeccionar los dispositivos de predicción de las posiciones futuras de los aviones, en la medida en que los misiles debían dispararse no hacia la posición del avión en el momento del disparo, sino hacia una posición estimada. Tal estimación originaria, sin embargo, resultaba insuficiente. En la medida en que el avión podía modificar su dirección de vuelo y su velocidad, era necesario diseñar algunos mecanismos que, una vez que el misil fuera disparado, le permitieran volver a procesar las diferentes posiciones del avión y modificar su trayecto en función de las nuevas informaciones.

De estos estudios surge la incorporación de uno de los conceptos importantes de la cibernética: el concepto de feedback o retroalimentación. Cuando se desea que un movimiento siga un patrón determinado, la diferencia registrada entre el movimiento efectivo y el patrón establecido se utiliza para corregir el movimiento y aproximarlo, en procesos sucesivos, al patrón. Se trata precisamente de lo que el piloto realizaba con el timón. En el caso del diseño de estas nuevas máquinas, se incorpora la experiencia pasada en su operar posterior. Ello hace pensar en máquinas capaces de aprender. Los dispositivos que realizan este tipo de operaciones se denominan servomecanismos.

Desde muy temprano Wiener reconoce que el sistema nervioso de los organismos vivos cumple esa misma función. Ello plantea una estrecha relación entre las máquinas y los seres vivos o, como señala Wiener, entre las máquinas contruidas por el hombre y las máquinas vivas que llamamos animales. Parte importante de los trabajo de Wiener se realizarán en colaboración con fisiólogos como A. Rosenblueth. La obra principal de Wiener es *Cibérnetica o el control y comunicación en animales y máquinas*, publicada en 1948.

Los sistemas vivientes aparecen caracterizados por su capacidad de exhibir procesos diferenciados, activados por determinados mensajes, los cuales sirven para crear y re-crear esos mismos sistemas. Para comprender este tipo de procesos es importante introducir el concepto de control jerárquico. El control aparece siempre asociado con la imposición de ciertas restricciones y, por lo tanto, el intento de dar cuenta de un proceso de control exige considerar al menos dos niveles jerárquicos. En un primer nivel, es normalmente posible efectuar una descripción bajo el supuesto de que cada partícula es representativa del conjunto y que las fuerzas desplegadas en otros niveles no interfieren en su comportamiento. Sin embargo, cualquier descripción de un proceso de control obliga a postular la existencia de restricciones impuestas por un nivel superior sobre un nivel inferior.

El nivel superior representa la posibilidad de una descripción alternativa del nivel inferior en términos de las funciones específicas que emergen como resultado de la imposición de restricciones. Tales funciones no puede ser definidas por las propiedades de los componentes del nivel inferior, sino como el resultado de un proceso jerárquico de control. Para realizarse, se sostiene que el control jerárquico requiere de tres condiciones. Primero, la imposición de una restricción debe establecer nuevas relaciones funcionales. Segundo, la imposición de una restricción —para el caso de los sistemas vivos, en cuestión— debe ser óptima, en el sentido de evitar la rigidez y, a la vez, generar de manera efectiva las funciones específicas del nivel inferior. Tercero, las restricciones deben operar sobre la dinámica particular y detallada del nivel inferior. Se reconoce que en el caso de los sistemas vivos, la variedad de funciones específicas que pueden desarrollarse demuestran no ser fijas. Ello permite que en un período largo de tiempo nuevas formas y funciones puedan aparecer.

Wiener considera que la teoría de sistemas posee enormes potencialidades en el campo de la tecnología, de la gestión empresarial, y en múltiples otras disciplinas. Resulta particularmente importante, por ejemplo, el impulso que la teoría de sistemas logra conferirle a los desarrollos en el campo de la computación. Wiener dedica un esfuerzo importante por difundir sus ideas y por establecer vínculos de trabajo con los más variados especialistas. Entre estos destacan, por ejemplo, W. Pitts, discípulo de Carnap y formado en la lógica matemática; los neurofisiólogos W.S. McCulloch y J. Lettvin; diversos psicólogos, antropólogos y, evidentemente, un número importante de ingenieros.

Apoyados en la ingeniería de la comunicación, Wiener y sus colaboradores afirman que lo que está involucrado en los servomecanismos es el concepto de mensaje, independientemente del hecho de estar transmitidos por medios eléctricos, mecánicos o nerviosos. En cada caso, se trata de mensajes transmitidos con propósitos de control en contextos diferentes. En la transmisión del mensaje, éste aparecía normalmente afectado por interferencias extrañas que fueron denominadas «ruido de fondo». Ello planteaba el problema de re-establecer el mensaje original y de determinar la cantidad de información transmitida. Este concepto sugiere una estrecha relación con aquel concepto de la mecánica estadística: el concepto de la entropía, asociado con la segunda ley de la termodinámica. Señala Wiener:

> «*Del mismo modo que la cantidad de información en un sistema es la medida de su grado de organización, la entropía de un sistema es la medida de su grado de desorganización, y no es más que lo opuesto de la otra*»[27].

La idea de una teoría de la transmisión de información, sustentada en la cuantificación estadística, estaba siendo desarrollada simultáneamente tanto por Wiener como por el estadístico R.A. Fisher y el ingeniero de comunicación C. Shannon. La conceptualización básica desarrollada por Shannon desde la ingeniería de la comunicación, afirma la existencia de un «emisor» que produce un «mensaje». Dicho mensaje es codificado de manera de producir una «señal», la que es transmitida a través de un «canal». En el proceso de transmisión, a la señal emitida se le añade «ruido». Señal y ruido pasan a un «descodificador» que traduce a un «receptor» el mensaje transmitido. Lo que interesa a los ingenieros de comunicación es la medición de la información transmitida.

Este concepto de información, sin embargo, debe ser distinguido del concepto corriente de información. Este último concibe la información como un proceso que le asigna sentido a determinados datos. La medida cuantitativa de información,

---

[27] Wiener, Norbert, *Cibernética o el control y comunicación en animales y máquinas,* Tusquets Editores, Barcelona, 1985, pág.34.

tal como es desarrollada por esta teoría de la información, prescinde por completo del problema del sentido. La razón principal de ello es que ella nace asociada a problemas de ingeniería. Para los ingenieros, el problema del contenido del mensaje resultaba por completo irrelevante. El problema se planteaba estrictamente en términos de la optimización técnica del proceso de transmisión. Las mediciones de los contenidos de información sólo se establecen de acuerdo a la frecuencia en la aparición de símbolos, sin que interese lo que ellos puedan simbolizar.

Desde esta perspectiva, la relación entre comunicación y control parece estrecharse. Los procesos de control se reconocen dependiendo de la comunicación, del flujo de información en la forma de instrucciones o restricciones. Por su parte, los mecanismos de retroalimentación (**feedback**) implican el reconocimiento de señales. En los sistemas vivos, por ejemplo, destaca el papel de las señales químicas que activan o inhiben determinados procesos y, a la vez, son activadas por las correspondientes señales inductoras.

El concepto de información, por lo tanto, termina siendo reconocido no sólo como uno de los conceptos fundamentales de las nuevas concepciones, sino como un concepto lógicamente anterior a aquel de la retroalimentación. Un servomecanismo en un sistema «viable» es considerado formado por un «sensor» capaz de detectar cambios ambientales potencialmente disruptivos y por un «efector» capaz de iniciar una acción correctiva.

A este respecto es necesario destacar la importante contribución de W.R. Ashby, en el sentido de demostrar que la capacidad continua de control efectivo en un medio cambiante exige un controlador con una variedad de respuestas que le permita responder a la variedad de la información del medio. Ello es conocido como la ley de «**requisite variety**». Progresivamente el concepto de información pasa a ocupar un lugar central en la teoría de sistemas. Así, se llega a afirmar, por ejemplo, que del mismo modo como la física descansa en el concepto de energía, definido como la capacidad de realizar trabajo, la teoría de sistemas no puede prescindir del concepto de información. Tal concepto de información, en cuanto categoría científica, es un producto de las últimas décadas.

La influencia de la teoría de sistemas ha sido considerable. En ingeniería, la nueva perspectiva se ha ido convirtiendo progresivamente en la orientación teórica predominante. A ello han contribuido, sin duda, los importantes avances tecnológicos ligado a la electrónica, las comunicaciones y la computación. En un plano diferente, la teoría de sistemas ha ganado rápidamente influencia en las nuevas concepciones sobre la gestión empresarial (management), como lo demuestran, por ejemplo, los trabajo de S. Beer, y se la encuentra en la base de las teorías de toma de decisiones. De la misma manera, ella ha inspirado nuevos desarrollos en la construcción de modelos y, en general, en todo el vasto campo que los ingenieros definen como «diseño» y que alude a las actividades dirigidas a transformar la realidad.

La influencia en el pensamiento biológico ha sido no menos importante. La concepción sistémica ha contribuido a impulsar los notables desarrollos que las ciencias biológicas experimentan desde comienzos de la década de los 50. En la actualidad, es difícil encontrar una disciplina capaz de exhibir el dinamismo que manifiesta la biología y las especialidades complementarias. La teoría de sistemas representa hoy un sustrato indiscutible del pensamiento y la práctica científica de los biológos.

Cabe también destacar la gravitación de las orientaciones sistémicas en las ciencias humanas y, muy particularmente, en disciplinas como la psicología, la antropología, la sociología y la economía. A este respecto, por ejemplo, cabe mencionar las contribuciones de autores tan diversos como P. Watzlawick, en psicología, G. Bateson y R. Girard en antropología, T. Parsons y E. Goffman en sociología. En todos estos casos, la teoría de sistemas ha registrado significativos desarrollos que la han llevado bastante más lejos de los planteamientos originales de von Bertalanffy y Wiener. Sin embargo, a pesar de la distancia y diferencias que muchas veces registran las contribuciones de los autores mencionados con respecto a estos últimos, existen determinadas afinidades temáticas que permiten tratarlos como miembros de una misma y amplia corriente de pensamiento. Ello no impide, como se apreciará más adelante, que determinados conceptos que resultaran centrales en los fundadores del pensamiento sistémico (como son, por ejemplo, los conceptos de información y control), sean posteriormente impugnados de manera vigorosa. De allí que la importancia y vigencia actual de las concepciones de von Bertalanffy y Wiener pueda ser puesta en duda. Su principal mérito será el de haber iniciado una corriente de pensamiento que, en aspectos no despreciables, superará sus propias concepciones.

Dentro del desarrollo del pensamiento sistémico, el caso de Gregory Bateson merece ser destacado. Hijo del destacado biólogo británico William Bateson y formado inicialmente en la antropología, Bateson deriva progresivamente hacia la epistemología, la psiquiatría, la comunicación y la ecología. Una de sus mayores preocupaciones fue poder establecer lo que diferencia los seres vivientes de las formas anorgánicas. Dentro de las diferentes respuestas que Bateson entregará al respecto destaca su afirmación de que los seres vivos (agrupados en lo que denomina Creatura) se caracterizan por lo que llama la «mente», concepto que remite de una manera particular a los términos sistémicos de orden e información. En sus indagaciones, Bateson se encuentra, sin embargo, con un obstáculo importante para dar cuenta de la naturaleza de los seres vivientes: el supuesto de la separación de mente y cuerpo, es decir, el supuesto del dualismo que caracteriza al pensamiento moderno. Parte importante de la contribución de Bateson es su insistencia, desde ángulos muy diferentes, en sostener la unidad entre mente y cuerpo.

Bateson muere sin alcanzar a completar su obra. Al final de sus días, se le preguntó si había alguien más que estuviese desarrollando las investigaciones sobre la epistemología de la **Creatura**. Bateson respondió: «el centro de este estudio se encuentra ahora en Santiago de Chile, bajo un hombre llamado Maturana».

HUMBERTO MATURANA

Nacido en Chile, en 1928, Humberto Maturana estudia inicialmente medicina y, más adelante, biología en Inglaterra con el neurofisiólogo J.Z. Young. Obtiene su doctorado en la Universidad de Harvard en los Estados Unidos. Su principal área de interés ha sido la comprensión de la organización del ser vivo y, a partir de ella, la biología del conocimiento. Entre sus obras cabe mencionar *Biology of Cognition* (1970), *De máquinas y seres vivos* (1972) y *El árbol del conocimiento* (1984), estas dos últimas escritas junto a Francisco Varela, su destacado discípulo y colaborador.

En 1960 Maturana publica un célebre artículo junto con Lettvin, McCulloch y Pitts, ya mencionados por sus relaciones con Wiener en la década de los 40, a partir de sus estudios anatómicos de la retina de la rana y su observación de la existencia de respuestas direccionales en las células ganglionares de dicha retina. En esa época Maturana se desenvolvía en el campo de la biología, sin estar todavía demasiado familiarizado con las concepciones cibernéticas, como sucederá más adelante.

Desde entonces, el trabajo de Maturana se desarrolla en dos campos separados: el de la percepción y sus determinaciones neurofisiológicas y aquel de la organización del ser vivo. En 1968, invitado a presentar un trabajo sobre la neurofisiología del conocimiento, Maturana decide enfrentar el problema, no desde la perspectiva del sistema nervioso, sino desde el operar biológico completo del ser vivo. Al hacerlo, Maturana descubre algo que determinará el curso posterior de sus investigaciones:

que sus dos actividades académicas aparentemente diferentes, de hecho estaban dirigidas al mismo fenómeno. Desde esta nueva perspectiva resultaba que el conocimiento y el operar del sistema viviente (incluyendo, cuando fuese pertinente, al sistema nervioso) eran la misma cosa. En el dominio del operar del sistema viviente, vivir es conocer y conocer es vivir.

Maturana se sitúa en un campo que él llama la epistemología genética y que se caracteriza por enfrentar la temática ya clásica de la epistemología desde los avances que se registran en las ciencias biológicas. Su programa consiste en establecer las bases biológicas del conocimiento o, lo que es lo mismo, avanzar hacia la comprensión del fenómeno del conocer desde la perspectiva del operar biológico del ser vivo. Para estos efectos, Maturana establece un principio: los seres vivos sólo pueden hacer lo que les está biológicamente permitido. Esta afirmación puede aparecer algo obvia. Sorprendentemente ella no estaba dentro de la lista de principios fundamentales reconocidos como válidos por la historia del pensamiento. La afirmación de Maturana posee la trascendencia del principio de razón suficiente postulado por Leibniz que afirma que «nada es sin razón» o, en un plano diferente, del principio postulado por Hayek de que «no existe el conocimiento perfecto». En el caso de Maturana, sin embargo, la afirmación de este principio (fundamental para la reflexión filosófica), se realiza y está fundado desde fuera de la filosofía, desde una mirada completamente fresca proporcionada por la biología.

En la medida en que los seres vivos (los seres humanos incluidos) sólo pueden hacer lo que les está biológicamente permitido, el antiguo problema de establecer los límites del conocimiento (la empresa que se propone Kant) sólo puede resolverse adecuadamente, desde la perspectiva de Maturana, especificando el operar biológico de los seres vivos. Sin embargo, tal como sucedía en el programa kantiano, se trata nuevamente de acometer el esfuerzo por «conocer el conocer». Recordemos cómo Hegel había puesto en duda la concepción de

Kant, aduciendo que ella implicaba una empresa imposible por cuanto requería conocer el conocer para conocerlo. Ello, según Hegel, obligaba a Kant a caer en un círculo vicioso. La empresa emprendida por Maturana se realiza en un contexto que le permite salvar las objeciones de Hegel. Por un lado, se ha comenzado a reconocer el carácter constitutivamente circular de todo conocimiento. Pero, por sobre todo, se dispone de una concepción sistémica que permite eludir la condición de circularidad en cuanto obstáculo, en la medida en que compromete niveles diferentes en la comprensión. Ello le permite a Maturana hacerse cargo positivamente de la condición de circularidad que es propia de la tarea que está acometiendo.

Situado desde un enfoque que se basa en la comprensión biológica del conocimiento, Maturana avanzará con pasos decididos hacia la superación del dualismo filosófico desde la biología. Desde su perspectiva, lo que precisamente se pone en tela de juicio es la separación tajante entre el espíritu, la conciencia y el conocimiento, por un lado, y el cuerpo y la biología, por el otro. Lo que Heidegger realiza en el plano ontológico, Maturana lo lleva a cabo en el plano de lo biológico. Según el decir del mismo Maturana, su biología del conocimiento representa una ontología del observador.

Al poner en duda el dualismo en la comprensión del individuo (conocimiento y biología), Maturana avanza hacia un cuestionamiento no menos radical de la matriz ontológica sujeto-objeto en la que previamente se tendía a colocar la comprensión global del fenómeno del conocer. Simultáneamente, ello permite cerrarle el camino al dualismo kantiano que separaba teoría y acción, el conocer y el hacer. Para Maturana, «conocer es acción efectiva», es «efectividad operacional en el dominio de existencia del ser vivo». De ello concluye: «todo hacer es conocer y todo conocer es hacer».

Si el conocimiento no involucra, como sostiene Maturana, una determinada relación de correspondencia entre un sujeto y un objeto, la condición de objetividad no puede ser exigida para ningún conocimiento. «El postulado de objetividad, nos dice Maturana, no es un postulado constitutivo del quehacer científico». Para una concepción que se reclama a sí misma como científica, ello supone la necesidad de proponer un concepto de ciencia que sea capaz de dar cabida en su interior al quehacer científico efectivo y que resulte coherente con la necesidad invocada de prescindir de la condición de objetividad. De allí que Maturana considere a las explicaciones científicas como proposiciones generativas, proposiciones que generan el fenómeno por explicar en el ámbito de experiencias de los observadores. Ello permite prescindir del supuesto de existencia de un mundo exterior, objetivo e independiente del observador.

Para Maturana los dominios cognoscitivos son cerrados. Su validación no se produce por la referencia a condiciones exteriores. Por el contrario, ellos «están determinados por el criterio de validación de las afirmaciones que les son propias y que especifican el modo de ser en él». La ciencia, como dominio cognoscitivo particular, está definida por su particular criterio de validación.

Pues bien, hacer ciencia es explicar y será una explicación científica la que satisfaga, según Maturana, cuatro condiciones:

a. descripción del o de los fenómeno(s) por explicar de una manera aceptable para la comunidad de observadores;
b. proposición de un sistema conceptual capaz de generar el fenómeno a explicar de una manera aceptable para la comunidad de observadores (hipótesis explicativa);
c. deducción a partir de **b** de otros fenómenos no considerados explícitamente en su proposición, así como la descripción de sus condiciones de observación en la comunidad de observadores;
d. observación de estos otros fenómenos deducidos de **b**.

Una de las preguntas centrales que se plantea Maturana es qué constituye un ser vivo. La manera como se solía dar respuesta a esta pregunta, aparentemente elemental, era señalando un conjunto de propiedades de los seres vivos. Se afirmaba, por ejemplo, que ellos se caracterizaban por su capacidad reproductiva, por su composición química, por su capacidad de movimiento, etcétera. De esta manera se confeccionaba una lista de propiedades de los seres vivos, lista que nunca se estaba en condiciones de declarar completa y propiedades que, tomadas cada una por separado, generaban problemas.

Evidentemente uno de los rasgos que exhiben los seres vivos es su autonomía, su capacidad de especificar su propia legalidad. Sin embargo, la explicación científica del ser vivo no podía satisfacerse con la mera afirmación de dicho rasgo. Resultaba necesario apuntar a un sistema conceptual capaz de generar el fenómeno de la autonomía y, por lo tanto, de remitir al mecanismo que hace de los seres vivos sistemas autónomos.

Tal sistema conceptual descansa en tres conceptos fundamentales: unidad, organización y estructura. Es más, es gracias a la distinción entre organización y estructura que Maturana puede especificar lo que define a determinadas unidades como seres vivos. Como podrá apreciarse, esta distinción que resultará decisiva, se sustenta en los desarrollos realizados al interior de la teoría de sistemas.

Toda unidad es el resultado de una operación de distinción que la especifica. Como tal, toda unidad puede ser reconocida al nivel de aquello que, como unidad, la identifica (aquello que define su identidad) como al nivel de los componentes para los cuales la unidad es su unidad (la unidad de sus componentes). Se trata, por lo tanto, de dos planos, de dos niveles diferentes. Los conceptos de organización y de estructura se sitúan correspondientemente en cada uno de estos niveles. En una primera aproximación, parecieran aludir a lo mismo: al tipo de relaciones involucradas en la unidad del caso. Sin embargo, la forma como se alude a tales relaciones será diferente. De allí que lo que se afirma sobre las relaciones comprendidas al nivel de la organización sea lo opuesto a lo que se afirmará sobre las relaciones propias de la estructura. Ello por cuanto, al nivel de la unidad como tal es posible reconocer lo que la teoría de sistemas denomina propiedades emergentes, propiedades propias de la unidad, las que no se observan al examinarse las relaciones entre los componentes.

La organización de una unidad, en consecuencia, es definida como la configuración de relaciones entre componentes que la definen como una unidad de una cierta clase. Si la organización de una unidad cambia, la unidad se desintegra y otra u otras unidades aparecen en su lugar. La organización, por lo tanto, es portadora de la identidad de una unidad. Se define por estructura a los componentes y relaciones que concretamente constituyen una unidad particular realizando su organización. Esta distinción entre ambos términos se hace plenamente inteligible al reconocerse los dos niveles de análisis involucrados. La organización representa, por lo tanto, las restricciones que el nivel superior impone sobre el nivel inferior. De allí que una unidad se defina por mantener invariante su organización, aceptando todos los cambios posibles de su estructura dentro de los límites de restricciones especificadas por la organización. Dicho en palabras de Maturana, la estructura de una unidad puede cambiar sin pérdida de identidad, la organización, no.

Lo que define a los seres vivos es un determinado tipo de organización. En el decir de Maturana, los seres vivos son organizaciones **autopoiéticas**. Una unidad es una organización **autopoiética** en la medida en que ella sea capaz de producirse continuamente a sí misma. Distintos seres vivos se distinguen porque tienen estructuras distintas, pero son iguales en cuanto a organización. Es más, los seres vivos se caracterizan por el cambio permanente de sus estructuras y por la preservación de su organización. No se trata de que la organización no pueda cambiar. De hecho cambia, pero al cambiar, el ser vivo muere.

Los seres vivos, reconoce Maturana, son sistemas abiertos desde el punto de vista material y energético. En estos aspectos se hallan en continuo intercambio con su medio. Sin embargo, desde el punto de vista de la información, los seres vivos son sistemas cerrados. Esta representa una de las afirmaciones fundamentales de Maturana. Al efectuarla, objeta muy radicalmente lo que denomina «la falacia de las relaciones instruccionales». Los seres vivos no reciben información de su medio. Dicho de otra forma, el supuesto de que los seres vivos son receptores de información de su medio (el supuesto de que perciben el medio) no tiene fundamento biológico; no hay cómo dar cuenta del tal fenómeno desde el punto de vista de las explicaciones científicas proporcionadas desde la biología. La información no posee fundamento desde el punto de vista del operar de los seres vivos.

Uno de los conceptos centrales de la teoría de sistemas, el de la información, es puesto en duda. La referencia al concepto de información representa un recurso explicativo que no posee más fundamento que el que tuviera aquel otro concepto, el del éter, utilizado para dar cuenta de la propagación de las ondas radiactivas. El concepto del éter pudo ser eliminado, como lo demuestra el desarrollo de alternativas de explicación que lograron efectivamente prescindir de él. Es lo que Maturana pretende acometer con el concepto de información. A ello se orientan sus concepciones sobre el conocimiento, el lenguaje y la observación.

Examinemos, primero, la puesta en duda de las condiciones biológicas capaces de sustentar el fenómeno de las relaciones instruccionales o de transmisión de información. Sostiene Maturana que, en las interacciones de los seres vivos con su medio, este último no tiene cómo especificar en el ser vivo contenido informativo alguno. Todo lo que en los seres vivos ocurre no responde a especificaciones del medio, sino a sus propias determinaciones estructurales. Lo único que el medio puede hacer es «gatillar» determinadas reacciones definidas por la estructura del ser vivo.

Estas interacciones con el medio pueden ser de dos tipos: perturbaciones e interacciones destructivas. Son perturbaciones cuando generan cambios estructurales sin alterar la organización; son interacciones destructivas, cuando desintegran al ser vivo. Pero en uno u otro caso, no se trata de interacciones instruccionales; los seres vivos son sistemas estructuralmente determinados.

> *«El que los seres vivos sean sistemas determinados estructuralmente tiene las siguientes consecuencias: 1) que su estructura determina lo que ocurre en ellos en cada instante; 2) que su estructura determina qué admiten como una perturbación o como una interacción destructiva, y 3) que un agente externo sólo puede desencadenar, gatillar, en ellos un cambio de estado o una desintegración que está determinada en su estructura»*[28].

Desde esta perspectiva, Maturana concluye que la evolución de los seres vivos es el resultado de una deriva natural, producto del conjunto de los factores enunciados. Por un lado, de la invarianza de la autopoiesis y la adaptación; por otro lado, de la determinación estructural y del carácter no instruccional de las interacciones con el medio. La deriva da cuenta de un proceso estructural de transformaciones en el cual ninguna interacción es trivial, pero donde, a la vez, nada es necesario. Un proceso en el que no existe el azar, como tampoco existe la libertad. Todo lo que acontece es el resultado de la determinación estructural a partir de las condiciones presentes de la estructura y de las interacciones del organismo con su medio. Los seres vivos no son el producto de diseño alguno, sino de la deriva natural. A través del concepto de deriva, Maturana busca también poner en tela de juicio, ya no sólo el concepto de información al interior de la teoría de sistemas, sino también el concepto de control. Según Maturana, el concepto de control no es adecuado para describir el operar de los seres vivos.

---

[28] Humberto Maturana, *Fenomenología del conocer,* Revista de Tecnología Educativa, Vol.8, Nos.3-4, 1983, pág.131.

Si las interacciones sólo pueden gatillar estados que están estructuralmente determinados (incluyendo las interacciones destructivas), tales estados remiten necesariamente a la estructura del ser vivo y no al medio. De ello se deduce que, para un ser vivo, no es posible distinguir experiencialmente entre la ilusión y la percepción.

Para ilustrar este punto, Maturana se apoya en diversos experimentos sobre percepción, demostrando cómo los sentidos generan los mismos estados internos ante estímulos diferentes. Se demuestra, por ejemplo, cómo lo que solemos caracterizar como una percepción visual representa una determinada perturbación en la retina. Sin embargo, las mismas reacciones neuronales pueden desencadenarse prescindiendo del objeto supuestamente percibido y para el organismo la primera situación es indistinguible de la segunda. Este mismo argumento, como se recordará, fue desarrollado por Descartes en su sexta Meditación metafísica, a través del ejemplo del dolor en un pie. Apoyado en esta argumentación, entre otras, Descartes proponía su concepción sobre las ideas innatas.

Maturana no nos habla de ideas innatas. Pero afirma, en cambio, que todo organismo se define por su clausura operacional y que en todos aquellos organismos con sistema nervioso, éste también se define por su clausura operacional. Ello implica que tanto el organismo como su sistema nervioso, si lo tiene, operan circularmente, como una red cerrada de cambios de relaciones de actividad entre sus componentes. Desde esta perspectiva, la conducta de un organismo corresponde siempre a una visión externa «de la danza de relaciones internas del organismo», efectuada por un observador. No se trata de algo que el ser vivo hace en sí, sino de algo que tiene sentido para quien observa sus movimientos en su medio (movimientos expresivos de cambios estructurales internos).

El sistema nervioso es un sistema con plasticidad, es decir, en continuo cambio estructural. En su continua transformación, el sistema nervioso permanece congruente con las transformaciones del medio como resultado de que cada transformación lo afecta. No hay interacción con el medio que no deje efectos en el sistema nervioso como resultado de los cambios estructurales que tal interacción gatilla en él. Para un observador, ello es visto como un aprendizaje adecuado de parte del organismo. Ello, por cuanto para el observador los cambios estructurales que ocurren en el sistema nervioso parecen adecuarse a las interacciones del organismo con el medio.

La distinción, por lo tanto, entre conductas innatas y conductas aprendidas no es pertinente desde la perspectiva del organismo. Ella sólo remite a las condiciones desde las cuales el organismo ha sido observado. Las conductas posibles del organismo están siempre determinadas por su estructura, por su presente estructural. El que las conductas sean éstas y no otras, tiene que ver con la historia de cambios estructurales de organismo.

Los seres vivos, nos señala Maturana, existen sólo mientras conserven su organización y su adaptación al medio. La adaptación expresa la capacidad de reacción a las interacciones con el medio evitando la desintegración. Por lo tanto, la adaptación no es una variable en los seres vivos. No hay seres vivos más o menos adaptados. Si están vivos, están adaptados y lo están en el mismo grado. Si, por otro lado, aceptamos que conocimiento es acción efectiva en el dominio en que un observador espera una respuesta, se debe reconocer que el hecho de vivir —de conservar la organización y la adaptación— es conocer en el ámbito del existir. En la medida en que vivir es acción efectiva en el existir como ser vivo, vivir es conocer.

Para un ser vivo, las interacciones con otro ser vivo son indistinguibles de aquellas que establece en general con el medio. Es posible, sin embargo, que estas interacciones con otros seres vivos sean recurrentes, de tal manera que la mantención de la organización y de la adaptación de cada uno se realice mediante un acoplamiento estructural. Cuando ello sucede, Maturana habla de fenómenos sociales. Los fenómenos sociales surgen como consecuencia de la recurrencia de interacciones entre seres vivos.

Se habla de comunicación al referirse a la coordinación conductual que observamos en los seres vivos. Se habla, en cambio, de conductas lingüísticas para dar cuenta de una dinámica de coordinaciones conductuales recursivas desde el punto de vista de un observador. La conducta lingüística, por lo tanto, implica la observación de que los organismos no sólo coordinan sus conductas en relación al medio (comunicación), sino que coordinan conductas para coordinar conductas. Cuando el observador describe conductas de interacción entre organismos en términos tales que el significado que él asume que ellas tienen para los participantes, determina el curso de tales interacciones, estamos ante una conducta lingüística.

El hombre es uno entre muchos seres vivos que poseen un dominio lingüístico. Pero en el hombre se trata de algo mucho más abarcador que en otros organismos.

> *«Lo fundamental en el caso humano, es que el observador ve que las descripciones pueden ser hechas tratando a otras descripciones como si fueran objetos o elementos del dominio de interacciones. Es decir, el dominio lingüístico mismo pasa a ser parte del medio de interacciones posibles. Sólo cuando se produce esta reflexión lingüística hay lenguaje, surge el observador, y los organismos participantes de un dominio lingüístico empiezan a operar en un dominio semántico»*[29].

El lenguaje modifica radicalmente los dominios conductuales humanos, haciendo posible fenómenos como la reflexión, la observación y la conciencia.

---

[29] Humberto Maturana & Francisco Varela, *El árbol del conocimiento*, Editorial Universitaria, Santiago, 1984, pág.139.

Para Maturana, el operar recursivo del lenguaje es condición sine qua non para la experiencia que asociamos a lo mental.

«... en la red de interacciones lingüísticas en que nos movemos, mantenemos una continua recursión descriptiva que llamamos «yo», y que nos permite conservar nuestra coherencia operacional lingüística y nuestra adaptación en el dominio del lenguaje» [30].

Desde esta perspectiva, lo mental no puede concebirse como algo que se encuentra en el cerebro. Se reconoce, en cambio, que la conciencia y lo mental encuentran su fundamento en un lugar muy diferente: en el dominio de lo social. Es allí, en el acoplamiento que los seres vivos establecen con otros seres vivos, que se da su dinámica. Sólo por un efecto reflejo, estos fenómenos sustentados en condiciones sociales, pasan a ser considerados como manifestaciones de un «mundo interior» del individuo.

«El lenguaje no fue nunca inventado por un sujeto solo en la aprehensión de un mundo externo, y no puede, por lo tanto, ser usado como herramienta para revelar un tal mundo. Por el contrario, es dentro del lenguaje mismo que el acto de conocer, en la coordinación conductual que el lenguaje es, trae un mundo a la mano. Nos realizamos en un mutuo acoplamiento lingüístico, no porque el lenguaje nos permita decir lo que somos, sino porque somos en el lenguaje, en un continuo ser en los mundos lingüísticos y semánticos que traemos a la mano con otros. Nos encontramos a nosotros mismos en este acoplamiento, no como el origen de una referencia ni en referencia a un origen, sino como un modo de continua transformación en el devenir del mundo lingüístico que construimos con los otros seres humanos»[31].

---

[30] Humberto Maturana & Francisco Varela, op.cit., pág.152.
[31] Humberto Maturana & Francisco Varela, op.cit., pág.155.

Desde la perspectiva sugerida por Maturana, la separación de mente y cuerpo pierde completamente todo sentido. Lo que llamamos mente da cuenta de fenómenos específicos que remiten a nuestro operar biológico como seres vivos. Lo mismo acontece con el conocimiento humano. Ambos fenómenos, sin embargo, no logran explicarse sin referirse al lenguaje. Por su parte, si bien el lenguaje da cuenta de determinadas capacidades biológicas de los seres humanos, asociadas al desarrollo de su sistema nervioso, no es posible comprenderlo adecuadamente si se desconoce que el lenguaje emerge (propiedad emergente) más allá del dominio de operar biológico individual. Es en el acoplamiento estructural que los seres vivos establecen entre sí, en razón de la recurrencia de sus interacciones, que es preciso situar el fenómeno del lenguaje. El lenguaje es un fenómeno social así como lo social es un fenómeno comunicativo.

De lo anterior puede deducirse una afirmación crucial: el lenguaje no es función de la conciencia, la conciencia es función del lenguaje. Es nuestro ser en el lenguaje lo que nos constituye como personas conscientes con identidades particulares. No es el lenguaje un personaje menor a través del cual la conciencia se expresa y exterioriza. La relación es precisamente la inversa. El lenguaje se nos presenta, de esta forma, como el principal protagonista que nos conduce hacia una comprensión radicalmente diferente de la existencia humana. Por otro lado, es también a través del lenguaje que logramos establecer la unidad de mente y cuerpo, pues hace de él, el eslabón necesario a través del cual esta unidad se establece.

Cuenta Maturana que algunos amigos sociólogos le dijeron una vez: «según lo que tú dices habría que reescribir la sociología». Su respuesta fue «sí». Es interesante señalar que la influencia de Maturana en el pensamiento del destacado sociólogo alemán contemporáneo Niklas Luhmann, principal representante del pensamiento sistémico en ciencias sociales, ha sido decisiva.

CAPITULO XX

LOS PUNTOS DE RUPTURA DEL PENSAMIENTO MODERNO

Progresivamente y desde posiciones muy distintas, los presupuestos fundamentales que originalmente habían dado forma al paradigma de base del pensamiento moderno acusaban profundos desplazamientos y rupturas significativas. Poco a poco comienza a perfilarse un escenario muy diferente de aquel que caracterizara los últimos 350 años. No se trata de desconocer las importantes transformaciones que registra la filosofía en este período. Sin embargo, al observarla desde los desarrollos filosóficos más recientes, destaca el hecho de que tales transformaciones tienen lugar manteniendo invariantes, en términos generales, ciertos presupuestos, los que son puestos muy radicalmente en tela de juicio por desarrollos realizados durante este siglo.

Es importante advertir que lo señalado tiene estrecha relación con un problema de perspectiva y, en definitiva, con la posición desde la cual el desarrollo de la filosofía es examinado. Es así, por ejemplo, como las importantes contribuciones asociadas a la emergencia de la lógica moderna, permiten también ser consideradas como antecedentes de desarrollos posteriores a través de los cuales se objetarán importantes opciones del pensamiento filosófico moderno. Lo mismo es válido en múltiples otros planos, al punto que es perfectamente legítimo apuntar a las invarianzas que entre sí mantienen desarrollos filosóficos que, desde nuestra perspectiva, nos inclinamos a situar a ambos lados de una línea de demarcación, de un punto de ruptura, a partir del cual se trasciende lo que entendemos como el núcleo central de distinciones primarias que caracterizan al pensamiento moderno.

Es más, cabe pensar también que el reconocimiento de este punto de ruptura con el núcleo básico del pensamiento moderno sea difícil de establecer en la medida en que se examinen los distintos desarrollos que contribuyen a él, tanto en su particularidad, como en relación con sus respectivas genealogías de pensamiento.

Vistos en su particularidad, todos ellos se exhiben como muy diferentes entre sí, como resultado de opciones distintas dentro del pensamiento moderno y, por lo tanto, donde el tipo de cuestionamiento que cada uno realiza, difícilmente puede asociarse con el tipo de cuestionamiento efectuado desde posiciones diferentes. Desde esta perspectiva resulta difícil poner en relación, por ejemplo, los desarrollos propuestos por la segunda filosofía de Wittgenstein con aquellos efectuados por la ontología heideggeriana. A primera vista, es mucho más lo que separa ambas concepciones que lo que pueda unirlas. Desde sus particularidades, predominan sus diferencias.

Desde el punto de vista de sus respectivas genealogías, cada una de estas concepciones expresan una tensión, por un lado, entre sus aspectos innovadores e incluso rupturistas y, por otro lado, las tradiciones desde las cuales emergen. Estas últimas llevan, sin duda, a puntos de arranque directamente comprometidos con las opciones de la Modernidad. En la medida en que se adopta una mirada dirigida a sus correspondientes historias, los puntos de ruptura de las concepciones más tardías logran también ser vistos como puntos necesarios de desarrollos a partir de un origen incuestionablemente moderno, desarrollos que, a su vez, en muchos otros aspectos preservan puntos de concordancia con dicho origen. Ello tampoco contribuye, como puede apreciarse, al reconocimiento de un fenómeno global de trascendencia de los parámetros básicos del pensamiento moderno.

Es importante, por lo tanto, evaluar lo acontecido con las últimas corrientes de pensamiento examinadas desde el punto del enjuiciamiento de algunos presupuestos centrales de la filosofía moderna y examinar, simultáneamente, las nuevas propuestas que ellas hacen. A continuación se señalan los principales rasgos de la filosofía moderna que aparecen discutidos.

1. El dualismo como matriz primaria

El dualismo, rasgo característico de la filosofía moderna desde Descartes, presente incluso en quienes procuran superarlo como Kant, Hegel y Marx, sostenía la radical separación entre conciencia y materia, entre mente y cuerpo. Kant buscaba eludir esta disyuntiva expandiendo el concepto de experiencia, pero terminaba por reconocer dos tipos de experiencias diferentes y separadas: la teoría y la práctica. En los casos de Hegel y de Marx, la superación del dualismo operaba tomando partido unilateral por uno de los términos de la matriz dualista tradicional (conciencia v/s materia), subordinando el otro término a aquel favorecido.

Es importante reconocer en Marx una visión fugaz diferente, expresada en las *Tesis sobre Feuerbach,* donde el énfasis en la acción, a través del concepto de **praxis**, representa sin duda una novedad importante en la capacidad de resolver las restricciones del dualismo. La **praxis** marxiana es de naturaleza muy diferente a la experiencia práctica de Kant. Desgraciadamente el desarrollo posterior de Marx lo inclina hacia una opción distinta, en la que se privilegia la capacidad de determinación de las estructuras materiales objetivas por sobre la conciencia y la acción humanas.

2. La matriz complementaria sujeto-objeto

El dualismo se reforzaba con una distinción primaria diferente, la separación entre sujeto y objeto, hasta tal punto que dicha fusión había llegado a constituirse en uno de los rasgos más característicos del propio dualismo. La distinción filosófica clásica que distinguía sujeto de objeto, quedaba atrapada en los términos del dualismo moderno. De allí que, aunque la matriz primaria sujeto-objeto no fuese una invención del pensamiento moderno (como lo era el dualismo referido en el punto anterior), ella asume, en su fusión con la matriz dual, connotaciones y preponderancias que le confieren centralidad en la mirada filosófica que despliega la Modernidad. Aunque diferente de la separación entre conciencia y materia, la distinción sujeto-objeto se transforma en parte del núcleo de distinciones primarias del dualismo moderno. Por lo general, se establecerá también una estricta correspondencia entre conciencia y sujeto, por un lado, y materia y objeto, por el otro. Al hacerse referencia a la conciencia se considerará estar apuntando a un mundo subjetivo; si la referencia es a lo material se hablará de un mundo objetivo.

La fusión de ambas matrices de distinciones establecerá la forma más primaria de ordenamiento de lo real, de organización del mundo. Si la Biblia se inicia proclamando que «en un principio creó Dios el cielo y la tierra», para el pensamiento moderno el principio está representado por esta separación fundamental entre conciencia y materia, y entre sujeto y objeto. El pensamiento teológico parte reconociendo en Dios al Creador, el sujeto. Para el pensamiento moderno el sujeto será, antes que nada «el problema del sujeto». En un comienzo, se aceptará que la conciencia es el sujeto. Más adelante, la filosofía moderna se preguntará por el tipo de conciencia comprendida por el tipo de sujeto involucrado. Terminará, sin embargo, preguntándose sobre la posibilidad misma de encontrar dicho sujeto.

Como resultado de estas distinciones primarias, emergerá una figura predominante para el pensamiento moderno: la de un sujeto consciente, la de un sujeto que piensa (y, por lo tanto, de un sujeto cognoscente). Descartes no es sólo el fundador de la filosofía moderna, es simultáneamente su más importante y permanente inspirador. De la preponderancia de la figura del sujeto consciente resultan otros rasgos característicos del pensamiento moderno.

3. El logocentrismo

La centralidad de este sujeto consciente implica que la actividad del conocimiento es establecida como la relación fundamental con el resto de las entidades constituidas por la matriz primaria. Se trata precisamente de la actividad fundamental por cuanto ella es la actividad propia de la conciencia, aquella en la cual la conciencia deviene sujeto. El logocentrismo (el sesgo cognitivista de la filosofía moderna), por lo tanto, no se limita a afirmar el carácter consciente del sujeto, como su principal atributo, sino que se extiende a enfatizar el carácter activo, subjetivo, de la conciencia. No se trata, por lo tanto, de sostener sólo la primacía de un sujeto consciente, lo que se afirma en último término es que el sujeto es la conciencia.

Lo anterior tiene importantes consecuencias. Por un lado, implica una determinada manera de concebir la acción humana ya que se la termina subordinando a la conciencia que la orienta, que la conduce y que le confiere sentido. Desentrañar o develar el carácter de la acción humana es acceder a la conciencia que la genera. Promover una determinada acción entre los hombres obliga, desde esta perspectiva, a generar, antes que nada, las condiciones de conciencia desde las cuales tal acción puede ser emprendida.

Hubo, sin duda, dentro del pensamiento moderno quienes desarrollaron diversas objeciones a este planteamiento. Hume, por ejemplo, enfatizó la importancia de las realizaciones humanas que no logran explicarse por la referencia a la conciencia, a la vez que advertía sobre los peligros y restricciones de la acción humana fundada exclusivamente en la capacidad transformadora de la conciencia. En esta posición de Hume, por ejemplo, se apoya la crítica al constructivismo desarrollada por Hayek.

Más adelante Marx y posteriormente Freud insistirán en la necesidad de poner en tela de juicio la conciencia. Sin embargo, ninguno de los dos logrará una ruptura definitiva con los parámetros que a este respecto caracterizan al pensamiento moderno y ambos apoyarán sus propuestas de transformación «correctiva» (sea ésta revolucionaria o terapéutica) en procesos de «toma de conciencia». La conciencia, tanto para Marx como para Freud, es la palanca fundamental de la liberación.

Una segunda consecuencia asociada al logocentrismo es la importancia que dentro de la reflexión filosófica adquiere precisamente la epistemología, aquella rama de la indagación filosófica preocupada con los problemas de las condiciones y límites del conocimiento. Inicialmente sostuvimos que el predominio de la epistemología dentro de la reflexión filosófica era uno de los rasgos característicos del pensamiento moderno. Ello resulta plenamente consistente, por lo tanto, con el lugar que se le confiere a la conciencia como sujeto.

Sólo en la medida en que se rebasen los límites de la reflexión epistemológica y que se aborde el problema del conocimiento ya no desde la conciencia, sino desde un replanteamiento de la pregunta sobre el ser (ontología), desde nuestro operar como seres vivos (biología) o desde una perspectiva situada desde la acción humana en general, se avanzará hacia una efectiva superación de la inclinación logocéntrica del pensamiento moderno. A este respecto es importante destacar que el logocentrismo tenderá a replegarse en la medida en que el énfasis comienza a ser colocado, de una u otra forma, en la acción.

4. La conciencia como «entidad» rectora fundamental

Es importante no perder de vista que la propia inclinación logocéntrica es a la vez resultado de haber constituido a la conciencia en una entidad fundamental, con capacidad de dirección sobre la existencia humana. Lo que interesa en este punto, sin embargo, no es destacar el papel asignado a la conciencia, sino su constitución como entidad primaria. La conciencia es considerada como algo que está allí; cuya localización precisa es difícil de establecer (se tiende incluso a abandonar la empresa de localización luego del intento de Descartes que la había situado en la hipófisis), pero que representa una substancia identificable, separada y autónoma. Esta extraña substancia, que salva las dificultades de localización en la medida en que se la define como una substancia espiritual (no-material) y, por consiguiente, sin extensión, se manifiesta a través de las acciones de un cuerpo que ella dirige y a través de un medio de manifestación directa: el lenguaje.

El lenguaje, por lo tanto, es considerado como un instrumento a través del cual la conciencia se expresa, se exterioriza, a través del cual ella vehiculiza sus productos: ideas, representaciones, etcétera. El lenguaje, por lo tanto, representa la mejor evidencia de la existencia de la conciencia pues, a través de él, se manifiestan directamente las ideas, representaciones, etcétera que ella produce. ¿Cómo dudar entonces de la conciencia si escuchamos cómo se manifiesta? Desde esta perspectiva, el lenguaje no es más que un instrumento pasivo a su servicio.

Esta relación entre estos dos términos: una conciencia, considerada como una entidad actuante, que se manifiesta a través del lenguaje, su fiel y pasivo instrumento, será uno de los rasgos característicos del pensamiento moderno. La relación entre conciencia y lenguaje es considerada en términos de aquel tipo de separación criticada por Nietzsche al referirse a la separación que suele acometer el entendimiento popular entre el rayo y su resplandor, haciendo del primero un agente o sujeto y del segundo su hacer. Señala Nietzsche:

> «(el lenguaje) malentiende que todo hacer está condicionado por un agente, por un 'sujeto'. (...) del mismo modo que el pueblo separa el rayo de su resplandor y concibe al segundo como un hacer, como la acción de un sujeto que se llama rayo

no hay ningún 'ser' detrás del hacer, del actuar, del devenir; 'el agente' ha sido ficticiamente añadido al hacer, el hacer es todo. En el fondo el pueblo duplica el hacer; cuando piensa que el rayo lanza un resplandor, esto equivale a un hacer-hacer: el mismo acontecimiento lo pone primero como causa y luego, una vez más, como efecto de aquella»[32].

Sólo cuando comienza a vislumbrarse la posibilidad de acometer una fundamental rectificación en la relación establecida entre conciencia y lenguaje, se avanzará hacia una efectiva superación de los parámetros que caracterizan a la Modernidad.

Consideremos nuevamente el caso de Freud. Diversos factores lo conducen al reconocimiento de que el comportamiento humano no logra explicarse en referencia directa a la conciencia. Es más, el propio lenguaje pone en evidencia esta insuficiencia de la conciencia para dar cuenta de diversos tipos de comportamiento. Freud se enfrenta, por lo tanto, a un fenómeno inédito para el pensamiento moderno: la conciencia no es capaz de explicar una gama importante del comportamiento humano; existen, por lo tanto, comportamientos no conscientes. Sin embargo, la forma como Freud resuelve este problema demuestra cuán apegado él se hallaba a las premisas básicas del pensamiento moderno. Para dar cuenta de tales comportamientos, Freud inventa una nueva entidad, el inconsciente, que no es sino una conciencia no consciente, y que disputa con la propia conciencia el uso del lenguaje. A través del lenguaje ya no sólo se manifiesta la conciencia, sino también el inconsciente.

Estimamos importantes estas referencias a pensadores como Marx, Nietzsche o Freud (a los que Ricoeur caracteriza como «la escuela de la sospecha»), pues consideramos que ellos expresan notables intentos de reconocimiento de algunas de las restricciones básicas del pensamiento moderno. Tales reco-

---

[32] Friedrich Nietzsche, La genealogía de la moral, Alianza Editorial, Madrid, 1986, págs.51-52.

nocimientos, sin embargo, no se acompañan de propuestas capaces de conducir a una detección adecuada de las fuentes primarias de dichas restricciones y, por lo tanto, sufrirán los embates de una Modernidad herida, pero cuyas condiciones de sobrevivencia no estarán todavía fundamentalmente comprometidas.

5. El conocimiento como representación

El dualismo, asentado en la primacía del sujeto cognoscente y, por lo tanto, en el conocimiento como la actividad propia de la conciencia, exhibe precisamente su mayor debilidad (su verdadero talón de Aquiles) en su capacidad efectiva de dar cuenta del propio fenómeno del conocimiento. Su preferencia epistemológica, por lo tanto, no es sólo expresión de su inclinación logocéntrica; es también expresión de un problema que el pensamiento moderno arrastra desde sus inicios, sin poder resolverlo adecuadamente.

Para la Modernidad, la epistemología se convierte en una reiterada pesadilla, en el campo en el que más desgasta sus fuerzas y socava sus convicciones. La duda, el escepticismo, que originalmente representaron recursos de fortaleza para, desde ellos, extender su dominio y acceder a la verdad, a la certeza o a la objetividad del conocimiento, progresivamente se van apoderando del «espíritu» de la Modernidad. El escepticismo se le vuelca en su contra y termina devorando el pensamiento moderno.

El problema fundamental reside en el hecho de que el dualismo, a la vez que hace del conocimiento la actividad preponderante, simultáneamente lo convierte en un enigma prácticamente insoluble. Al separar, por un lado, a la conciencia como sujeto, y, por otro lado, al mundo objetivo, la pretensión de un conocimiento objetivo alcanzado mediante el despliegue de la acción de la conciencia no encuentra donde fundarse. Ello obliga al pensamiento moderno a la permanente tensión entre variantes racionalistas, empiristas e intentos de conciliación. Sin embargo, la concilación está negada por la postulación misma del dualismo.

Ello termina por imponer una interpretación del conocimiento como «representación» o «modelo» de la realidad objetiva y en hacer de su capacidad de «representarla» su garantía de objetividad. Es importante reconocer que con ello se realiza lo que constituye la invocación mínima para una perspectiva que afirma, desde la fidelidad a los postulados del dualismo, que el conocimiento es posible. En otras palabras, al afirmarse el dualismo, el conocimiento de la realidad objetiva no puede sino ser representación en la conciencia de tal realidad. El problema reside en cómo fundar, desde la separación postulada por el mismo dualismo, la capacidad de representación de la conciencia. El desarrollo de la filosofía moderna pone de manifiesto las dificultades para sostener coherentemente una perspectiva «representacionista» o «modelista».

6. Dimensión asertiva del lenguaje

En la medida en que el conocimiento es considerado como la actividad primordial de la conciencia, que se define al conocimiento por su capacidad de representar la realidad y que se considera que el lenguaje es un instrumento de expresión de la conciencia, no puede extrañar que el pensamiento moderno haya concebido al lenguaje fundamentalmente en su capacidad de «expresar» el conocimiento que «representa» la realidad. Desde esta perspectiva, el lenguaje es considerado circunscrito a su capacidad de «dar cuenta de» y, por tanto, a una función «notarial». Es lo que hemos llamado la preeminencia de la dimensión asertiva del lenguaje. En ella, lo que interesa es fundamentalmente la efectividad del «dar cuenta» de la realidad y, por lo tanto, la verdad o falsedad de la que el lenguaje sea portador.

El paso desde la prioridad otorgada a esta función constatativa al reconocimiento de la función realizativa (**performative**) del lenguaje, la crítica de Austin a lo que llama «la falacia descriptiva», va a significar un giro notable en el pensamiento moderno. Dicho giro, sin embargo, no posee, por sí mismo, la trascendencia de las transformaciones anotadas en los puntos anteriores y, particularmente, aquellas asociadas más directamente con la matriz primaria del dualismo. No obstante, en la medida en que la superación del dualismo tenderá, por un lado, a poner el énfasis en la acción y, por otro lado, a subrayar la importancia del lenguaje, el reconocimiento del carácter activo y constituyente de este último tendrá, en ese contexto, una significación indiscutible.

7. La opción analítica

Cabe, por último, hacer mención al predominio que tiene la opción analítica durante buena parte del desarrollo del pensamiento moderno y, por lo tanto, el postulado de que el conocimiento requiere dividir todo problema en sus componentes más simples, asociado al supuesto de que tal división no afecta la naturaleza de lo analizado. A este respecto, se habla tan sólo de un predominio de la perspectiva analítica, pues se reconoce que, dentro de la filosofía moderna, se registraron algunas corrientes de pensamiento que afirmaban una perspectiva diferente. No existe, en consecuencia, una relación necesaria entre el núcleo central que caracteriza a la filosofía moderna y la opción analítica.

No obstante lo anterior, es importante reconocer que el predominio del análisis es el resultado de la estrecha relación que mantiene el pensamiento moderno con el desarrollo de algunas disciplinas científicas particulares, como son las matemáticas y la física. La duda respecto de la opción analítica estará, consecuentemente, asociada al desarrollo de otros dominios del conocimiento como, por ejemplo, de los fenómenos socio-históricos y biológicos. A partir del avance del conocimiento en estos nuevos dominios, se van a generar orientaciones que, por su parte, contribuirán de manera significativa a la superación de los parámetros que caracterizan a la Modernidad. Es en este sentido que la controversia por la opción analítica, que define buena parte de las corrientes modernas, se verá asociada con las condiciones que conducirán a su superación.

***

Los distintos puntos de ruptura que comienza a exhibir la filosofía moderna, por muy fundamentales que ellos sean, si bien crean condiciones para su superación, no son por sí mismos suficientes para que ella logre producirse. En el mejor de los casos, ellos permiten sustentar un diagnóstico de profunda crisis de la Modernidad. Para acceder a la resolución de la crisis es indispensable que esos puntos de ruptura converjan en una nueva síntesis cultural, en la constitución de un nuevo paradigma de base, y que tal síntesis sea capaz de acometer una reestructuración de nuestras categorías fundamentales, de nuestras distinciones primarias y, en último término, que sea capaz de transformar radicalmente la estructura de nuestro sentido común.

Todavía estamos lejos de poder afirmar que ello se haya alcanzado. Por el contrario, aunque es creciente el reconocimiento de que soplan vientos de crisis, no puede sostenerse que estemos en el umbral de su resolución. Sostenemos, sin embargo, que la emergencia de un nuevo paradigma de base es inminente y que la crisis de sentido que hoy azota a la cultura occidental no sólo es expresiva de las restricciones del pensamiento moderno. Ella es también expresión del desgarramiento del sentido unitario que prevaleciera en el pasado, desgarramiento que simultáneamente está dando lugar a importantes confrontaciones por volcar la resolución de la crisis de la Modernidad en uno u otro sentido.

Es ésta una confrontación abierta y en ella participan, desde hace ya un tiempo, posiciones muy diversas. Hay quienes, por ejemplo, ponen en duda la propia tradición cultural occidental y buscan sentido e inspiración en las tradiciones orientales. La influencia de distintas corrientes orientalistas es un signo inequívoco de crisis del pensamiento moderno occidental.

Hay quienes, en cambio, evalúan la crisis como la consecuencia inevitable de los principios constitutivos de la Modernidad en su oposición a algunos de los principios del pensamiento medieval y buscan, en consecuencia, la reposición corregida de postulados que, según ellos, no debieron abandonarse. Es característico de estas posiciones, por ejemplo, la crítica a la opción secularizante del pensamiento moderno y, por lo tanto, la invocación de principios trascendentes prioritarios, en oposición a la opción inmanentista de la Modernidad. Lo que se propone en definitiva es la reposición de una matriz teológica y el reconocimiento de la centralidad de la fe. Así como el pensamiento moderno termina por reconocer en algunas de sus corrientes la importancia de la tradición, de la autoridad e incluso de los prejuicios (considérese, por ejemplo, a Gadamer), términos todos estos asociados a la ruptura de la Modernidad con el pensamiento medieval, la posibilidad de que la fe recupere también su sitial pasado no pude excluirse de antemano.

Hay también quienes participan en la confrontación con las opciones que la propia Modernidad generó en un determinado momento y que sostienen que la crisis no compromete al conjunto del pensamiento moderno sino sólo a las opciones que ellos enfrentan, sin que las propias se vean comprometidas. Las antiguas confrontaciones libradas al interior del escenario de la Modernidad no han desaparecido y en ellas también se manifiesta su propia crisis.

Hay incluso quienes invocan para el futuro la ausencia de toda unidad de sentido, de todo núcleo de coherencia, proyectando, por lo tanto, el propio carácter de la crisis como modelo articulador (en rigor, no-articulador) para el futuro. Ello ha sido característico, por ejemplo, de las corrientes «posmodernistas».

Hay, por último, aquellos que, de una u otra forma, se nutren de desarrollos gestados a partir del pensamiento moderno, pero que intentan incidir en la constitución de una síntesis de sentido radicalmente diferente, una síntesis que no remite a precedentes de importancia en el pasado. En esta última categoría, la variedad es todavía mayor. En el curso de nuestra exposición, por ejemplo, se ha hecho mención a diversos autores que se perfilan en esta dirección. Ellos se hallan comprometidos en un esfuerzo de convergencia que compromete a varios de los desarrollos examinados en las últimas secciones.

En cada una de estas opciones generales, sin embargo, el énfasis se coloca de manera distinta en el rescate de tradiciones pasadas (en grados diversos), presentes, o simplemente diferentes, o en las capacidades de innovación y de invención con respecto al futuro. Nada de ello es todavía garantía para resolver esta confrontación en una u otra dirección.

***

BIBLIOGRAFIA

ADJUKIEWICZ, Kazimierz, *Problems and Theories of Philosophy*, Cambridge University Press, Londres, 1975.
ARVON, Henri, Feuerbach, sa vie, son oeuvre, P.U.F., París, 1964.
AUSTIN, J.L., *Philosophical Papers*, Oxford University Press, Oxford, 1979.
AUSTIN, J.L., *Cómo hacer cosas con palabras*, Paidos, Barcelona, 1982.
AYER, A.J., *Hume*, Oxford University Press, Oxford, 1980.
AYER, A.J., *Russell*, Fontana/Collins, Londres, 1972.
BATESON, Gregory, *Pasos hacia una ecología de la mente*, Ediciones Carlos Lohlé, Buenos Aires, 1985.
BATESON, Gregory et.al., *La nueva comunicación*, Editorial Kairós, Barcelona, 1984.
BELL, E.T., *Les grands mathématiciens*, Payot, París, 1961.
BERLIN, Sir Isaiah (ed.), *The Age of Enlightenment*, Mentor, N.Y., 1956.
BERNAL, J.D., *Science in History*, Penguin, Harmondsworth, 1969.
BERNSTEIN, Jeremy, *Einstein*, Fontana/Collins, Londres, 1973.
BERTALANFFY, Ludwig von, *Robots, hombres y mentes*, Ediciones Guadarrama, Madrid, 1974.
BURY, John, *La idea de progreso*, Alianza Editorial, Madrid, 1971.
CANALS VIDAL, F., *Textos de los grandes filósofos: Edad contempo*ránea, Herder, Barcelona, 1984.
CARRUCCIO, Ettore, *Mathematics and Logic in History and in Con*temporary Thought, Faber, Londres, 1964.
CHECKLAND, Peter, *Systems Thinking, Systems Practice*, John Wiley, N.Y., 1981.
COHN, Priscilla N., *Heidegger, su filosofía a través de la nada*, Ediciones Guadarrama, Madrid, 1975.
COPLESTON, Frederick, S.J., *A History of Philosophy*, Doubleday, N.Y., 1964.
DAMPIER, Sir William Cecil, *A History of Science*, Cambridge University Press, Londres, 1971.
DELL, Paul F., «Understanding Bateson and Maturana: Toward a Biological Foundation for the Social Sciences», Journal of Marital Therapy, Vol.11, N°1, 1985.

DESCARTES, René, *El discurso del método*, Ediciones de la Universidad de Puerto Rico, Madrid, 1954.
DESCARTES, René, *Meditaciones metafísicas*, Ediciones Alfaguara, Madrid, 1977.
DILTHEY, Wilhelm, *La esencia de la filosofía*, Losada, Buenos Aires, 1944.
DREYFUS, Hubert L., *Being-in-the-World: A Commentary on Heidegger's «Being and Time»*, Division I, The M.I.T. Press, Cambridge, Mass.
ECHEVERRIA, Rafael, *Marx's Concept of Science*, Tesis Doctoral, Universidad de Londres, 1978.
ECHEVERRIA, Rafael, *Crítica a la teoría del trabajo de Marx*, Serie Contribuciones, Nº1, FLACSO, Santiago, 1980.
ECHEVERRIA, Rafael, «La ciencia de Marx», Estudios Públicos, Nº22, Santiago, 1986.
FERRATER MORA, José, *Diccionario de filosofía*, Editorial Sudamericana, Buenos Aires, 1958.
FEUERBACH, Ludwig, *Manifestes philosophiques*, Union géneralc d'éditions, París, 1960.
FEUERBACH, Ludwig, *The Fiery Brook*, Selected Writings, Anchor Books, N.Y., 1972.
FISHER, Klaus, *Galileo Galilei*, Herder, Barcelona, 1986.
FLORES, C. Fernando, *Management and Communication in the Office of the Future*, Logonet, Berkeley, 1982.
FREGE, Georg, *Estudios sobre semántica*, Ariel, Barcelona, 1971.
GADAMER, Hans-Georg, *Truth and Method*, Crossroad, N.Y., 1984.
GADAMER, Hans-Georg, «El círculo hermenéutico y el problema de los prejuicios», Teoría, Universidad de Chile, 1976. Se trata de la traducción de una sección de la obra anterior.
GARAUDY, Roger, *Dieu est mort, étude sur Hegel*, P.U.F., París, 1962.
GEACH, P. & M. BLACK (eds.), *Translations from the philosophical Writings of Gottlob Frege*, Philosophical Library, N.Y., 1952.
GIANINI, Humberto, *Desde las palabras*, Ediciones Nueva Universidad, Valparaíso, 1981.
HABERMAS, Jürgen, *The Theory of Communicative Action*, Vol.I, Heinemann, Londres, 1984.
HANFLING, Oswald (ed.), *Fundamental Problems in Philosophy*, Basil Blackwell, Bristol, 1972.
HARTMAN, James B. (ed.), *Philosophy in Recent Times*, Vol.I, McGraw-Hill, N.Y., 1967.
HARTNACK, Justus, *Wittgenstein y la filosofía contemporánea*, Ariel, Barcelona, 1972.
HAYEK, F.A. von, «The Pretence of Knowledge», en *New Studies in Philosophy, Politics, Economics and the History of Ideas*, Routledge & Kegan Paul, Londres, 1978.

HEGEL, G.W.F., *Science of Logic,* George Allen & Unwin, Londres, 1969.
HEGEL, G.W.F., *Enciclopedia de las ciencias filosóficas,* Editorial Porrúa, México, 1977.
HEGEL, G.W.F., *La filosofía del derecho,* Editorial Claridad, Buenos Aires, 1955.
HEIDEGGER, Martin, *Being and Time,* Harper & Row, N.Y., 1962.
HEIDEGGER, Martin, *¿Qué es la filosofía?,* Narcea S.A. de Ediciones, Madrid, 1985.
HEIDEGGER, Martin, *On the Way to Language,* Harper & Row, San Francisco, 1982.
HEIDEGGER, Martin, «*El habla*», Espacios, Año II, Nº6, Puebla, 1985.
HINKELAMMERT, *Franz, Crítica a la razón utópica,* Departamento Ecuménico de Investigaciones (DEI), San José, 1984.
HOBSBAWN, Eric J., *The Age of Revolution,* 1789-1848, Mentor, N.Y., 1962.
HOFFMAN, *Banesh, Albert Einstein,* créateur et rebelle, Editions du Seuil, París, 1975.
HOLLIS, Martin (ed.), *The Light of Reason,* Fontana/Collins, Londres, 1973.
HOOK, Sidney, *From Hegel to Marx,* Ann Arbor Paperbacks, University of Michigan, 1971.
HUME, David, *A Treatise of Human Nature,* Penguin, Harmondsworth, 1969.
HUSSERL, *Edmund, The Crisis of European Sciences and Trascendental Phenomenology,* Northwestern University Press, Evanston, 1970.
INGRAM, David, «*Philosophy and the Aesthetic Mediation of Life: Weber and Habermas on the Paradox of Rationality*», The Philosophical Forum, Vol.XVIII, Nº4, 1987.
JANICK, Allan & Stephen TOULMIN, *La Viena de Wittgenstein,* Taurus, Madrid, 1983.
JONES, W.T., A History of Western Philosophy, *Harcourt Brace Jovanovich,* N.Y., 1970.
KAMENKA, Eugene, *The Philosophy of Ludwig Feuerbach,* Routledge & Kegan Paul, Londres, 1970.
KANT, Immanuel, *Crítica de la razón pura,* Ediciones Alfaguara, Madrid, 1978.
KANT, Immanuel, *Prolegómenos, Aguilar,* Buenos Aires, 1980.
KOESTLER, Arthur, *The Sleepwalkers,* Penguin Books, Harmondsworth, 1964.
KOLAKOWSKI, Leszek, *Husserl y la búsqueda de la certeza,* Alianza, Madrid, 1977.
KOLAKOWSKI, Leszek, *Positivist Philosophy,* Penguin, Harmondworth, 1972.

KORNER, S., Kant, *Alianza Editorial, Madrid,* 1977.
KOYRE, Alexandre, *Du monde clos à l'univer infini,* Gallimard, París, 1973.
KUHN, Thomas S., *The Structure of Scientific Revolutions,* University of Chicago Press, Chicago, 1962.
KUNDERA, Milan, «*La novela y Europa*», El Mercurio, Santiago, 31 de agosto de 1986.
L'HERNE, *Cahier de Heidegger,* Editions de l'Herne, París, 1983.

LANDES, David S., *The Unbound Prometheus,* Cambridge University Press, Londres, 1969.
LANDES, David S., *Revolution in Time,* Harvard University Press, Cambridge, Mass., 1983.
MAGEE, Bryan, *Popper,* Fontana/Collins, Londres, 1973.
MARCUSE, Herbert, *Reason and Revolution,* Harvard University Press, Cambridge, Mass., 1973.
MARX, Karl, *Elementos fundamentales para la crítica de la economía política,* Siglo XXI & Editorial Universitaria, Santiago, 1972.
MARX, Karl, *El Capital,* Lawrence & Wishart, Londres, 1974.
MASON, Stephen F., *A History of Science,* Collier Books, N.Y., 1962.
MATURANA, Humberto, «*Fenomenología del conocer*», *Revista de tecnología educativa,* 1983.
MATURANA, Humberto & Francisco VARELA, *De máquinas y seres vivos,* Editorial Universitaria, Santiago, 1972.
MATURANA, Humberto & Francisco VARELA, *El árbol del conocimiento,* Editorial Universitaria, Santiago, 1984.
McKENZIE, A.E.E., *The Major Achievements of Science,* Cambridge University Press, Londres, 1967.
MEEK, Ronald L., *Studies in the Labour Theory of Value,* Lawrence & Wishart, Londres, 1973.
MORANDE, Pedro, *Cultura y Modernización en América Latina,* Cuadernos del Instituto de Sociología, Universidad Católica de Chile, Santiago, 1984.
MUMFORD, Lewis, *Technics and Civilization,* Harcourt Brace & World, Inc., N.Y., 1962.
NIETZSCHE, Friedrich, *La genealogía de la moral,* Alianza Editorial, Madrid, 1986.
NISBET, Robert, *History of the Idea of Progress,* Heinemann, Londres, 1980.
PALMER, Richard E., *Hermeneutics,* Northwestern University Press, Evanston, 1969.
PAZ, Octavio, *Los hijos del Limo,* Seix Barral, Barcelona, 1974.

PEARS, David, *Wittgenstein,* Fontana/Collins, Londres, 1971.
PEARSON, Karl, *The Grammar of Science,* A. & C. Black, Londres, 1911.
POGGELER, Otto, *El camino del pensar de Martin Heidegger,* Alianza Universidad, Madrid, 1986.
POPPER, Karl R., *Unended Quest, Open Court,* La Salle, Ill., 1976.
POPPER, Karl R., *The Open Society and Its Enemies,* Routledge & Kegan Paul, Londres, 1974.
POPPER, Karl R., *Conjectures and Refutations,* Routledge & Kegan Paul, Londres, 1976.
RICOEUR, Paul, Husserl, *An Analysis of His Phenomenology,* Northwestern University Press, Evanston, 1967.
RICOEUR, Paul, *El discurso de la acción,* Cátedra, Madrid, 1981.
RORTY, Richard, *La filosofía y el espejo de la naturaleza, Cátedra,* Madrid, 1983.
RUSSELL, Bertrand, *Our Knowledge of the External* World, George Allen & Unwin, Londres, 1949.
RUSSELL, Bertrand, *Introduction to Mathematical* Philosophy, Macmillan, N.Y., 1930.
RUSSELL, Bertrand, *My Philosophical Development,* Unwin, Londres, 1959.
SCRUTON, Roger, *Kant, Oxford University Press,* Oxford, 1982.
SEARLE, John R., *Expression and Meaning,* Cambridge University Press, Londres, 1979.
SEARLE, John R., *Actos de habla, Cátedra*, Madrid, 1980.
SEARLE, John R. (ed.), *The Philosophy of Language,* Oxford University Press, Oxford, 1979.
SHEENAN, Thomas (ed.), *Heidegger,* The Man and the Thinker, Precedent Publishing, Inc., Chicago, 1981.
SKINNER, Quentin (ed.), *The Return of Grand Theory in the Human Sciences*, Cambridge University Press, Cambridge, 1985.
WIENER, Norbert, *Cibernética o el control y comunicación en animales y máquinas,* Tusquets Editores, Barcelona, 1985.
WINOGRAD, Terry & C. Fernando FLORES, *Understanding Computers and Cognition*, Ablex Publishing Corp., Norwood, N.J., 1986.
WITTGENSTEIN, Ludwig, *Philosophical Investigations,* Macmillan, N.Y., 1968.
WITTGENSTEIN, Ludwig, *Tractatus Logico-Philosophicus,* Alianza Editorial, Madrid, 1981.

Milton Keynes UK
Ingram Content Group UK Ltd.
UKHW052141270324
440206UK00011B/870